東京2020
オリンピック・パラリンピック競技大会

■エンブレム　江戸時代に「市松模様」として広まったチェッカーデザインを、日本の伝統色の藍色で、粋な日本らしさとして描いた。形の異なる3種類の四角形を組み合わせ、「多様性と調和」のメッセージを込めている。

■マスコット

オリンピック　ミライトワ

パラリンピック　ソメイティ

「未来」「永遠(とわ)」の2つの言葉を結びつけて生まれた。「素晴らしい未来を永遠に」という願いが込められている。

桜の「ソメイヨシノ」と非常に力強いという意味の「so mighty」から生まれた。桜を愛でる日本人とパラリンピックアスリートの素晴らしさを印象づける。

東京オリンピックの新競技

サーフィン
自然の海で技をくりだし、難易度、オリジナリティなどを競う。

スポーツクライミング
「ボルダリング」「リード」「スピード」の3つの種目の総合得点で競われる。

スケートボード
複雑な形のコースで競う「パーク」と、街の中を滑るようなコースで競う「ストリート」の2種目が行われる。

空手
「形」と「組手」が行われる。

東京オリンピック競技会場
（サッカー・自転車・野球・ソフトボール・セーリング・ゴルフ・サーフィン以外）

❶ 新国立競技場（オリンピックスタジアム）
　開会式・閉会式、陸上競技
❷ 東京体育館　卓球
❸ 国立代々木競技場　ハンドボール
❹ 日本武道館　柔道、空手
❺ 皇居外苑　陸上競技（競歩）
❻ 東京国際フォーラム　ウエイトリフティング
❼ 国技館　ボクシング
❽ 馬事公苑　馬術（馬場馬術、総合馬術、障害馬術）
❾ 武蔵野の森総合スポーツプラザ
　バドミントン、近代五種（フェンシング）
❿ 東京スタジアム　ラグビー、近代五種
　（水泳、フェンシング、馬術、レーザーラン）
⓫ 有明アリーナ　バレーボール
⓬ 有明体操競技場　体操
⓭ 有明アーバンスポーツパーク　スケートボード
⓮ 有明テニスの森　テニス
⓯ お台場海浜公園　水泳（マラソンスイミング）、トライアスロン
⓰ 潮風公園　ビーチバレーボール

- ⑰ 青海アーバンスポーツパーク　バスケットボール(3×3)、スポーツクライミング
- ⑱ 大井ホッケー競技場　ホッケー
- ⑲ 海の森クロスカントリーコース　馬術（総合馬術（クロスカントリー））
- ⑳ 海の森水上競技場　カヌー（スプリント）、ボート
- ㉑ カヌー・スラロームセンター　カヌー（スラローム）
- ㉒ 夢の島公園アーチェリー場　アーチェリー
- ㉓ 東京アクアティクスセンター　水泳（競泳、飛込、アーティスティックスイミング）
- ㉔ 東京辰巳国際水泳場　水泳（水球）
- ㉕ 幕張メッセAホール　テコンドー、レスリング
- ㉖ 幕張メッセBホール　フェンシング
- ㉗ 陸上自衛隊朝霞訓練場　射撃
- ㉘ さいたまスーパーアリーナ　バスケットボール（バスケットボール）
- OV 選手村
- IBC/MPC 東京ビッグサイト

東京タワー

東京国際空港（羽田空港）

口絵 5

東京オリンピック競技会場

（サッカー・自転車・野球・ソフトボール・セーリング
・ゴルフ・サーフィン）

- ❶ 新国立競技場（オリンピックスタジアム） サッカー
- ❿ 東京スタジアム　サッカー
- ⓭ 有明アーバンスポーツパーク
  自転車競技（BMX フリースタイル、BMX レーシング）
- ㉙ 武蔵野の森公園　自転車競技（ロード（ロードレース・スタート））
- ㉚ 釣ヶ崎海岸サーフィンビーチ　サーフィン
- ㉛ 霞ヶ関カンツリー倶楽部 ゴルフ
- ㉜ 江の島ヨットハーバー セーリング
- ㉝ 伊豆ベロドローム 自転車競技（トラック）
- ㉞ 伊豆 MTB コース 自転車競技（マウンテンバイク）
- ㉟ 富士スピードウェイ 自転車競技
  （ロード（ロードレース・ゴール、個人タイムトライアル））
- ㊱ 福島あづま球場 野球・ソフトボール
- ㊲ 横浜スタジアム 野球・ソフトボール
- ㊳ 札幌ドーム サッカー
- ㊴ 宮城スタジアム　サッカー
- ㊵ 茨城カシマスタジアム サッカー
- ㊶ 埼玉スタジアム 2002 サッカー
- ㊷ 横浜国際総合競技場　サッカー

東京オリンピック聖火リレーコース

各都道府県を通る日程

	都道府県	聖火の通る日
1	福島	3/26～28
2	栃木	29～30
3	群馬	31～4/1
4	長野	4/2～3
5	岐阜	4～5
6	愛知	6～7
7	三重	8～9
8	和歌山	10～11
9	奈良	12～13
10	大阪	14～15
11	徳島	16～17
12	香川	18～19
13	高知	20～21
14	愛媛	22～23
15	大分	24～25
16	宮崎	26～27
17	鹿児島	28～29
18	沖縄	5/2～3
19	熊本	6～7
20	長崎	8～9
21	佐賀	10～11
22	福岡	12～13
23	山口	14～15
24	島根	16～17
25	広島	18～19
26	岡山	20～21
27	鳥取	22～23
28	兵庫	24～25
29	京都	26～27
30	滋賀	28～29
31	福井	30～31
32	石川	6/1～2
33	富山	3～4
34	新潟	5～6
35	山形	7～8
36	秋田	9～10
37	青森	11～12
38	北海道	14～15
39	岩手	17～19
40	宮城	20～22
41	静岡	24～26
42	山梨	27～28
43	神奈川	29～7/1
44	千葉	7/2～4
45	茨城	5～6
46	埼玉	7～9
47	東京	10～24

スタート 福島県 3月26日

開会式（新国立競技場） 7月24日

東京オリンピックマラソン（男子／女子）コース

50km競歩（男子）20km競歩（男子／女子）コース

JOA
オリンピック小事典
2020
増補改訂版

The Comprehensive Guide to the Olympic Movement

日本オリンピック・アカデミー編著

ごあいさつ

　このオリンピック小事典は、NPO法人日本オリンピック・アカデミー（Japan Olympic Academy　略称 JOA）が、東京 2020 オリンピック・パラリンピックの開催を間近にし、多くの人々にオリンピックの精神、歴史、記憶に残る選手たちの活躍のことなどを知ってもらうため、編著したものであります。

　JOA は、我が国におけるオリンピズムの普及やオリンピックに関する研究・教育を目的として 1949 年に設立され、今日まで 40 年を超える長きにわたって活動してきている団体であり、メンバーは、オリンピックについて様々な側面から関心を持つ学者、研究者、愛好者などから構成されています。その活動は国際的にも認められ、昨年 2018 年にはオリンピック聖火の採火式が執り行われるギリシャ・オリンピアに本部を持つ国際オリンピック・アカデミー（IOA）から「アテネ賞」を授与されています。

　JOA はその活動の一環として、我が国において多くの人々がオリンピックへの理解を深めていくために、過去オリンピックに関する事典を 3 回にわたって発行してきましたが、東京 2020 大会への更なる興味・関心を高め、理解を深めていくことができるように新たに出版することといたしました。

　オリンピック・パラリンピックは、単なるスポーツの国際競技大

会にとどまらず、未来に向けて大きな影響力を持つ価値ある世界の祭典であることは世界中の人々の知るところであります。

　我が国はそのオリンピックをアメリカ、フランスに次いで世界で3番目となる3回の開催をしてきており、2020年に4回目を迎えるわけであります。しかし、日本の人々がオリンピックの意義を十分に理解しているかというと必ずしもそうとは言い切れません。

　日本開催のオリンピック・パラリンピックが世界から高い評価を得られるためには、創始者のクーベルタン男爵の理念が盛り込まれているオリンピズム「スポーツを人類の調和のとれた発達に役立てることであり、人間の尊厳保持に重きを置く、平和的社会を推進する」という根本原則を理解し、そしてその実現に向けた取り組みが求められます。

　多くの国民の皆さんがオリンピックへの関心をより一層高め、オリンピックの素晴しさを知り、その頂点となるオリンピック競技大会では、友情、連帯、フェアプレーの精神に基づいて展開される数々の競技に拍手を送り、我が国の選手はもとより、世界のトップアスリートたちの活躍を応援し、スポーツの持つ力や素晴らしさ、面白さを知るとともに多くの感動、感激を味わい、1964年に開催された東京大会を超える数々の素敵な思い出を残してほしいと思います。

　結びになりますが、日本オリンピック・アカデミー（JOA）は、この小事典が多くの世代の人々に読まれることを期待するとともに、これからもオリンピック運動を推進してまいる所存であることを申し上げ挨拶といたします。

2019年3月
NPO法人日本オリンピック・アカデミー
会長　笠原一也

〈凡例〉
【本書で使われる略語・用語】
- IOC（アイオーシー）International Olympic Committee 国際オリンピック委員会
- JOC（ジェイオーシー）Japanese Olympic Committee 日本オリンピック委員会
- NOC（エヌオーシー）National Olympic Committee 国内オリンピック委員会
- IOA（アイオーエー）International Olympic Academy 国際オリンピック・アカデミー
- JOA（ジェイオーエー）Japan Olympic Academy 日本オリンピック・アカデミー
- NOA（エヌオーエー）National Olympic Academy 国内オリンピック・アカデミー
- IPC（アイピーシー）International Paralympic Committee 国際パラリンピック委員会
- IF（アイエフ）International Federation 国際競技連盟
- NF（エヌエフ）National Federation 国内競技連盟
- WADA（ワダ）World Anti-Doping Agency 世界アンチドーピング機構
- JADA（ジャダ）Japan Anti-Doping Agency 日本アンチドーピング機構

※「オリンピック」とある場合は、1896年に第1回大会がギリシャのアテネで開催された近代オリンピックを指します。
※「第2回パリ大会（1900）」のような記載は、オリンピック競技大会を示します。カッコ内は開催年です。
※オリンピック競技大会におけるカタカナの開催都市名は、JOCの表記に従っています。

目　次

第1章　2020年 東京オリンピック・パラリンピック

東京2020大会概要
　　大会ビジョン・コンセプト……………………………………… 16
　　メダル……………………………………………………………… 16
　　エンブレム………………………………………………………… 17
　　マスコット………………………………………………………… 18
　　競技………………………………………………………………… 19
　　東京オリンピックで実施される競技・種目…………………… 20
　　東京オリンピック競技スケジュール（予定）………………… 24
　　東京パラリンピック競技スケジュール（予定）……………… 30

東京2020大会について
　　競技会場…………………………………………………………… 32
　　大会経費…………………………………………………………… 34
　　文化プログラム…………………………………………………… 36
　　ホストタウン……………………………………………………… 37
　　ボランティア……………………………………………………… 38
　　観戦チケット……………………………………………………… 40
　　子どもたちへの教育プログラム………………………………… 41
　　コラム／公式記録映画…………………………………………… 42

第2章　オリンピック

オリンピックとは
　　オリンピックのはじまりとクーベルタン………………………… 44
　　オリンピックのモットー…………………………………………… 47

オリンピックの公式名　　　　　　　　　　　　　48
オリンピックのシンボル　　　　　　　　　　　　49
オリンピズムとオリンピック・ムーブメント　　　　50
オリンピックと平和（休戦）　　　　　　　　　　52
オリンピック憲章　　　　　　　　　　　　　　　54
IOC と NOC　　　　　　　　　　　　　　　　　56
JOC　　　　　　　　　　　　　　　　　　　　58
コラム／IOC 歴代会長と日本の歴代 IOC 委員　　59
IOA と JOA　　　　　　　　　　　　　　　　　60
IOC 招致スキャンダルと改革　　　　　　　　　　61
オリンピック招致と開催都市決定のしくみ　　　　62
日本のオリンピック招致史　　　　　　　　　　　64
嘉納治五郎と日本のオリンピック・ムーブメント　　66
1940 年幻の東京オリンピック　　　　　　　　　68
古代オリンピック　　　　　　　　　　　　　　　70
19 世紀のオリンピック大会　　　　　　　　　　74
コラム／オリンピック讃歌　　　　　　　　　　　76
1906 年中間オリンピック　　　　　　　　　　　77
万博の一部として行われたオリンピック　　　　　78
アマチュア規定の廃止　　　　　　　　　　　　　79

オリンピックをめぐって

オリンピックと政治・ナショナリズム　　　　　　80
オリンピックとジェンダー　　　　　　　　　　　82
国際女子競技大会（女子オリンピック大会）　　　83
人種差別とオリンピック　　　　　　　　　　　　84
テロリズムに立ち向かうオリンピック　　　　　　85
戦争で中止になった大会　　　　　　　　　　　　86
コラム／日本のはじめて　　　　　　　　　　　　87

オリンピック・パラリンピック教育	88
オリンピック・ソリダリティ	90
オリンピックと環境	91
フェアプレーとアンチ・ドーピング	92
オリンピックは用具メーカーの技術競争の場	93
オリンピックの競技場・施設	94
オリンピック・レガシー　大会がもたらすもの	96
「オリンピック・アジェンダ2020」って？	98
オリンピックとメディアの関わり	100
オリンピックのスポンサー、TOPとは	102

オリンピック競技大会に関連して

開会式と閉会式	104
聖火と聖火リレー	106
オリンピックの公式ポスター	108
オリンピック・パラリンピックのマスコット	110
オリンピックのメダル	112
オリンピックのデザイン	113
大会エンブレム	114
オリンピックの芸術競技と文化プログラム	116
オリンピックの公式記録映画	118
コラム／国際ピエール・ド・クーベルタン委員会	120
オリンピックとボランティア	121
ユース・オリンピック	122
コラム／長野の一校一国運動	124

第3章　オリンピック競技大会の歴史

夏季大会

1896年 第1回アテネ大会	126

1900 年 第 2 回パリ大会	128
1904 年 第 3 回セントルイス大会	129
1908 年 第 4 回ロンドン大会	130
1912 年 第 5 回ストックホルム大会	131
1920 年 第 7 回アントワープ大会	132
1924 年 第 8 回パリ大会	133
1928 年 第 9 回アムステルダム大会	134
1932 年 第 10 回ロサンゼルス大会	135
1936 年 第 11 回ベルリン大会	136
コラム／返上・中止された 3 大会	137
1948 年 第 14 回ロンドン大会	138
1952 年 第 15 回ヘルシンキ大会	139
1956 年 第 16 回メルボルン大会	140
1960 年 第 17 回ローマ大会	141
1964 年 第 18 回東京大会	142
コラム／東京招致の功労者フレッド・イサム・ワダ	145
1968 年 第 19 回メキシコシティー大会	146
1972 年 第 20 回ミュンヘン大会	147
1976 年 第 21 回モントリオール大会	148
1980 年 第 22 回モスクワ大会	149
1984 年 第 23 回ロサンゼルス大会	150
1988 年 第 24 回ソウル大会	152
1992 年 第 25 回バルセロナ大会	154
1996 年 第 26 回アトランタ大会	156
2000 年 第 27 回シドニー大会	158
2004 年 第 28 回アテネ大会	160
2008 年 第 29 回北京大会	162
2012 年 第 30 回ロンドン大会	164

2016 年 第 31 回リオデジャネイロ大会 …………………………… 166

冬季大会

2024 年 第 1 回シャモニー・モンブラン大会 ………………… 168
1928 年 第 2 回サン・モリッツ大会 …………………………… 169
1932 年 第 3 回レークプラシッド大会 ………………………… 170
1936 年 第 4 回ガルミッシュ・パルテンキルヘン大会 ………… 171
1948 年 第 5 回サン・モリッツ大会 …………………………… 172
1952 年 第 6 回オスロ大会 ……………………………………… 173
1956 年 第 7 回コルチナ・ダンペッツォ大会 ………………… 174
1960 年 第 8 回スコーバレー大会 ……………………………… 175
1964 年 第 9 回インスブルック大会 …………………………… 176
1968 年 第 10 回グルノーブル大会 …………………………… 177
1972 年 第 11 回札幌大会 ……………………………………… 178
1976 年 第 12 回インスブルック大会 ………………………… 180
1980 年 第 13 回レークプラシッド大会 ……………………… 181
1984 年 第 14 回サラエボ大会 ………………………………… 182
1988 年 第 15 回カルガリー大会 ……………………………… 183
1992 年 第 16 回アルベールビル大会 ………………………… 184
1994 年 第 17 回リレハンメル大会 …………………………… 185
1998 年 第 18 回長野大会 ……………………………………… 186
2002 年 第 19 回ソルトレークシティ大会 …………………… 188
2006 年 第 20 回トリノ大会 …………………………………… 189
2010 年 第 21 回バンクーバー大会 …………………………… 190
2014 年 第 22 回ソチ大会 ……………………………………… 191
2018 年 第 23 回平昌大会 ……………………………………… 192

コラム／
2024 年第 33 回パリ大会／ 2028 年第 34 回ロサンゼルス大会／
2022 年第 24 回冬季北京大会 ………………………………… 194

第4章　オリンピックの競技・種目

夏季大会の競技

陸上競技·· 196

水泳（競泳、飛び込み、水球、アーティスティックスイミング）… 200

サッカー·· 204

テニス·· 205

ボート·· 206

ホッケー·· 207

ボクシング·· 208

バレーボール··· 209

体操（体操競技、新体操、トランポリン）····················· 210

バスケットボール··· 213

レスリング·· 214

セーリング·· 215

ウエイトリフティング··· 216

ハンドボール··· 217

自転車·· 218

卓球·· 219

馬術·· 220

フェンシング··· 221

柔道·· 222

バドミントン··· 223

射撃·· 224

近代五種·· 225

ラグビー·· 226

カヌー··· 227

アーチェリー··· 228

トライアスロン·· 229

ゴルフ	230
テコンドー	231
野球	232
ソフトボール	233
空手	234
スポーツクライミング	235
サーフィン	236
スケートボード	237

冬季大会の競技

アルペンスキー	238
クロスカントリースキー	239
スキー・ジャンプ	240
ノルディック複合	241
フリースタイルスキー	242
スノーボード	243
スピードスケート	244
フィギュアスケート	246
ショートトラック	248
アイスホッケー	249
ボブスレー／スケルトン	250
リュージュ	251
カーリング	252
バイアスロン	253
コラム／実施されなくなった競技	254

第5章　パラリンピック

パラリンピック

パラリンピックとは	256

コラム／3色の曲線からなるパラリンピック・シンボル……… 256

　　パラリンピックの歴史………………………………………………… 257

パラリンピックで行われる競技

　　陸上競技……………………………………………………………… 260

　　水泳…………………………………………………………………… 261

　　車いすテニス／テコンドー………………………………………… 262

　　アーチェリー／車いすフェンシング……………………………… 263

　　柔道／卓球…………………………………………………………… 264

　　サッカー……………………………………………………………… 265

　　ウィルチェアーラグビー／ボッチャ……………………………… 266

　　シッティングバレーボール／ゴールボール……………………… 267

　　射撃／馬術…………………………………………………………… 268

　　パワーリフティング／自転車……………………………………… 269

　　バドミントン／ボート（ローイング）…………………………… 270

　　車いすバスケットボール…………………………………………… 271

　　トライアスロン／カヌー…………………………………………… 272

　　アルペンスキー／スノーボード…………………………………… 273

　　クロスカントリースキー／バイアスロン………………………… 274

　　アイスホッケー／車いすカーリング……………………………… 275

パラリンピックで使用される用具

　　夏季競技……………………………………………………………… 276

　　冬季競技……………………………………………………………… 278

　　コラム／そのほかの障害者スポーツ大会………………………… 280

第6章　記憶にのこるオリンピック・パラリンピックの選手たち

日本人選手（夏季）

　　金栗四三／熊谷一弥………………………………………………… 282

　　織田幹雄／人見絹枝………………………………………………… 283

清川正二／西竹一 ……………………………………………… 284

　前畑秀子／西田修平・大江季雄 ……………………………… 285

　古橋廣之進／小野喬 …………………………………………… 286

　三宅義信／遠藤幸雄 …………………………………………… 287

　東洋の魔女／円谷幸吉 ………………………………………… 288

　加藤澤男／君原健二 …………………………………………… 289

　メキシコシティー大会サッカー日本代表／斉藤仁 ………… 290

　山下泰裕 ………………………………………………………… 291

　有森裕子／古賀稔彦 …………………………………………… 292

　野村忠宏／谷 亮子 …………………………………………… 293

　高橋尚子 ………………………………………………………… 294

　井上康生／野口みずき ………………………………………… 295

　室伏広治／アテネ大会"体操ニッポン"メンバー ………… 296

　上野由岐子／北島康介 ………………………………………… 297

　北京大会陸上競技4×100mリレーチーム／伊調馨 ……… 298

　吉田沙保里／2012年ロンドン大会日本卓球女子チーム … 299

　内村航平／なでしこジャパン ………………………………… 300

　萩野公介／男子4×100mリレー日本チーム ……………… 301

　水谷隼／髙橋礼華・松友美佐紀 ……………………………… 302

外国人選手（夏季）

　パーボ・ヌルミ／ジェシー・オーエンス …………………… 303

　エミール・ザトペック／アベベ・ビキラ …………………… 304

　アントン・ヘーシンク …………………………………………… 305

　カシアス・クレイ／ベラ・チャスラフスカ ………………… 306

　カール・ルイス／セルゲイ・ブブカ ………………………… 307

　マイケル・フェルプス／ウサイン・ボルト ………………… 308

日本人選手（冬季）

　猪谷千春／日の丸飛行隊（札幌） …………………………… 309

橋本聖子／荻原健司……………………………………………… 310

　伊藤みどり／清水宏保……………………………………………… 311

　長野冬季大会ジャンプ団体チーム／里谷多英………………… 312

　荒川静香／浅田真央………………………………………………… 313

　上村愛子／葛西紀明………………………………………………… 314

　羽生結弦………………………………………………………………… 315

　小平奈緒………………………………………………………………… 316

　高木美帆・高木菜那………………………………………………… 317

外国人選手（冬季）

　トニー・ザイラー／ジャン・クロード・キリー………………… 318

　カタリナ・ビット／ヨハン・オラフ・コス……………………… 319

パラリンピック

　成田真由美／大日方邦子…………………………………………… 320

　土田和歌子／河合純一……………………………………………… 321

　国枝慎吾／谷 真海 ………………………………………………… 322

第7章　資料

　オリンピック・パラリンピック年表……………………………… 324

　オリンピック競技大会開催地MAP ……………………………… 340

　文献……………………………………………………………………… 342

　索引……………………………………………………………………… 344

　オリンピック競技大会の開催地一覧……………………………… 351

第 1 章
2020年東京
オリンピック・パラリンピック

第1章 2020年東京オリンピック・パラリンピック

東京2020大会概要

大会ビジョン・コンセプト

東京2020大会の大会ビジョンは以下の通り。

> **スポーツには世界と未来を変える力がある。**
>
> 1964年の東京大会は日本を大きく変えた。2020年の東京大会は、
> 「すべての人が自己ベストを目指し（全員が自己ベスト）」、
> 「一人ひとりが互いを認め合い（多様性と調和）」、
> 「そして、未来につなげよう（未来への継承）」
> を3つの基本コンセプトとし、史上最もイノベーティブで、
> 世界にポジティブな改革をもたらす大会とする。

メダル

東京2020組織委員会では、「都市鉱山からつくる！みんなのメダルプロジェクト」を実施している。これは、東京2020大会で使用するメダルを、国民から集められた使用済み携帯電話などの小型家電から抽出された金属で製作しようというもの。オリンピック・パラリンピックの金・銀・銅合わせて約5,000個のメダルを作る予定となっている。

これまでにもメダルの原材料の一部にリサイクル金属を使用した例はあったが、国民が参画し、メダル製作を目的に小型家電の回収を行うのはオリンピック・パラリンピック史上初。環境に配慮することで持続可能な社会の実現や、レガシーを残すことにつなげていく狙いだ。

また、このプロジェクトに寄せられた想いを形にするため、メダルのデザインもプロや学生から募集した。まさに「みんなで」作るメダルのプロジェクトとなっている。

エンブレム

　東京 2020 大会のエンブレムは、2015 年秋に募集を開始し、エンブレム委員会での審査の上、2016 年 4 月 25 日に決定した。応募総数は 14,599 件。そのうち形式要件を満たしていた作品が 10,666 点。何度かのデザインチェックや審査、国内外の登録商標の調査などを経て、最終候補を 4 点に絞り発表、インターネットおよびはがきで意見を募集した。

　最終的に選ばれたのはアーティストの野老朝雄さんの「組市松紋」という作品。歴史的に世界中で愛され、江戸時代に「市松模様」として広まったチェッカーデザインを日本の伝統色、藍色で描き、粋な日本らしさを表現した。

　形の異なる 3 種類の四角形を組み合わせ、国や文化、思想、障害の有無などの違いを示す。違いはあってもそれらを越えて認め合い、支え合い、つながり合おうという、今大会のコンセプト「多様性と調和」のメッセージを込める。

2020 年東京オリンピックエンブレム　　2020 年東京パラリンピックエンブレム

マスコット

東京 2020 大会のマスコットは、2017 年夏に公募し、12 月に審査の結果残った 3 作品を発表。全国の小学校の各クラスに 1 票を与える投票を実施し、最多得票の採用作品が 2018 年 2 月に発表された。選ばれたのは、「ミライトワ」と「ソメイティ」。大会エンブレムと同じ藍色と白の市松模様が頭部と胴体にあしらわれている。

オリンピックのマスコット、ミライトワのコンセプトは「温故知新」。日本のことわざで「昔のことをよく学び、そこから新しい知識や道理を得ること」を言う。そのコンセプト通り、伝統を重んじる古風な面と、最先端の情報に精通する鋭い面を併せ持つ。キャラクターは正義感が強く、運動神経もバツグンという設定。特技はどんな場所にも瞬間移動できること。

ミライトワという名前は「未来」と「永遠（とわ）」の 2 つの言葉を結びつけて生まれた。東京 2020 大会を通じて、世界の人々の心に、希望に満ちた未来を永遠にという願いを込めている。

パラリンピックのマスコット、ソメイティは桜を代表する「ソメイヨシノ」と力強いという意味の「so mighty」から名づけられた。超能力を持ち、顔の両サイドにある桜の花びら形の触角でテレパシーを送受信。市松模様のマントで空を飛ぶこともできる。ふだん

東京 2020 オリンピックマスコット、ミライトワ

東京 2020 パラリンピックマスコット、ソメイティ

は物静かだが、いざとなるとパワフル。超人的なパワーを発揮するパラリンピックアスリートを体現する存在だ。クールな一方、自然を愛する優しさも併せ持つ。超能力で石や風と話したり、見るだけで物を動かすこともできる。

大会マスコットを小学生が決める試みは史上初。オープンな選考とともに、子どもたちに大会を身近に感じてもらう狙いがある。

競技

東京2020大会では、野球・ソフトボールなど5競技18種目が追加された。これ以外に15種目が新たに採用され、全部で33競技339種目が実施される。

男女混合種目が7つも加わった。陸上の1600mリレー、競泳の400mメドレーリレー、トライアスロンのリレー、卓球ダブルス、柔道団体、アーチェリーの団体、射撃だ。

男子種目が減り、その分を女子種目に回した。その結果、全選手に占める女子の割合は東京2020大会で復活・新規採用される5競技を除いて48.8％と過去最高となりそうだ。女子が初めて参加した第2回の1900年パリ大会では女子の割合はわずか2.2％だった。1964年東京大会でも13.2％。大会ごとに比率は増え、2012年ロンドン大会では44.2％、2016年リオデジャネイロ大会は45.6％であった。

IOCのバッハ会長が主導する中長期改革「アジェンダ2020」の柱の一つは「男女平等の推進」で、女性の参加率50％を目標としている。あとわずかで目標達成となる。

IOCは若者のオリンピック離れも危惧しており、若者を強く引きつける大会であることも重要なテーマだ。世界的に若者に人気のあるサーフィン、スケートボード、スポーツクライミングを追加競技で採用、バスケットボール3人制、自転車競技にBMXフリースタイルを加えた。

東京オリンピックで実施される競技・種目

競技		種目
水泳	競泳	10kmマラソンスイミング（男子／女子）
		50m自由形（男子／女子）、100m自由形（男子／女子）、200m自由形（男子／女子）、400m自由形（男子／女子）、800m自由形（男子／女子）、1500m自由形（男子／女子）、100m背泳ぎ（男子／女子）、200m背泳ぎ（男子／女子）、100m平泳ぎ（男子／女子）、200m平泳ぎ（男子／女子）、100mバタフライ（男子／女子）200mバタフライ（男子／女子）、200m個人メドレー（男子／女子）、400m個人メドレー（男子／女子）、4×100mリレー（男子／女子）、4×200mリレー（男子／女子）、4×100mメドレーリレー（男子／女子／混合）
	飛び込み	3m飛板飛び込み（男子／女子）、10m高飛び込み（男子／女子）、シンクロダイビング3m飛板飛び込み（男子／女子）、シンクロダイビング10m高飛び込み（男子／女子）
	水球	水球（男子／女子）
	アーティスティックスイミング	デュエット（女子）、チーム（女子）
アーチェリー		個人（男子／女子）、団体（男子／女子／ミックス）
陸上競技	トラック	100m（男子／女子）、200m（男子／女子）、400m（男子／女子）、800m（男子／女子）、1,500m（男子／女子）、5,000m（男子／女子）、10,000m（男子／女子）、110mハードル（男子）100mハードル（女子）、400mハードル（男子／女子）3,000m障害（男子／女子）、4×100mリレー（男子／女子）、4×400mリレー（男子／女子／混合）
	フィールド	走り高跳び（男子／女子）、棒高跳び（男子／女子）、走り幅跳び（男子／女子）、三段跳び（男子／女子）、砲丸投げ（男子／女子）、円盤投げ（男子／女子）、ハンマー投げ（男子／女子）、やり投げ（男子／女子）
	ロード	20km競歩（男子／女子）、マラソン（男子／女子）、50km競歩（男子）
	混成	10種競技（男子）、7種競技（女子）

東京オリンピックで実施される競技・種目

競技		種目
バドミントン		シングルス（男子／女子）、ダブルス（男子／女子／混合）
野球・ソフトボール		野球（男子）、ソフトボール（女子）
バスケットボール		3×3（男子／女子）、バスケットボール（男子／女子）
ボクシング		フライ51kg級（女子）、フェザー57kg級（女子）、ライト60kg級（女子）、ウェルター69kg級（女子）、ミドル75kg級（女子） ※男子8階級
カヌー	スラローム	カヤック（K-1）（男子／女子）、カナディアンシングル（C-1）（男子／女子）
	スプリント	カヤックシングル（K-1）200m（男子／女子）、カヤックシングル（K-1）1,000m（男子）、カヤックシングル（K-1）500m（女子）、カヤックペア（K-2）1,000m（男子）、カヤックペア（K-2）500m（女子）、カヤックフォア（K-4）500m（男子／女子）、カナディアンシングル（C-1）1,000m（男子）、カナディアンシングル（C-1）200m（女子）、カナディアンペア（C-2）1,000m（男子）、カナディアンペア（C-2）500m（女子）
自転車競技	BMXフリースタイル	パーク（男子／女子）
	BMXレーシング	レース（男子／女子）
	マウンテンバイク	クロスカントリー（男子／女子）
	ロード	ロードレース（男子／女子） 個人タイムトライアル（男子／女子）
	トラック	チームスプリント（男子／女子）、スプリント（男子／女子）、ケイリン（男子／女子）、チームパシュート（男子／女子）、オムニアム（男子／女子）、マディソン（男子／女子）
馬術	馬場馬術	団体、個人
	総合馬術	団体、個人
	障害馬術	団体、個人

第1章　2020年東京オリンピック・パラリンピック

競技		種目
フェンシング		フルーレ個人（男子／女子）、エペ個人（男子／女子）、サーブル個人（男子／女子）、サーブル団体（男子／女子）、フルーレ団体（男子／女子）、エペ団体（男子／女子）
サッカー		サッカー（男子／女子）
ゴルフ		個人（男子／女子）
体操	体操競技	団体（男子／女子）、個人総合（男子／女子）、種目別ゆか（男子／女子）、種目別あん馬（男子）、種目別段違い平行棒（女子）、種目別つり輪（男子）、種目別平均台（女子）、種目別跳馬（男子／女子）、種目別平行棒（男子）、種目別鉄棒（男子）
	新体操	個人総合（女子）、団体（女子）
	トランポリン	個人（男子／女子）
ハンドボール		ハンドボール（男子／女子）
ホッケー		ホッケー（男子／女子）
柔道		60kg級（男子）、66kg級（男子）、73kg級（男子）、81kg級（男子）、90kg級（男子）、100kg級（男子）、100kg超級（男子）、48kg級（女子）、52kg級（女子）、57kg級（女子）、63kg級（女子）、70kg級（女子）、78kg級（女子）、78kg超級（女子）、団体（混合）
空手	形	形（男子／女子）
	組手	組手3階級（男子／女子）
近代五種		個人（男子／女子）
ボート		シングルスカル（男子／女子）、舵手なしペア（男子／女子）、ダブルスカル（男子／女子）、舵手なしフォア（男子／女子）、クオドルプルスカル（男子／女子）、エイト（男子／女子）、軽量級ダブルスカル（男子／女子）
ラグビー		ラグビー（男子／女子）
セーリング		RS:X級（男子／女子）、レーザー級（男子）、レーザーラジアル級（女子）、フィン級（男子）、470級（男子／女子）、49er級（男子）、49erFX級（女子）、フォイリングナクラ17級（混合）

東京オリンピックで実施される競技・種目

競技		種目
射撃		50mライフル3姿勢個人（男子／女子）、10mエアライフル（男子／女子／混合）、25mラピッドファイアピストル個人（男子）、25mピストル個人（女子）、10mエアピストル（男子／女子）、トラップ（男子／女子／混合）、スキート（男子／女子）、エアピストル（混合）
スケートボード		パーク（男子／女子）、ストリート（男子／女子）
スポーツクライミング		ボルダリング・リード・スピード複合（男子／女子）
サーフィン		ショートボード（男子／女子）
卓球		シングルス（男子／女子）、団体（男子／女子）、ダブルス（混合）
テコンドー		58kg級（男子）、68kg級（男子）、80kg級（男子）、80kg超級（男子）、49kg級（女子）、57kg級（女子）、67kg級（女子）、67kg超級（女子）
テニス		シングルス（男子／女子）、ダブルス（男子／女子／混合）
トライアスロン		個人（男子／女子）、団体リレー（混合）
バレーボール	ビーチバレーボール	ビーチバレーボール（男子／女子）
	バレーボール	バレーボール（男子／女子）
ウエイトリフティング		61kg級（男子）、67kg級（男子）、73kg級（男子）、81kg級（男子）、96kg級（男子）、109kg級（男子）、109kg超級（男子）、49kg級（女子）、55kg級（女子）、59kg級（女子）、64kg級（女子）、76kg級（女子）、87kg級（女子）、87kg超級（女子）
レスリング	フリースタイル	57kg級（男子）、65kg級（男子）、74kg級（男子）、86kg級（男子）、97kg級（男子）、125kg級（男子）、50kg級（女子）、53kg級（女子）、57kg級（女子）、62kg級（女子）、68kg級（女子）、76kg級（女子）
	グレコローマンスタイル	60kg級（男子）、67kg級（男子）、77kg級（男子）、87kg級（男子）、97kg級（男子）、130kg級（男子）

東京オリンピック競技スケジュール（予定）

競技	種目など	7月 22 水	23 木	24 金	25 土	26 日	27 月
開会式、閉会式				開会式			
水泳	競泳				○	準・決	準・決
	飛び込み					決	決
	アーティスティックスイミング						
	水球				○	○	○
	マラソンスイミング						
アーチェリー				○	準々・準・決	準々・準・決	準々・準・決
陸上競技	トラック＆フィールド						
	マラソン						
	競歩						
バドミントン					○	○	○
野球・ソフトボール	野球						
	ソフトボール	○	○		○	○	○
バスケットボール	3×3				○	○	○
	バスケットボール					○	○
ボクシング					○	○	○
カヌー	スラローム					○	準・決
	スプリント						

○：予選などが行われる日　準々：準々決勝が行われる日　準：準決勝が行われる日
決：決勝が行われる日　□メダルが決まる日　＊2019年1月現在。一部変更になる場合があります。

東京オリンピック競技スケジュール（予定）

	7月				8月								
	28	29	30	31	1	2	3	4	5	6	7	8	9
	火	水	木	金	土	日	月	火	水	木	金	土	日
													閉会式
	準・決	準・決	準・決	準・決	準・決	決							
	決	決		○	準	決	○	準・決	○	決	○	決	
							○	○	決		○	決	
	○	○	○	○	○	○	○	準々	準々	準	準	決	決
									決	決			
	○	○	○	準々・準・決	準々・準・決								
				準・準・決	準々・準・決	準・決	準々・準・決	準々・準・決	準・決	準・決	決	決	
					決								決
				決							決	決	
	○	準々	準々・準	準々・準・決	準々・準・決	準・決	決						
		○	○	○	○	○	○	○	○	○		決	
	決												
	準々	準・決											
	○	○	○	○	○	○	○	準々	準々	準決	準決	決	決
	○	準々	準々	準々	準々・準	準々・準		準々・準・決	準・決	準・決	準・決	決	決
	準・決	○	準・決	準・決									
						準々	準・決	準々	準・決	準々	準・決		

第1章　2020年東京オリンピック・パラリンピック

競技	種目など	7月 22 水	23 木	24 金	25 土	26 日	27 月
自転車競技	BMX フリースタイル						
	BMX レーシング						
	マウンテンバイク						決
	ロード				決	決	
	トラック						
馬術	馬場馬術				○	○	
	総合馬術						
	障害馬術						
フェンシング					準々・準・決	準々・準・決	準々・準・決
サッカー		○	○		○	○	
ゴルフ							
体操	体操競技				○	○	決
	新体操						
	トランポリン						
ハンドボール					○	○	○
ホッケー					○	○	○
柔道					準々・準・決	準々・準・決	準々・準・決
空手							

○：予選などが行われる日　準々：準々決勝が行われる日　準：準決勝が行われる日
決：決勝が行われる日　3位決：3位決定戦が行われる日　□メダルが決まる日
＊2019年1月現在。一部変更になる場合があります。

東京オリンピック競技スケジュール（予定）

	7月			8月								
28	29	30	31	1	2	3	4	5	6	7	8	9
火	水	木	金	土	日	月	火	水	木	金	土	日
				○	決							
		準々	準・決									
決												
	決											
						準々・準・決	準々・準・決	準々・準・決	準々・準・決	準々・準・決	準々・準・決	準々・準・決
決	決											
			○	○	○	決						
							○	決		○	決	
準々・準・決	準々・準・決	準々・準・決	準々・準・決	準々・準・決	準々・準・決							
○	○		準々	準々		準	準		3位決	3位決	決	
		○	○	○	決			○	○	○	決	
決	決	決			決	決	決					
										○	決	決
			決	決								
○	○	○	○	○	○	○	準々	準々	準	準	決	決
○	○	○	○	○	準々	準々	準決	準決	決	決		
準々・準・決	準々・準・決	準々・準・決	準々・準・決	準々・準・決								
										準・決	準・決	準・決

第1章 2020年東京オリンピック・パラリンピック

競技	種目など	7月 22 水	7月 23 木	7月 24 金	7月 25 土	7月 26 日	7月 27 月
近代五種							
ボート				○	○	○	準々・準
ラグビー							○
セーリング						○	○
射撃	ライフル				決	決	
射撃	クレー					○	決
スケートボード	パーク						
スケートボード	ストリート					決	決
スポーツクライミング							
サーフィン						○	○
卓球					○	準々・準	決
テコンドー					準々・準・決	準々・準・決	準々・準・決
テニス					○	○	○
トライアスロン							決
バレーボール	ビーチバレーボール				○	○	○
バレーボール	バレーボール				○	○	○
ウエイトリフティング					決	決	決
レスリング	フリースタイル、グレコローマン						

○：予選などが行われる日　準々：準々決勝が行われる日　準：準決勝が行われる日
決：決勝が行われる日　□メダルが決まる日　＊2019年1月現在。一部変更になる場合があります。

東京オリンピック競技スケジュール（予定）

7月				8月								
28	29	30	31	1	2	3	4	5	6	7	8	9
火	水	木	金	土	日	月	火	水	木	金	土	日
									◯	決	決	
準・決	準・決	決	決									
準々	準・決	◯	準々	準・決								
◯	◯	◯	◯	決	決	決	決	決				
決		◯	決	決	◯	決						
	◯	決		決								
									決	決		
							◯	◯	決	決		
準々・準	決											
◯	準々	準・決	決		◯	準々	準々・準	準	決	決		
準々・準・決												
準々	準々・準	準々・準	準・決	決	決							
決				決								
◯	◯	◯	◯	◯	◯	◯	準々	準々	準	決	決	
◯	◯	◯	◯	◯	◯	◯	準々	準々	準	準	決	決
決	決			決	決	決	決	決				
				準々・準	準々・準・決	準々・準・決	準々・準・決	準々・準・決	準々・準・決	準々・準・決	決	

東京パラリンピック競技スケジュール（予定）

競技	種目など	8月 25 火	8月 26 水	8月 27 木	8月 28 金
開会式、閉会式		開会式			
アーチェリー					□
陸上					■
バドミントン					
ボッチャ					
カヌー					
自転車	トラック		■	■	■
自転車	ロード				
馬術				□	□
5人制サッカー					
ゴールボール			□	□	□
柔道				□	■
パワーリフティング				■	□
ボート					
射撃					□
シッティングバレーボール					□
競泳			■	■	■
卓球					
テコンドー					
トライアスロン					
車いすバスケットボール			□	□	
車いすフェンシング			■	□	■
車いすラグビー					
車いすテニス					□

■決勝があり、メダルの決まる日　□その他、予選や準々決勝、準決勝などが行われる日
＊2019年1月現在。一部変更になる場合があります。

東京パラリンピック競技スケジュール（予定）

8月			9月					
29	30	31	1	2	3	4	5	6
土	日	月	火	水	木	金	土	日
								閉会式

第 1 章 2020 年東京オリンピック・パラリンピック

東京 2020 大会について

競技会場

　東京 2020 大会は 42 会場、パラリンピックは 21 会場で行われる。東京の会場、日本武道館や代々木競技場など、1964 年東京大会のレガシーを引き継ぐ「ヘリテッジゾーン」と、有明・お台場・夢の島・海の森など東京湾に面した「東京ベイゾーン」の 2 つのゾーンから構成される。

　大会招致では、大半の競技会場を選手村から 8 km 圏内に収めるとしていたが、建設費の高騰などを理由にいくつかの競技場については新設を断念し、8 km 圏外の既存の施設を使うことになった。埼玉・神奈川・千葉県のほか、サッカー、自転車、野球、ソフトボール、サーフィン、セーリングなどは首都圏以外の競技場でも行われる。東京大会の競技場一覧は口絵 4 〜 6 を参照。

　新設される主な競技場と選手村、IBC（国際放送センター）、MPC（メインプレスセンター）について解説する。

オリンピックスタジアム（新国立競技場）

　1964 年東京大会のオリンピックスタジアムであった国立競技場が、2020 年までに新しい競技場に生まれ変わる。設計は隈研吾。木材を多用し神宮外苑とも調和したデザインだ。大会では、開・閉会式、陸上競技やサッカー、パラ陸上競技が行われる。

選手村

　晴海に建設される選手の宿泊施設。大会後はマンションとして売り出される予定。

海の森水上競技場

　東京の臨海部、中央防波堤の内側と外側の埋立地の間の水路に整備される。大会ではカヌー・スプリント、ボートが実施される。

東京2020大会について

東京アクアティクスセンター

辰巳の森海浜公園内に水泳競技会場として整備される。50mのメインプールとサブプール、深さ5mのダイビングプール、飛び込み競技トレーニング施設などを設ける。

有明アリーナ

有明北地区に新しく整備される。メインアリーナの観客席は15,000席を超える。大会ではバレーボールとパラリンピックの車いすバスケットボール決勝戦が行われる。

大井ホッケー競技場

大井ふ頭中央海浜公園に新しく整備される人工芝競技場。ホッケーが行われる。大会後は、ホッケー競技に加え、フットサルなどにも使える多目的グラウンドとして活用される施設になる予定。

夢の島公園アーチェリー場

夢の島エリアに新しく整備されるアーチェリー場。大会後は主要な競技大会の会場、アーチェリーの普及・強化の拠点とする予定。

武蔵野の森総合スポーツプラザ

東京スタジアムに隣接する場所に新しく整備される総合スポーツ施設。バドミントン、近代五種（フェンシング）などが行われる。

カヌー・スラロームセンター

都立葛西臨海公園の隣に整備される国内で初めてのカヌー・スラロームコース。水路に人工的に流れを作り出し、競技ができる。大会後は、ラフティングも楽しめるレジャー・レクリエーション施設としていく。

IBC/MPC（放送・報道センター）

メディア関係者のための施設で東京ビッグサイトの中に設けられる。IBC（国際放送センター）には放送関係者が、MPC（メインプレスセンター）には記者が世界中から集まり、東京と世界各国をつないでテレビ番組や記事の編集・送信が24時間行われる場所になる。

大会経費

「世界一コンパクトなオリンピックに」という理念を掲げて招致した東京2020大会だが、大会経費は当初の試算8299億円を大きく超えそうだ。

大会の経費は大きく分けて組織委員会、東京都など自治体、それに国の3つの負担に分かれている。会計検査院は2018年10月、13〜17年の5年間で東京オリンピック・パラリンピックに関する支出が国の負担分だけで総額8011億円に上ったとする報告書をまとめた。ただ、これらの支出には、暑さ対策に役立つという気象衛星の予測度向上にあてた費用や「環境に配慮したオリンピック」実現のためとされる電気自動車の購入補助金なども入っている。どこまでがオリンピック関連費用かの線引きは難しい。

そこで、開催経費を直接経費と間接経費に分け、直接経費だけを見ていきたい。大会の直接経費の総額は組織委、自治体、国の負担の合計で1兆3,500億円の予定である。

▼直接経費

組織委員会は、2017年12月、大会経費V2（バージョン2）を発表した。これは、2017年5月の東京都、東京2020組織委員会、国、競技会場が所在する自治体の役割（経費）分担に関する大枠合意等に基づき、2016年12月21日に発表した大会経費V1（バージョン1）を精査したもの。

組織委予算は6,000億円で収支均衡となっている。予算の収入は、国内スポンサー収入の増加などにより、V1と比較して1,000億円増となっている。6000億円の内訳は、国内スポンサーが3100億円、続いて放送権料が850億円、チケット売上820億円などで、税金は投入されていない。一方、組織委の支出のトップは国内スポンサーや

ライセンシングの相手企業へのセールスのための経費であるマーケティング関係経費で1250億円、続いて大会運営費に1000億円、仮設施設建設に950億円、テクノロジーに950億円などだ。

大会の直接経費の総額1兆3,500億円のうち、残りの7,500億円は国と東京都が負担する。

この7500億円のうち4分の3ほどが体育館などの恒久的な建物と仮設競技場などの建設に使われる。残りは警備費用、輸送、非常用電源などのエネルギーインフラなどに使われる。過去のオリンピックで最後に必ずふくらむのが警備の費用だ。2008年北京大会や2012年ロンドン大会では、飛行機によるテロを警戒して会場周辺に地対空ミサイルまで配備した。大会の前に世界のどこかで大きなテロ事件があった場合、東京でも警備費用は大きくなる可能性がある。これらの7500億円は全て税金から支出される。

▼税金以外の財源から出る経費

直接経費ではあるが、税金以外の財源から出るものもある。

1つは千葉県や静岡県など東京都以外の自治体にある競技会場の警備費などの運営経費だ。これらの費用は当初350億円と見積もられていたが、都の見直しによって340億円に圧縮された。内訳は、選手や観客の輸送や警備などに155億円、競技会場周辺に設置する関係者の輸送拠点の整備などに145億円、聖火リレーに関する費用40億円。

2016年から販売している「東京2020大会協賛宝くじ」の収益から116億円を都外自治体の運営経費に充てる。残りの運営経費224億円については、宝くじを追加で発行し、増えた収益を財源に充てることで、各自治体が合意している。

また選手村は、民間の業者による投資によって建設され、建物はマンションとして販売されることになっている。

文化プログラム

　スポーツだけでなく、文化芸術や地域でのお祭り、さまざまな活動などにより、東京2020大会に向けてオールジャパンで盛り上げていこうという「文化プログラム」。

　組織委員会は「参画プログラム」（文化オリンピアード）と称して、政府や自治体、スポンサーが実施する「公認プログラム」、非営利団体や商店街などが実施する「応援プログラム」の2つに分け、参画を募っている。

　カテゴリーは次の8つに分かれている。
① スポーツ・健康　市民スポーツの集い、車いすバスケットボール体験会、スポーツ少年団一斉活動など
② 街づくり　観光施設整備事業、道路整備など
③ 持続可能性　エコ、リサイクル活動など
④ 文化　市民芸術祭、文化祭、コンサート、写真展など
⑤ 教育　オリンピック・パラリンピックを知る公開講座、外国語講座など
⑥ 経済・テクノロジー　産業フェスタなど
⑦ 復興　アスリート派遣被災地支援事業など
⑧ オールジャパン・世界への発信　ホストタウン交流事業、相撲大会、おもてなし英会話、おもてなしマナー講座など

　組織委員会以外にも、内閣官房は日本文化の魅力を発信するプログラム「beyond2020」をスタート。また東京都は「Tokyo Tokyo FESTIVAL」というプログラムを独自に実施している。

東京 2020 大会について

ホストタウン

　ホストタウンとは、大会に参加する国や地域のホストとして迎え入れ、「おもてなし」の役をする自治体のこと。参加国・地域との人的・経済的・文化的な相互交流を行う。具体的には事前合宿の受け入れのほか、次のようなことを実施する。
○オリンピアンとの交流を通じスポーツの素晴らしさを学ぶ（オリンピアンの経験を聞く、外国選手と競技を楽しむなど）
○大会参加国の人々との交流を通じ、外国を知り日本を伝える（相手国からゲストを招き歴史や文化を知る、生徒から日本文化を紹介する、外国選手やスタッフに地元の魅力を体験してもらうなど）
○パラリンピアンとの交流を通じ、共生を学ぶ（パラリンピアンと一緒に競技を体験する、バリアフリー、ユニバーサルデザインの大切さを学ぶなど）
　内閣官房の事務局の審査を経て登録されてホストタウンとなると、その事業に対しさまざまな財政支援が受けられる。2016年1月の第1次登録から2018年12月の第11次登録まで、350以上の自治体が登録され、相手国（国と地域）は110を超えた。

ホストタウンの一例

岩手県盛岡市・紫波町－カナダ　福島県猪苗代町－ガーナ
長野県佐久市－エストニア　埼玉県さいたま市－オランダ
東京都府中市－オーストラリア　神奈川県横浜市・川崎市－イギリス
静岡県御殿場市－イタリア　愛知県美浜町―シンガポール
山梨県甲府市・富士吉田市・北杜市・甲州市・西桂市・忍野村・山中湖村・富士河口湖町・鳴沢村－フランス
奈良県橿原市―カザフスタン　山口県山口市－スペイン
長崎県長崎市・大村市－ポルトガル　鹿児島県鹿屋市－タイ

ボランティア

東京 2020 大会のボランティアには、組織委員会が募集・運営する大会ボランティアと、東京都が募集・運営する都市ボランティアがある。大会ボランティアは 8 万人、都市ボランティアは 3 万人を予定している。どちらも 2018 年 9 月 26 日～ 12 月 21 日に募集し、大会ボランティアには 18 万 6000 人余り、都市ボランティアには 3 万 7000 人余りの応募があった。

▼大会ボランティア（Field Cast）

大会ボランティアは、競技が行われる会場や選手の生活ベースとなる選手村、その他大会関連施設などで、観客サービスや競技運営のサポート、メディアのサポートなど、大会運営に直接携わる活動をする。希望する活動分野を最大 3 つまで選択して応募できる。以下の 10 の活動分野に分かれている。

①指定しない

②案内（会場内等で観客や大会関係者の案内、チケットチェックや荷物などのセキュリティチェックのサポートなど）。

③競技（競技会場や練習会場内で競技運営等のサポート）。

④移動サポート（大会関係者が会場間を移動する際に車を運転し、快適な移動となるようサポート）。

⑤アテンド（海外要人等が快適に日本で生活できるよう接遇。選手に対し外国語でのコミュニケーションサポートなど）。

⑥運営サポート（競技会場、選手村、車両運行など運営サポート）。

⑦ヘルスケア（選手に急病人、けが人が出た場合の搬送サポート。ドーピング検査のサポート）。

⑧テクノロジー（通信機器等の貸出しや回収等のサポート。競技会場内で競技結果の入力や表示）。

⑨メディア（国内外のメディアが円滑に取材できるようサポート）。
⑩式典（各競技の表彰式での、選手や大会関係者の案内。メダル・記念品の運搬等を含めた表彰式運営のサポート）。

　2019年2月からオリエンテーション。10月から共通研修。2020年4月から役割別・リーダーシップ研修。6月から会場別研修の予定。ボランティアには大会ボランティアのユニフォーム一式が渡される。

　活動期間中における滞在先から会場までの交通費相当として1日1000円が支給されることになっている。

▼都市ボランティア（City Cast）

　都市ボランティアは、空港や主要駅、観光地および競技会場の最寄り駅周辺などで、国内外の旅行者に対する観光・交通案内などを行う。開催都市・東京の「顔」として、選手や大会関係者、旅行者などを「おもてなしの心」を持ってお迎えし、明るく、楽しい雰囲気で案内することで、大会に花を添え、盛り上げの一翼を担うことが期待されている。

　活動期間は5日間以上。1日当たり5時間程度。
　個人のほか、4名までのグループでの応募も可能。
　具体的な活動場所と役割は、主に以下の5つ。

①羽田空港内
②都市主要鉄道駅（東京駅・新宿駅など）
③観光地（浅草・銀座など）
④競技会場最寄り駅・競技会場までの動線
⑤都内ライブサイト（大型スクリーンなどを設置した競技中継、ステージイベントなどを実施する場所）

第1章　2020年東京オリンピック・パラリンピック

観戦チケット

　東京2020大会を観戦するための国内向けのチケットは、オリンピックは2019年春から、パラリンピックは2019年夏から、「東京2020大会公式チケット販売サイト」で抽選のうえ販売される。2020年にはチケット販売所を通じても販売する予定となっている。

　公式チケット販売サイトで購入する際には、TOKYO 2020 IDの登録が必要。IDを登録すると、メールマガジンなどを通じてチケット情報を含む、大会関連情報が配信される。なお、販売サイトで購入したチケットの受け取りは2020年春以降になる。

　オリンピックの開会式・閉会式のチケット価格は、12,000円から300,000円。競技の一般チケットは、2,500円から130,000円。チケット全体の半分以上は、8,000円以下に設定されている。パラリンピックの開・閉会式のチケットは、8,000円から150,000円、競技の一般チケットは、900円から7,000円となっている。

　開催年にちなんだ2,020円の企画チケットも用意されている。子どもや高齢者、障害者を含めた家族などで来場できるグループ向けのチケットだ（開閉会式を含めた全競技）。さらに、100万人以上の規模の学校連携観戦プログラムの実施を予定している。

　オリンピックの主な競技のチケットの価格は以下の通り。

　競泳：5,800円〜108,000円、陸上競技（トラック＆フィールド）：3000円〜130,000円、マラソン：2,500円〜6,000円、野球：4,000円〜67,500円、バスケットボール：3,000円〜108,000円、サッカー：2,500円〜67,500円、体操競技：4,000円〜72,000円、柔道4,000円〜54,000円、卓球：3,500円〜36,000円、テニス：3,000円〜54,000円、バレーボール：4,000円〜54,000円、レスリング：4,000円〜45,000円。車いすバスケットボール（パラ）：2,400円〜7,000円、水泳（パラ）：2,000円〜7,000円。

東京 2020 大会について

子どもたちへの教育プログラム

▼東京 2020 教育プログラム「ようい、ドン！」

オリンピックは、世界中のアスリートが競い合う姿を目にすることを通じ、努力することの尊さ、スポーツを通じた友情や尊敬を学ぶきっかけとなる。また、やってみようという自主性や、苦手なことにチャレンジする勇気を育てる。

組織委員会では、子どもたちに、オリンピック・パラリンピック大会について、学校の授業を通じて学んでもらおうという、東京 2020 教育プログラム「ようい、ドン！」を実施している。

東京 2020 教育プログラム特設サイトでは、授業や活動をサポートするさまざまな教材や動画を用意している。

また、教育プログラムの一環として、東京大会のマスコットを、全国の小学生による学級単位での投票で決定した。これは過去の大会にはなかった初の試みであり、子どもたちが直接大会に関わることができる貴重な機会となった。

▼世界ともだちプロジェクト、スマイルプロジェクトなど

東京都教育委員会では、東京大会の参加予定国・地域を幅広く学び、実際の国際交流に発展させる「世界ともだちプロジェクト」を実施。世界のさまざまな人種や言語、文化、歴史などを学び、多様性を知ることにつなげている。また、パラリンピック競技団体と連携しながら、パラリンピック競技の観戦・応援、競技の体験などを行う「スマイルプロジェクト」を実施している。さらに、「夢・未来」プロジェクトとして、子どもたちがオリンピック・パラリンピックの素晴らしさを実感し、スポーツへの関心を高め、夢に向かって努力したり困難を克服したりする意欲を培えるよう、アスリートと直接交流する取り組みを行っている。

公式記録映画

オリンピックではこれまで数々の公式映画が製作されてきた。2020年東京オリンピックの公式記録映画の監督には、『殯（もがり）の森』『あん』などの作品で知られる河瀨直美監督が就任した。映画は2021年の春に完成予定で、その後国内外で公開される。

国際オリンピック委員会（IOC）から「国際的に活躍している日本人監督に」との依頼があり、IOCと組織委員会で、映画賞の受賞歴やオリンピックに対する考え方などを考慮し検討、決定した。

河瀨監督は1997年カンヌ映画祭で『萌の朱雀』にて、カメラドール（新人監督賞）を史上最年少で受賞。2007年には、『殯の森』でグランプリを受賞している実力派監督だ。2013年には、日本人で初めてカンヌ映画祭で審査員を務めた。

作品のテーマには「東北を中心とした復興」と「ボランティア」を挙げている。

高校時代バスケットボールで奈良県代表として国体に出場したこともあるという河瀨監督は、再びスポーツに関われる巡り合わせに、「私が映画監督になったのはこのためじゃないかと思うくらいに運命のように感じる」と語る。

オリンピックの公式記録映画は、1912年ストックホルム大会から製作されている。1964年の東京大会の公式記録映画は市川崑監督がメガホンを取った。1950万人を動員し、2001年の宮崎駿監督のアニメ「千と千尋の神隠し」まで、実に36年間この記録は破られなかった。1972年札幌大会では篠田正浩監督が、1998年長野大会ではバド・グリーンスパン監督が監督を務めた。

第 2 章
オリンピック

第2章 オリンピック

オリンピックとは

オリンピックのはじまりとクーベルタン

▼オリンピック誕生の萌芽

　世界の人々を魅了してやまないオリンピック。フランス人貴族ピエール・ド・クーベルタン（1863-1937年）が31歳の若さでオリンピックを生み出したことに、私たちは驚きを隠せない。いったい何が、若きフランス人をオリンピックに向かわせたのだろうか。

　その大きな1つ目の要因は、少年期の戦争体験である。クーベルタンが生まれたとき、大きな力をもつ一握りの国々が自分たちの利権を拡大しようとしていたため、地球上では戦争が頻発していた。彼の祖国フランスも、その例外ではなかった。1870年から翌年にかけて、普仏戦争とパリコミューン下のフランス人同士の戦いとが、パリに住む少年ピエールの目の前を「悪夢のように通り過ぎ」ていったのだった。多くの人々を傷つける戦争の強烈な印象は、クーベルタンの中に平和を求める心を生み出した。

　2つ目の要因は、古代オリンピックに対する社会的関心の高まりである。ルネサンス以降のヨーロッパでは、1000年以上前に幕を閉じていた古代オリンピックの残像が、文学や考古学、スポーツイベント、体育といった多様なルートを通して徐々に広まりつつあった。例えば『イリアス』『ギリシャ案内記』といった古代ギリシャ時代の文学作品やシェイクスピアの作品などを通して、人々は古代オリンピックの息吹を感じることができた。また、1766年のチャンドラーによるオリンピア遺跡の発見以降、ヨーロッパの複数の地域においてオリンピックと名のつくスポーツイベントが開催されたり、ドイ

ツとフランスでは古代オリンピックの再興を唱える体育指導者たちが現れたりもした。このような時代の中、キリスト教系の私立学校でカロン神父が語る古代オリンピックの世界に、クーベルタンはたちまち引き込まれていったのだった。

 3つ目の要因は、クーベルタンによるイギリスのパブリック・スクールへの注目である。高校卒業後、小説『トム・ブラウンの学校生活』を手にしたクーベルタンは、フランスとは異なる生徒たちの生き生きとした学校生活に心を奪われた。そしてイギリスに渡ってパブリック・スクールを視察した20歳のクーベルタンは、そこで、青少年の教育に果たすスポーツの重要な役割を鋭く見抜くことになる。——世界のリーダーたるイギリスを支えているのは、生徒たちの自主的な活動を大切にするパブリック・スクールの教育であり、その中心にはスポーツが息づいている。

▼オリンピックの誕生とクーベルタンの闘い

 イギリスからの帰国後、クーベルタンはフランスの教育界に対し、生徒たちの自主的なスポーツ活動を取り入れるように提案したが、これは失敗に終わった。しかし、彼はあきらめる人ではなかった。スポーツによる教育改革への思いと平和を求める心、大会開催中は戦争を禁止していた古代オリンピックの情景。これらの要因が複雑に絡み合い、一つの答えが導き出された。——フランスで「大衆化する」より先に「国際化する」必要があった。……そして、ある冒険の企てを決心したのである。

 1894年6月23日、パリ大学のソルボンヌ大講堂で開かれた国際会議において、クーベルタンの提案によりオリンピックの復興が満場一致で決定した。しかしオリンピックは、復興に込められた意図

が理解されることなく、単なる国際スポーツイベントとしての歩みを踏み出してしまった。古代オリンピックをモデルにしながらスポーツの力を取り込んだ教育改革を地球上で展開し、これによって世界の平和に貢献するというオリンピックの理念（オリンピズム）は、IOC委員にさえも伝わらなかったのである。

　第1回アテネ大会（1896）の翌年、クーベルタンはオリンピズムについて議論するオリンピック・コングレスという国際会議を開いた。彼にとってオリンピックとは、オリンピズムという極めて教育的かつ平和的な理念を、身体・知性・道徳・芸術という視点から多面的に議論していくムーブメントであり、したがってこれを単なる国際スポーツイベントに終わらせるわけにはいかなかったのである。オリンピズムへの無理解との闘いは、IOCから身を引いた1925年以降も、万国教育連盟やスポーツ教育学国際事務局の活動となって彼の人生に引き継がれていった。

　なぜ20世紀に新しい教育学が必要だったのか。クーベルタンによれば、それは、戦争につながる憎しみや誤解を生み出す「無知」の状態を、人類全体が無視してきたからである。——しかし、このような無知はオリンピックで若者たちが出会うことによって、徐々に消え去っていくであろう。人々はお互いに関わり合いながら生きているのだ。

　クーベルタンにとって「無知」を克服する一つの有力な解が、オリンピズムという教育学的な理念であり、この理念をもとに地球上で展開される一つの制度がオリンピックなのだった。

オリンピックのモットー

　オリンピック憲章に「オリンピックのモットーである『より速く、より高く、より強く（Citius-Altius-Fortius）』は、オリンピック・ムーブメントの大志を表現している」（2014 年版第 10 条）と規定されたオリンピックのモットー、この言葉は 1894 年 6 月 23 日のパリ・ソルボンヌ大学のオリンピック復興時の会議から、クーベルタンによって新しいオリンピック・ムーブメントのモットーとして用いられた。

　そもそもこの言葉は、クーベルタンの友人であるパリ近郊のアルキュールにある高校の校長先生であった聖ドミニコ教会のアンリ・ディドン神父が、1894 年 3 月 17 日の高校のスポーツ競技会の際に生徒達への訓示に用いた言葉である。たまたまその場に居合わせたクーベルタンが共感し、オリンピックのモットーにしたいと主張して認められたものである。原語はラテン語であるが、英語表記は、faster, higher, stronger である。

　このモットーはクーベルタンにとってスポーツ競技のみならず教育的な理想を表すものであったため、好んで文章内で用いたとされる。1914 年の IOC20 周年記念コングレスの際にクーベルタンが描いたオリンピックのシンボル・マークには、オリーブの実と葉に加えてこのオリンピック・モットーも描かれている。

　1964 年東京大会の開会式の際にも、旧国立競技場の電光スクリーンにこのラテン語のオリンピック・モットーが映し出された。

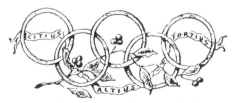

クーベルタンが描いたオリンピック・シンボル

第2章 オリンピック

オリンピックの公式名

　日本のメディアが「五輪」と短く表記するオリンピック、これは新聞の字数を節約するために考え出された短い表記（読売新聞記者の川本信正が宮本武蔵の『五輪書』から考案したという）であるが、通常は「オリンピック競技大会」を指している。公式にはオリンピック憲章の細則に「1. オリンピアードは連続する4つの暦年からなる期間である。それは最初の年の1月1日に始まり、4年目の年の12月31日に終了する。2. オリンピアードは、1896年にアテネで開催された第1回オリンピアード競技大会から順に、連続して番号が付けられる。第29次オリンピアードは2008年1月1日に始まる。」（2014年版）と定められている。オリンピック憲章によれば、夏季大会の英語表記は the Games of the Olympiad、冬季大会の表記は the Olympic Winter Games である。つまり、2020年東京大会の表記は、第32次オリンピアード the Games of the XXXII Olympiad であり、2020年1月1日に始まり、2023年12月31日に終了することになる。このオリンピアードとは、大会と次の大会との間の4年間を1周期とする古代ギリシャの暦にならった周年単位である。近年、4年間にわたる文化プログラムが「文化オリンピアード Cultural Olympiad」と称されることがあるが、これはオリンピック・パラリンピック大会開催年に終了する一般的な表記法であり、憲章の表記と混同しないことが大切である。

　夏季大会は戦争などで中止されても通算の回数としてカウントされるが、冬季大会は「開催順に番号が付けられる」と憲章に規定されているように、実際に開催された大会がカウントされる。そのため、幻のオリンピックとなった1940年東京大会は the Games of the XII Olympiad として数えられているが、同年に計画された札幌冬季大会は数えられていない。

オリンピックのシンボル

　今では、世界一高価なブランドとして知られているオリンピックのシンボルマーク。これはクーベルタンによって1914年の20周年記念IOCコングレスにおいて公表された。白地に五色の5つの輪がW型に繋がったこのシンボルは、クーベルタンによれば、5つの輪は世界の五大陸を表し、さらに、5色と白地を合わせた6色が当時の世界の国旗の色を網羅することで、世界中の連帯や平和を象徴するものであるとされている。どの色がどの大陸を表すものであるとは言われていない。これは1920年アントワープ大会よりオリンピック旗として会場に掲揚された。

　オリンピック憲章には、「オリンピック・シンボルはオリンピック・ムーブメントの活動を表すとともに、5つの大陸の団結、さらにオリンピック競技大会に全世界の選手が集うことを表現している。」（2014年版第8条）と説明されている。

　このシンボルマークの5色の輪は、左から青、黄、黒、緑、赤の順番に定められている。クーベルタンの父親は有名な画家であったので、クーベルタン自身も絵の素養があったと思われる。青と黄、緑と赤は補色の関係にあるし、全ての色が混ざると黒になるため黒を中央に配置したと考えられる。

オリンピック・シンボル。黒1色で描かれることもある

第 2 章　オリンピック

オリンピズムとオリンピック・ムーブメント

　「オリンピズム」とは、端的に言えば「スポーツによって心身ともに調和のとれた若者を育成し、そのような選手達が 4 年に一度世界中から集まり、フェアに競技し、異文化を理解しながら友情を育むことによって、ひいては平和な国際社会の実現に寄与する」という教育思想であり平和思想である。

　この概念は『広辞苑』など一般的な辞書にも掲載されていないし、学校教育で教えられる機会も少ないため、あまり普及していない。1894 年にクーベルタンが近代オリンピックの復興を提唱し、IOC を設立して以来、この概念は様々な形で伝えられてきた。初出は 1894 年 7 月、パリ会議の閉会式でクーベルタンが"Greek Olympism"という言葉を用いて演説した時であろう。さらに、1896 年第 1 回アテネ大会に向け、クーベルタンはアテネ市民に対して「ネオ・オリンピズム：アテネ市民へのアピール」という演説をしている。ここでも「オリンピズム」という用語が使われていた。この概念は、1991 年にようやく IOC オリンピック憲章の根本原則において定義されることになった。

　オリンピズムの根本原則には、「1. オリンピズムは肉体と意志と精神のすべての資質を高め、バランスよく結合させる生き方の哲学である。オリンピズムはスポーツを文化、教育と融合させ、生き方の創造を探求するものである。その生き方は努力する喜び、良い模範であることの教育的価値、社会的な責任、さらに普遍的で根本的な倫理規範の尊重を基盤とする。2. オリンピズムの目的は、人間の尊厳の保持に重きを置く平和な社会を奨励することを目指し、スポーツを人類の調和の取れた発展に役立てることにある。」（オリンピック憲章 2014 年版）と定められているが、非常に分かりづらい概念である。

この「オリンピズム」という根本思想に基づいて、スポーツを通した教育と平和の実現に向けてさまざまな活動が展開されている。そのような活動を「オリンピック・ムーブメント」と呼ぶ。オリンピック競技大会は4年ごとに開催されるそのムーブメントの1つに過ぎないが、他のムーブメントを同時に展開することができる絶好の機会である。

　IOCは、オリンピズムの普及と実現に努めるため、次のような16項目にもおよぶ役割を担っている。フェアプレーの推進、スポーツ競技大会の推進、オリンピック競技大会の定期的開催、平和の推進、スポーツの自立性の確保、差別の撤廃、男女平等な社会の実現、アンチ・ドーピング活動、アスリートの健康の保持、政治的・商業的悪用からのスポーツの保護、アスリートの将来保証、スポーツ・フォア・オールの推進、環境問題への取り組み、オリンピック・レガシーの継承、スポーツと文化・教育の融合、国際オリンピック・アカデミー（IOA）や教育機関への支援。このように、IOCはスポーツに関わるすべての事項に対し、オリンピック・ムーブメントとして包括的に取り組んでいる。

　この「オリンピズム」の概念に関連して「オリンピズムの3本柱」という考えがある。1994年IOC100周年記念パリ会議で、今後IOCはスポーツと文化に加えた第3の次元として、環境問題に取り組むことになり、1995年「スポーツと環境委員会」が設立された。従来のスポーツと文化の融合という2本柱から「スポーツ、文化、環境」がオリンピズムの3本柱となった。この3本柱を「オリンピック・ムーブメントの3本柱」と誤解してはならない。上記のようにオリンピック・ムーブメントには16もの運動があるからである。

　このように、IOCは「オリンピズム」の普遍性を守りながらも時代に応じて少しずつ概念や考え方を変えてきている。

オリンピックと平和（休戦）

「平和の祭典」と称されるオリンピック。その起源はクーベルタンが近代オリンピックを復興した時にさかのぼる。それは、スポーツと芸術を通して心身の調和のとれた若者を育て、4年に一度世界中から集まってフェアに競技し、お互いの文化を知り合って友情を育み、平和な世界の構築に寄与しようというクーベルタンが唱えたオリンピズムの平和思想に基づいている。

クーベルタンのこのオリンピックの平和思想は、古代オリンピアの祭典競技（古代オリンピック）の「エケケイリア（聖なる休戦）」にならったものである。

古代オリンピックは、聖地オリンピアの領有をめぐる都市国家（ポリス）同士の争いをやめる証として始められたという説がある。争っていたのはエリス、ピサという2つの都市国家。エリスの王がデルフィの神託（神のお告げ）を受けた結果、戦争を中止してオリンピアの祭典競技会を開催することになった。その際の休戦は「エケケイリア」と呼ばれ、ブロンズの円盤に刻まれてオリンピアの聖域内にあるヘラ神殿に奉納された。これによって、古代オリンピックの祭典が開かれている間、エリス内に武器を持って入ることはもちろん、死刑の執行や争いごとも禁じられた。

当初は、休戦期間は祭典をはさんで1カ月間であったが、やがて3カ月間に延長された。この「エケケイリア」の制度により、オリンピアに向かう競技選手や旅人の安全が確保され、古代オリンピックの繁栄に大いに寄与した。しかし、「エケケイリア」は破られたこともあった。歴史家ツキディデス（前5世紀末）は、スパルタ人が「エケケイリア」の期間中、エリス内に武力で侵攻して巨額の罰金が課せられ、それを支払わなかったため、古代オリンピックへの出場が拒否されたと書き残している。

「エケケイリア」は、近代オリンピックが復興された時に、オリンピックの平和思想として伝えられたが、クーベルタンの時代に復活することはなかった。これが再び日の目を見たのが第二次大戦後の米ソの対立が激しい東西冷戦時代の1952年ヘルシンキ大会の時であった。両陣営の対立を見かねた大会の組織委員会が「エケケイリア」を発動したのである。また、IOCが初めて関与したのは、1992年バルセロナ大会の際に国連が旧ユーゴスラビアに課した制裁に対して、旧ユーゴスラビアの選手達のバルセロナ大会への参加の道を開くために「オリンピック休戦」をアピールした時であった。

1994年リレハンメル冬季大会の前年の1993年に、国連総会で初めて「オリンピック休戦決議」が採択され、その後、毎夏冬大会の前年の国連総会でこのオリンピック休戦決議が採択される慣わしになっている。しかしながら、この休戦決議に拘束力はなく、今まで一度も守られたことがないという残念な事態が続いている。

このほか、オリンピックの平和の祭典を象徴する事象として、2000年にアテネに「オリンピック休戦センター」が設置され、2004年のアテネ大会では世界5大陸を巡る国際聖火リレーが執り行われた。また、このアテネ大会から「オリンピック休戦」に賛同する首脳達がサインをする「オリンピック休戦賛同の壁」が設置されることになった。この賛同の壁は、今では選手や役員、コーチなど賛同者なら誰もがサインすることができる。

オリンピック休戦センターのシンボルマーク

第2章　オリンピック

オリンピック憲章

　国際オリンピック委員会（IOC）によって、オリンピズムという思想、それに基づいて展開されるオリンピック・ムーブメントの活動内容やIOCの役割など、オリンピックの根本的な事項を規則および付属細則として定めたものが「オリンピック憲章」である。いわば、オリンピックというスポーツで平和を求める人々が住む国の憲法であるといえる。

　この憲章は、1890年代には「アマチュアリズム」という当時の国際スポーツ大会の参加資格問題として議論された。そもそも、クーベルタンが近代オリンピックの復興を提案した1894年のパリ国際会議の主要議題もアマチュアという参加資格問題であった。クーベルタンはこのアマチュアの定義を1894年に手書きしていたが、オリンピック・レビュー誌に「アマチュア憲章」として掲載されたのが1902年であった。その後、1912年ストックホルム大会でのジム・ソープの資格問題などを議論し、1925年のプラハのオリンピック・コングレスで「オリンピック憲章 Olympic Charter」としてアマチュアの条件が定められた。

　その一方、オリンピック憲章の最初の根本原則は1899年にクーベルタンによって「国際オリンピック委員会規則 International Olympic Committee Statutes」として手書きされ、1908年に初めて印刷されている。そこには、1894年6月23日に設立されたIOCがオリンピック競技大会の責任を持って監督・発展させること、定期的に開催して祝い、その祝祭を完全で歴史的にも価値あるものにし、高い理想を人々に抱かせ続けること、近代スポーツを望ましい方向に導くようにあらゆる競技会を組織すること、などが定められていた。これらの規則は全てフランス語で書かれていた。

　英語版のオリンピック憲章はローザンヌのオリンピック・ミュー

ジアムには1930年版から存在する。全体の表記は「オリンピック規則 Olympic Rules」であった。その規定集の一部に「オリンピック競技大会の憲章 Charter of the Olympic Games」がありその第1章が「根本原則 Fundamental Principle」である。この憲章は「参加資格」や「ルール」という表現も使われる時代を経て、1979年にIOCは今の「オリンピック憲章 Olympic Charter」という表記に定めている。ちなみに参加資格から「アマチュア」という文字が消えたのは1972年版の「オリンピック規則と規制 Olympic Rules and Regulation」である。

　この憲章は何度かの改訂を経て現在のような形に整えられてきた。中でも、1991年版のオリンピック憲章では大幅改訂が行われ、根本原則が5項目から8項目に増え、オリンピズムの定義と権利としてのスポーツが明記された。さらにソルトレークシティ冬季大会招致疑惑による1999年のIOCスキャンダルを受け、再度大幅な憲章の改訂が行われた。2004年アテネ大会時の改訂版では、根本原則が「オリンピズムの根本原則」に改名されてオリンピズムやオリンピック・ムーブメントの目的を明確にするとともに、IOCの役割を明示し、IOCの権限強化を図った。2014年12月のモナコのIOC臨時総会で承認されたIOC Agenda2020（P61参照）というIOCの将来改革提案に基づいてIOCはオリンピック憲章の改定を続けている。2017年9月版は、6章61条の規則と付属細則から構成されている。

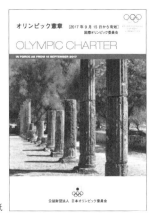

オリンピック憲章（2017年版）の表紙

IOC と NOC

　国際オリンピック委員会(International Olympic Committee, IOC)は、各種国際スポーツ統括団体（IF）と各国国内オリンピック委員会（NOC）を統括する組織であり、夏冬のオリンピックとユース・オリンピック大会を主催する団体である。1894年6月23日にクーベルタンが招集したパリでの会議（Olympic Congress）で設立された。本部は第一次大戦中に中立国だったスイスに移転し、それ以来ローザンヌ（スイス）に置かれており、法人格としてはスイス連邦法に基づく非営利法人で非政府組織である。2009年に国連総会のオブザーバー資格が認められ、投票権はないが発言権を認められている。

　IOC の委員は定員115人、うち70人は個人の資格で選出され一つの国や地域からは1人に限られる。NOC と IF の代表はそれぞれ15人まで、現役選手でアスリート委員会に選出された者から15人までとなっている。委員は18歳以上、定年は70歳（1999年以前の選出委員は80歳）であるが、70歳定年の委員については総会の議決があれば1度だけ4年以内延長することができる。また IF や NOC の代表はそれぞれの団体での役職を離れれば IOC 委員も辞任することになる。日本からの委員は竹田恆和（2012年～）で個人資格の委員である。また IOC 委員を10年以上務め理事会の推薦を得た者は引退後に名誉委員の称号を受けるが、日本では猪谷千春と岡野俊一郎の2人が名誉委員（2016年1月現在）である。

　IOC の最高意思決定機関は IOC 委員全員が出席する総会（Session）であり、原則年に1回開催される。オリンピック憲章の条項の改廃、IOC 委員の選任、大会開催都市の決定、加盟 NOC や IF の承認などは総会の権限である。理事会は第一次大戦後の1921年に設置され、現在は会長1名、副会長4名、理事10名の計15名で構成される。IOC の規程や基準、マニュアルなどの制定や改廃を

初め事務総長の任命・解任から開催立候補の受け付けや開催都市選定の手続の決定まで幅広い権限を持つ。会長の任期は8年で一度だけ4年間の延長が可能。副会長と理事の任期はそれぞれ4年で連続2期まで。

IOCの収入は主にオリンピック大会の放送権料とTOPスポンサーの拠出金からなっており、2009年から2012年までの4年間では放送権料が38億5千万ドル（約80％）、TOPスポンサーからの収入が9億5千万ドル（約19％）であった。IOCは全収入の約90％を開催都市の組織委員会、IF、NOCなどに分配し、残りをIOCの管理費と運営経費に充てている。東京組織委員会は、テレビ放送権料のうち7億9千万ドル、TOPスポンサー収入のうち3億3500万ドルをIOCから受け取る予定である。

IOCに加盟するIFは、公式競技団体は夏のオリンピック競技が28、冬が7、それ以外の承認団体は35（2016年1月現在）である。

一方、IOCに承認されたNOCは205（2016年1月現在）ある。NOCは必ずしも1国に一つ存在するわけではなく、例えばアメリカ合衆国では自治連邦区であるプエルトリコと準州であるグアムにもそれぞれ独自のNOCが存在する。NOCはオリンピックをはじめIOCが後援する国際総合競技大会に自らの国や地域を代表して選手団を派遣する独占的な権限を持つが、同時に夏のオリンピックに選手団を派遣する義務も負っている。またオリンピックなどの招致の際には国内の候補都市を選定する独占的な権限を持つ。IOCは、NOCが政府や宗教からの圧力に屈せず自律性を保つことを求めており、2012年にはNOC役員選挙をめぐる裁判所の干渉を理由にインドNOCが、2015年には政府の干渉を理由にクウェートNOCが、それぞれIOCから資格停止処分を受けている。またNOCは、IOCが承認するIFに加盟している国内競技団体をNFとして承認する権限を持っている。

JOC

　日本オリンピック委員会（Japanese Olympic Committee）は、IOCに承認された日本の国内オリンピック委員会（NOC）であり、その使命はオリンピック憲章に従い日本のオリンピック・ムーブメントを発展させることにあると規定されている。JOCの事業は選手強化・派遣とオリンピズムの普及推進を2本の柱としている。各種競技の統括団体が加盟しており、正加盟団体は53、準加盟が5、承認団体が5（2016年1月現在）。選手強化・派遣では、JOC独自の評価に従い国からの補助金を競技団体に分配するほか、JOC独自のマーケティング収入も競技団体に強化資金として分配。2015年度では前者が66億円、後者が28億円であった。また選抜した中学・高校生の有望競技者を育成する制度、エリートアカデミーを運営。選手の派遣では、夏冬のオリンピック、ユース・オリンピック、アジア競技大会、東アジア競技大会などに選手団を派遣しており、国際大学スポーツ連盟（FISU）主催のユニバーシアード競技大会へも選手派遣を行っている。オリンピズムの普及推進ではオリンピック出場選手が子供たちと走り触れ合う「デーラン」、選手が中学2年生に自らの体験とオリンピズムについて語る「オリンピック教室」などを全国で実施するほか、文化プログラムとしてオリンピックコンサートを毎年行う。JOCはオリンピックに選手を派遣する母体NOCとして1911（明治44）年に大日本体育協会として設立された。第二次大戦をはさんで体育協会内の委員会として存在したが、1980年モスクワ大会の際に政府の圧力で選手団が不参加を余儀なくされたことに対する不信感から1989年に堤義明を初代会長として日本体育協会から分離し1991年に独立した法人格を持った。現在は公益財団法人（2011年〜）である。歴代会長は、堤義明（1989-90）、古橋廣之進（1990-99）、八木祐四郎（1999-2001）、竹田恆和（2001-）。

IOC 歴代会長と日本の歴代 IOC 委員

IOC 歴代会長

	氏名	国籍	在任期間
1	ディミトリオス・ビケラス	ギリシャ	1894-1896
2	ピエール・ド・クーベルタン	フランス	1896-1916
			1919-1925
3	アンリ・ド・バイエ＝ラトゥール	ベルギー	1925-1942
4	ジークフリード・エドストローム	スウェーデン	1946-1952
5	アベリー・ブランデージ	アメリカ	1952-1972
6	マイケル・モリス・キラニン	アイルランド	1972-1980
7	フアン・アントニオ・サマランチ	スペイン	1980-2001
8	ジャック・ロゲ	ベルギー	2001-2013
9	トーマス・バッハ	ドイツ	2013-

1916-1919 はゴッドフロア・ド・ブロナイ（スイス）が会長を代行
1942-1946 はジークフリード・エドストロームが会長を代行

日本の歴代 IOC 委員

	氏名	在任期間
1	嘉納治五郎	1909-1938
2	岸　清一	1924-1933
3	杉村陽太郎	1933-1936
4	副島道正	1934-1948
5	徳川家達	1936-1939
6	永井松三	1939-1950
7	高石真五郎	1939-1967
8	東　龍太郎	1950-1968
9	竹田恒徳	1967-1982
10	清川正二	1969-1989
11	猪谷千春	1982-2011
12	岡野俊一郎	1990-2011
13	竹田恆和	2012-
14	渡辺守成	2018-

第2章 オリンピック

IOAとJOA

　国際オリンピック・アカデミー（International Olympic Academy）は、オリンピック精神を広め、オリンピズムの教育的社会的本質を研究・実践し、オリンピックの理想の科学的な基礎を確立することを目的として1961年にギリシャに設立された団体である。IOCは1949年の第44回総会でIOA設立を決議し、オリンピック憲章（2015年版）にも「IOAの活動を奨励し支援する」ことが明記されている。財政や運営面ではIOAはギリシャオリンピック委員会（HOC）から全面的に支援されており、所在地はアテネのHOC内である。IOAは古代オリンピアの地の研修施設でオリンピック調査研究と教育のさまざまな事業を行っており、世界の青年を対象にした青年セッション、研究者対象の高等教育者セッション、各国の国内オリンピック・アカデミー（NOA）やNOCの役員対象のセッション、さらにジャーナリストを対象にしたセッションなどを実施。2009年からは地元のペロポネソス大学と協力し修士課程の教育を開始した。世界にはIOAの傘下に148（2016年1月現在）のNOAがある。

　日本オリンピック・アカデミー（Japan Olympic Academy）は、1978年にNOAとしては世界で6番目に設立された独立組織で、現在は特定非営利活動法人（2005年〜）である。JOAの目的は、オリンピックの理念に則ったオリンピックやスポーツに関する研究と教育の実施、オリンピズムの普及である。事業としては研究調査を行う研究・支援事業のほか、オリンピックに関する翻訳や書籍の出版、監修等を行う出版事業、講習会、研修会、その他のイベントの開催や会員の派遣を行う指導・普及事業など。またギリシャで行われるIOAの各セッション参加者の選考・派遣、オリンピック・ムーブメント事業でJOCと協力すること、東京オリンピック・パラリンピック競技大会組織委員会の連携する大学での講義なども行っている。

オリンピックとは

IOC招致スキャンダルと改革

　2015年、国際サッカー連盟はワールドカップ開催国決定をめぐる幹部の汚職事件に揺れた。鈍い対応にスポーツの信頼を失ったと批判がでた。IOCでも同様の事態があった。

　2002年冬季大会招致におけるソルトレークシティ招致委員会のIOC委員買収問題である。事態の発生は1998年11月、地元ラジオ局がカメルーンとリビアのIOC委員の子弟に対し、ユタ州の大学の奨学金供与を約束、高額治療の無償提供を申し出たりする便宜供与の疑いを報じた。12月にIOCの重鎮、マーク・ホドラー理事が内部告発し、アメリカ合衆国連邦捜査局（FBI）や司法省も捜査を進め、ファン・アントニオ・サマランチ会長の名も取り沙汰された。1998年長野冬季大会や2000年シドニー大会招致時のIOC委員への過剰接待問題も浮上し、ケニアとウガンダの委員に3万5000ドルが渡っていたと明らかになった。IOCは調査委員会を発足して調査、1999年1月の臨時理事会で関係した14委員の名前を公表し、うち6人を追放、1人を警告処分に、3人を委員辞職させた。さらに3月には新たに13委員の疑惑が浮上、1人を追放し9人を警告処分とした。

　この事件で屋台骨が揺らいだが、一方でIOCは改革に向けて「IOC倫理委員会」と世界の有識者を集めた「2000年委員会」を設置、50項目にのぼる改革を断行した。例えば買収の温床となる立候補都市訪問の禁止、開催都市選定方式の変更、招致費用の全面公開、IOC委員の定年制の見直し、NOC、IF、選手会代表のIOC委員登用などである。迅速な改革は信頼回復を速めた。

　IOCは14年12月のモナコ総会でこの改革案を見直し、新たな中長期指針『Agenda2020』を策定した。「クリーンアスリートの保護」や「開催都市の負担軽減」などを打ち出し、「倫理の重視」を訴えるとともに信頼される組織づくりを提唱する。

オリンピック招致と開催都市決定のしくみ

　ここではまず2020年大会招致で東京が選出された際の仕組みを述べる。オリンピック招致は都市（自治体）が主体となって立候補する。一つの大会には一か国から一都市だけしか立候補できないので、まず各国NOCが自国内の候補都市を決め、その都市がNOCの承認証を添えてIOCに立候補申請をする。

　IOCによる選考はオリンピック憲章第33条に定められている手順で行われる。まず立候補を申請した都市は、「申請都市」(Applicant City) として大会の約9年前に開催計画の概要をIOCに提出する。IOCでは、競技会場・会場配置、選手村、メディア施設、過去の国際大会開催実績、環境・気象、宿泊、交通・輸送、医療・ドーピング対策、治安・警備、通信、エネルギー、通関・入国管理、政府支援・世論の支持、財政・マーケティングの各項目を点数評価し、理事会がこれを基に一次選考を行って正式な「候補都市」(Candidate City) を選出する。候補都市は大会のおよそ7年半前までに詳細な開催計画を記した「立候補ファイル」をIOCに提出する。立候補ファイル提出期限の翌日から国際的な宣伝が解禁され招致活動を本格的に行える。

　ソルトレークシティ冬季大会選出をめぐる不正が明るみに出るまでは、IOC委員は候補都市を自由に訪問することができたが、1999年以降は候補都市決定以降の訪問は禁止されており、各種国際競技大会や国際会議などIOC委員が集まる場が招致活動の主な機会になる。

　立候補ファイル提出後、IOC委員と専門家から成る「評価委員会」（Evaluation Commission）が各候補都市を回って現地調査を行い評価報告書を作成し発表する。報告書には項目ごとに各都市の長所やリスクが記され、IOC委員全員に配布される。評価報告書発表から

約1か月後に各候補都市がIOC委員全員に向かって開催概要の説明と質疑応答を行う会議が行われ、その1-2か月後に行われるIOC総会で開催都市が決定される。

　開催都市決定のためのIOC総会は、大会開催の7年前に候補都市がない国で行われる。総会ではまず各候補都市がプレゼンテーションを行いそのあと投票が行われる。候補都市のある国のIOC委員は投票権がなく、決定は有効投票の過半数で行われる。1度の投票でどの候補都市も過半数に達しなかった場合は最下位得票数の都市を外して残りの都市に投票するやり方で、過半数を獲得する都市が出るまで投票が繰り返される。2回目以降の投票では落選した都市の国の委員には投票権が戻る。結果は通常は投票当日夜の式典でIOC会長から発表される。またその直後にIOCと開催都市およびその国のNOCとが開催都市契約に調印する。

　開催都市選出のやり方はAgenda2020の提言を受けて今後は次のような変更が加えられる。「申請都市」という段階がなくなり、その代わりに大会開催の10年前から約1年間の「勧誘期間」（Invitation Phase）が設けられ、招致に興味のある都市がIOCの行うさまざまなワークショップに参加して正式立候補について考慮する時期となる。大会の9年前から2年間を立候補過程（Candidature Process）とし、この期間は公式な候補都市として扱われる。立候補ファイルは3回に分けて提出し、1回目が「ビジョンと大会のコンセプト・戦略」、2回目が「ガバナンス、法務、会場建設資金」、3回目が「大会運営、人的・物的レガシー」に関する説明であり、提出時期は1回目が立候補から半年後で、その後およそ半年ごとに2回提出し、評価委員会は3回目のファイルが提出されて以降に候補都市を訪れ現地調査を実施することになる。これ以外の過程は、2020年大会招致の際とほぼ同様である。

第2章　オリンピック

日本のオリンピック招致史

　2020年大会は13年9月7日、IOCブエノスアイレス総会で東京に決まった。3都市が立候補、投票の結果、1回目でマドリードが落ち、イスタンブールとの決戦の末、60票対36票で選出された。

　東京は2016年大会にも立候補したが、2回目の投票で落選した。2009年IOCのコペンハーゲン総会で選ばれたのはブラジルのリオデジャネイロ。東京は運営や治安で高評価を得ながら国内での支持率の低さ、主会場へのアクセスが問題とされた。2020年招致では反省に立って問題を解消、2011年3月11日に起きた東日本大震災からの復興を訴えた成果でもあった。

　日本が初めてオリンピック招致に名乗りをあげたのは1940年大会である。紀元2600年にあたる年を記念するとともに、1923年の関東大震災からの復興を示す大会と位置づけた。IOC委員の間では日本の遠さ、移動の難しさを危惧する声もあったが、嘉納治五郎委員が「極東で開催してこそオリンピック運動の精神に適う」と訴えた。副島道正、杉村陽太郎両IOC委員がライバル視されたローマの懐柔に成功、立候補を取り下げさせたこともあり、36年ベルリン総会でヘルシンキを36票対27票で破った。

　1938年カイロ総会で1940年冬季大会開催地も札幌と決まったが、同じ年、戦火の拡大から東京も札幌も返上せざるを得なかった。

　第二次大戦の敗戦で国際舞台から退場させられた日本だが、経済復興も手伝い、1960年大会を決める52年ヘルシンキ大会からオリンピックに復帰、悲願の東京招致運動を開始した。しかし、1955年6月パリ総会ではわずか4票しか獲得できず、1回目の投票で敗れた。東京以外にローザンヌ、ブリュッセル、ブダペスト、デトロイト、メキシコシティー、ローマが立候補、ローマが選ばれた。

　続く1964年大会招致では前回の運動期間の短さを反省し早くか

ら始動、岸信介首相を委員長とした招致実行委員会を立ち上げ、在外公館の活用と在米二世のフレッド・イサム・ワダ（日本名・和田勇）に代表される在外邦人らの協力を仰いで活動。1959年5月ミュンヘン総会、1回目の投票で56票中34票を獲得しデトロイト、ウィーン、ブリュッセルを投票で下しアジア初の開催を決めた。敗戦からの復興の世界発信がテーマだった。

夏季大会では1988年大会招致に名古屋が立候補、本命視されながら81年バーデンバーデン総会でソウルに27票対52票で敗退した。油断と韓国の国をあげた活動も理由だ。2008年大会招致では大阪が立候補、2001年モスクワ総会で1回目の投票でわずか6票しか取れず最下位と散った。トロント、イスタンブール、パリを抑えて北京が招致に成功した。北京が立候補すれば当選確実とみられており、大阪の情報不足は否めなかった。

冬季では札幌が1968年大会に名乗りをあげたが、1964年インスブルック総会で1回目に6票（立候補6都市中4位）で敗退した。しかし1966年ローマ総会では1回目の投票で61票中34票を獲得し、バンフ、ラハチ、ソルトレークシティを退け、1972年大会招致が決まった。札幌もアジア初の冬季大会開催であり、1938年の返上以来の夏冬大会日本開催の悲願が実った。

札幌は1984年大会招致にも乗り出したが、1978年アテネ総会で36票対39票の僅差でサラエボに敗れた。現在、2030年大会の招致に向けて取り組みを進めている。

日本の2回目の冬季大会開催は1998年長野だ。1991年バーミンガム総会で4回の投票の末、ソルトレークシティを46票対42票で下して招致が決まった。自然との共存を訴えた運動がIOC委員の支持を集めた。

日本の夏冬4回開催はアメリカ8回、フランス5回に次ぐ。オリンピック先進国である。

嘉納治五郎と日本のオリンピック・ムーブメント

1909年、クーベルタンの意を受けた駐日フランス大使ジェラールが、1912年第5回ストックホルム大会への参加と日本のオリンピック委員会の設置を、東京高等師範学校校長であった嘉納治五郎(1860－1938年)に要請した。嘉納はそれを積極的に受ける。それは彼自身が、国際的な感覚を既に備え、競争性と精神性を合わせ持つ体育・スポーツを教育者として実践していたからであった。

嘉納は、オリンピックを受け入れた理由として、「国際オリンピック大会選手予選会開催趣意書」(1911年)の中で、「古代オリンピックがギリシャ民族の精神性を築いたように、世界各国民の思想感情を融和し、世界の文明と平和を助くる」「勝敗を超越して、相互に交流を深めて、相互の親善関係を深める」と述べているが、スポーツにより身体と人格が磨かれ、それが社会に良き影響を与える、ということは、自身の体育・スポーツ観と共通するものであった。

1901年に嘉納が著した『青年修養訓』には、スポーツ(運動遊戯)の意義について次のように述べている。第一に筋骨を発達させ身体を強健にする、第二に、単に身体のためばかりではなく、自己及び他人に対して道徳や品位の向上に資する。第三に、運動の習慣を修学時代以降も継続することで、心身ともに常に若々しく生きられること。今日でも十分通じる生涯スポーツ的な考えを嘉納は持っていた。

一方、嘉納は中国からの留学生を1896年から受け入れ、彼らにも柔道、テニス、長距離走などの運動を奨励した。嘉納が受け入れた中国人留学生は1896年から1909年までの13年間で7,000人を超える。留学生にスポーツや柔道を取り入れて日本人と積極的に交流させるという、体育・スポーツによる国際教育を、オリンピックに関わる以前から嘉納は既に実践していたのであった。

嘉納はオリンピック・ムーブメントを統括する団体として、日本

オリンピック委員会ではなく、大日本体育協会を設置したが、これは、嘉納がエリート選手の養成以上に、一人一人の体育・スポーツの振興を第一に考えていたからであった。さらに嘉納は、オリンピック理念と武士道（柔道）的な考えとの融合を考えていた。欧米のオリンピックを世界のオリンピックにするには、オリンピック精神と武士道精神とを渾然と一致させることである、と嘉納は述べている。武士道精神とは、「精力善用・自他共栄」（柔道や運動における精力を最も効率よくお互いに発揮することで、他者と自身の成長と繁栄につなげる）という考えだ。嘉納は、欧米のスポーツやオリンピック・ムーブメントを彼の体育・スポーツ観を通して受け入れ、さらに西洋のスポーツ文化に、身体と心を練る武士道精神を加味することを構想していた。

そんな嘉納の理念を実現させる機会が到来する。東京市が1940年のオリンピック開催地に立候補したのだ。嘉納は東京高師附属中出身、講道館門弟で国際連盟事務局次長まで務めた杉村陽太郎と学習院教頭時代の教え子副島道正をIOC委員に加えて、招致活動に乗り出した。欧州の委員は遠い東京まで渡航するのは困難と反対が多かったが、アジアで開催してこそオリンピックは真に世界の文化になると主張し、1936年のIOC総会で1940年の東京開催が決まった。次いで1938年のカイロでのIOC総会で札幌冬季大会の開催まで決議させたが、帰路、氷川丸の船上で肺炎のため没した。その3カ月後、東京市は軍部の圧力に抗しきれずオリンピック開催を返上。同じ氷川丸に乗船して嘉納の最期を看取ったのは、東京高師附属中出身の外交官、平沢和重であった。奇しくも平沢は1959年のIOC総会で1964年大会の東京招致最終演説を行い、日本の学校ではオリピックについて学んでいるので開催の準備はできていると主張し、嘉納の思いを伝えた。スポーツによる教育を重視した嘉納の思いは、オリンピック・パラリンピック教育の中にも生かされている。

1940年幻の東京オリンピック

　日本がはじめてオリンピック大会を招致したのは、1940（昭和15）年の第12回大会である。この年は、日本の初代の天皇とされる神武天皇の即位後2600年（皇紀）という記念の年にあたり、当時の日本人にとって特別な意味をもっていた。その祝賀行事の一環としてオリンピック大会の招致計画が持ち上がったのである。

　招致の過程で最有力候補であったローマに勝つために、IOC委員副島道正と杉村陽太郎がイタリアの独裁者ムッソリーニと会談し、ローマの1940年大会立候補辞退を取り付けた。さらにアジアを中心とした国々の票を固めて、東京はヘルシンキとの決戦投票に勝ち、第12回大会の開催権を獲得した（1936年7月31日IOC総会 於ベルリン）。当時は同年の夏冬両大会を一国で開催することが可能であったため、日本は札幌での第5回冬季大会の開催を希望し、了承された（1937年6月9日IOC総会 於ワルシャワ）。

　ところが同年7月7日に日中戦争が勃発。中国の都市空爆に対して、国際連盟が日本に対する非難決議を行い、諸外国でも日本への非難が相次いだ。国際世論は、交戦状態にある日本での大会開催は中止すべきか、それともあくまで開催すべきかで議論が分かれた。戦争は拡大・長期化し、多くの国々から、交戦国日本が平和の象徴であるオリンピック大会を開催することに強い非難の声があがった。

　事態を重く見たIOCは、ついに日本に対しオリンピック大会の返上を促すに至った。IOC会長のラトゥールは、IOC総会（1938年3月 於カイロ）で日本のIOC委員嘉納治五郎らを前に東京大会が置かれている状況の厳しさについて述べた。そして、日本の代表に覚え書きを手渡し、1940年までに戦争が終結しなかった場合に日本が直面せざるをえない事態について注意を促した。そこには、中国の公平な大会参加への疑問、多くの競技団体のボイコットの可能性、大

オリンピックとは

会返上の遅れを含む開催不能な事態による甚大な損害、参加予定選手の失望、アジア全体のオリンピック運動への損害と日本の威信の失墜などが記されていた。

日本国内では、国を挙げてオリンピックを招致し、政府も積極的な支援を約束していたが、開戦後に戦局が厳しくなってくると、政府の約束は実質的な意味を失っていった。政府は、拡大する戦争のために国家予算の大部分を投入し、競技場の建設もままならないほどの緊縮政策で、大会の準備ははかどらなかった。1938年7月15日、ついに東京オリンピックの中止が閣議決定された。それを受けて翌7月16日に東京大会・札幌大会両組織委員会が大会中止を決定。開催地の決定からわずか2年後のことであった。1940年幻の東京オリンピックは、戦争とオリンピックは共存できないことを日本と世界につきつけたのである。

1940年東京大会の公式ポスターの公募で1等に選ばれた黒田典夫の図案。神武天皇を描いたため不可になる

同・公式ポスターに決定した和田三造の図案

同・札幌冬季大会の公式ポスターに決定した伊原宇三郎の図案

古代オリンピック

1．オリンピックの始まりと休戦協定

　古代オリンピックは、前776年から後393年まで4年ごとに続けられた。その起源について、古代の作家パウサニアスは次のように述べている。オリンピアの地は昔から聖地であり、その領有をめぐって、エリスとピサの二つの都市国家が争っていた。戦争に加えて、伝染病がはやった時に、エリスの王イフィトスがデルフォイの神託（神のお告げ）を仰ぐと、オリンピアの地で競技祭を再興するようにいわれた（前776年以前にも、何らかの形の競技会が行われていた）。そこでピサの王クレイステネスと休戦協定を結び、競走の競技が行われ、エリスのコロイボスが優勝した。

　つまり、戦争を休止する証として競技祭が始められたのであった。この協定はエケケイリア（休戦）と呼ばれ、古代オリンピックを挟んで3カ月ほど、武器を持つことは禁じられるようになった。

　「エケケイリア」により、オリンピアに向かう競技選手や旅人の安全が保証されたので、結果として古代オリンピックの繁栄に大きく寄与した。歴史家ツキディデス（前5世紀末）は、スパルタ人が「エケケイリア」の期間中、エリス内に武力で侵攻して巨額の罰金が課せられ、それを支払わなかったため、オリンピックへの出場が拒否されたことを述べている。また喜劇作家アリストパネス（前5世紀末）は、作品「女の平和」の中で、オリンピアの休戦の考えがギリシャ人に定着していた様子を伝えている。

　古代ギリシャでは、オリンピアだけではなく、競技祭は各都市で多数行われていた。デルフィのピュティア競技祭、イストモスで行われたイストミア競技祭、そしてネメアで行われたネメア競技祭も、規模が大きかったため、オリンピア競技祭と合わせてこれらは四大競技祭と呼ばれていた。ギリシャ人にとって、スポーツの祭典は彼

らの生活とは切り離せないものであった。

2．古代オリンピックのスポーツ種目

　古代オリンピックで行われていたスポーツ種目は、当初は競走種目だけであったが、徐々に、格闘技や馬の競技などが加えられていった。前6世紀には、大部分の種目が行われるようになった。馬の競技はヒッポドロームとよばれる競馬場で行われ、それ以外の種目は、クロノスの丘のふもとにあるスタディオン（競技場）で行われた。祭典の期間は、前5世紀には5日間行われていた。5日間の日程は次のようなものであったと考えられている。

　1日目：ブーレウテーリオン（評議会場）の祭壇にある"誓いのゼウス"像の前で、選手と審判たちが不正を行わない旨の宣誓を行う。選手たちはそれぞれ神域内の祭壇を回って勝利を祈る。触れ役とラッパ手の競技を行う。続いて少年の競技（競走、ボクシング、レスリング）を行う。

2日目：午前中に競馬場にて戦車競走と競馬が行われる。午後は競技場に移動して五種競技（競走、円盤投げ、槍投げ、幅跳び、レスリング）。夕方は戦車競走の英雄ペロプスを祀る儀式。

3日目：各国の主賓、役員、選手団一行がプリュタネイオン（迎賓館）から聖域内を練り歩き、ゼウス大祭壇で犠牲を捧げる。午後は競走（スタディオン走、ディアウロス走、ドリコス走）が行われる。夕方からはプリュタネイオンで宴会。

4日目：格闘技（レスリング、ボクシング、パンクラチオン）と武装競走が行われる。

5日目：勝利の戴冠式がゼウスの神殿で行われる。優勝者一人一人の名前が読み上げられ、オリーブの葉冠が授与される。

3．裸で競技したアスリートたち

　古代オリンピックに出場する選手は裸で競技を行った。これは古代ギリシャのスポーツに特徴的なことであった。彼らが裸で競技を行うようになったのは、前720年、メガラ出身のオルシッポスという走者が、走っている最中に腰布が脱げ、そのまま優勝したことから広まったと、パウサニアスは述べている。この真偽のほどは定かではないが、前7世紀頃に、スパルタ出身の走者が続けて優勝したことから、裸体で競技を行うスパルタの風習がギリシャ全土に、そしていろいろな種目に広まっていったと考えられる。そのうち、裸でスポーツをすることが市民たちの権利と考えられるようになった。

　乾燥した風土で、裸で行うスポーツの練習に欠かせないのがオリーブ油であった。ギリシャ人はスポーツの練習前に丹念に身体にオリーブ油を塗り、練習後に汗とほこりをストリギリという、小刀できれいに落とし、水浴びをし、さらにパウダーを塗るのが普通だった。ギムナシオンというスポーツの練習場には、周囲に更衣室、水浴室はもちろん、オリーブ油を塗る部屋やマッサージ室などが完備されていた。コーチのことを「アレイプテス」ともいったが、これは油を塗る人、という意味であった。

　鍛えられた若々しく美しい身体は芸術家たちからも賛美された。スポーツで鍛えられた8頭身の身体はカノン（規範）と呼ばれ称えられた。

4．金メダルはオリーブの葉冠

　古代オリンピックで優勝した選手に与えられた賞品はオリーブの葉冠であった。ピュティアやイストミアなど、他の四大競技祭でも、月桂樹やセロリなど、野生の葉冠であった。賞金や高価な品物を授与する競技会もたくさんあった中で、これらの四大競技祭は特別な競技会であった。

オリンピックとは

　古代では、オリーブの木はヘラクレスが常春の地から持ってきた神聖なものと信じていた。またオリーブは、水のほとんどない地でも枯れることなく、根をはやして育つことから、不死の力をもったものの象徴となり、オリンピックの勝利者にふさわしい賞となったものと考えられる。優勝するとオリーブの葉冠を頭に載せるが、祭典が終わると、勝利をゼウス神に感謝して、神殿に奉納するのが常であった。

　デルフォイで行われたピュティア競技祭では、優勝すると月桂樹の葉冠が授与された。月桂樹の小枝はギリシャでは豊穣を意味していた。ここでは文芸の競技も行われたので、今日でも大学の学位授与式などで月桂樹の葉冠が授与されている。また、イストミア競技祭では松の葉で作られた葉冠、ネメアでは野生のセロリの葉冠が優勝者に授与されていた。

　オリンピアでは葉冠が唯一の賞品であったが、自分の出身都市に戻ると、様々な賞品が授与された。戦車に乗って凱旋入場した後、生涯の免税が保証されたり、公費で食事をとる権利が与えられたり、中には高額な賞金が出されることもあった。古代のアスリートは決して金銭的な報酬と無縁な存在ではなかった。

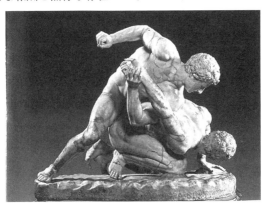

紀元前3世紀頃のパンクラチオンの像 (The Uffizi Gallery)

第 2 章　オリンピック

19 世紀のオリンピック大会

　ルネサンス時代以降、ヨーロッパでは古代ギリシャの文化を理想と考えるようになり、古代オリンピックを意識した競技会が開催された。それらのうち、近代オリンピックに関わりをもつのは、イギリスのマッチウェンロックで開催された"ウェンロック・オリンピック"とアテネで開催された"ギリシャ・オリンピック"である。

　前者は、医者の W.P. ブルックス（1805 〜 1895 年）が、労働者階層の人々の教養と社会的立場の向上を目指して、運動競技の祭典を毎年行い、賞を授与したのが始まりである。1850 年から始められ、1860 年以降、名称を"オリンピア競技会"とし、やり投げや五種競技を取り入れるなど、古代オリンピックを意識した。規模も徐々に大きくなり、イギリス・オリンピック協会を 1865 年に設立して、その範囲を広げた。この協会の規約には、大会の都市持ち回り制や専門的委員会の設置、国際的競技会、芸術競技の実施が盛り込まれていた。ブルックスはアテネで国際競技祭を行う計画を立て、ギリシャと交渉した。この計画は実現には至らなかったが、1890 年 10 月、ブルックスがクーベルタンを"ウェンロック・オリンピック"に招待したところ、クーベルタンは、"ウェンロック・オリンピック"は古代オリンピックの継承であると称えた。クーベルタンのオリンピック復興の着想に影響を与えたと思われる。

　ギリシャでのオリンピックは 19 世紀後半に開催された。トルコからの独立後、ギリシャ人は街づくりや芸術などで古代ギリシャの文化や伝統を復活するとともに、E. ザッパスという人物が、貿易で築いた財産を提供したことで、古代の復興を目指したオリンピック競技会が、アテネの公園で 1859 年 10 月に開催された。

　当時のギリシャは、経済力に富む近代国家を目指していたため、スポーツだけではなく、産業製品の優劣を競う産業博覧会もあわせて

行われた。1870年の第2回ギリシャ・オリンピックは復元されたパナシナイコ・スタジアムにて運動競技が開催され、3万人もの大観衆が集まった。また、産業製品の一部であった芸術部門が発展し、芸術競技（彫刻、絵画、建築、詩歌、音楽）として行われた。その後1875年、1888・89年にも行われ、運動競技、産業製品や芸術作品の競技が行われた。

　これらは1896年の第1回近代オリンピックの下地となった。組織委員会の多くは"ギリシャ・オリンピック"の関係者であり、メダルやポスターのデザイン、オリンピック讃歌の作詞者（パラマス）、行進曲の作曲者は"ギリシャ・オリンピック"の芸術競技の勝者であった。会場となったパナシナイコ・スタジアムも、"ギリシャ・オリンピック"のために復元された競技場であった。

1896年第1回アテネ大会のときのパナシナイコ・スタジアム

オリンピック讃歌

　オリンピックの開会式で、オリンピック旗が掲揚されるときに流れる曲が「オリンピック讃歌」だ。1896年第1回アテネ大会のために、地元ギリシャのコステス・パラマスが作詞、スピロ・サマラスが作曲したもので、開会式で初めて演奏され歌われた。ところがその後、この曲の譜面が行方不明になってしまい、曲も忘れ去られていた。

　楽譜が発見されたのは、1958年、東京で第55次IOC総会が開かれる前だった。ギリシャのIOC委員から日本の東龍太郎IOC委員（のちの都知事）に譜面が送られてきたのだ。その譜面はピアノ演奏用であったため、NHKを経由して日本の作曲家・古関裕而に委託され、古関が新しくオーケストラ用に編曲した。その「オリンピック讃歌」を1958年5月に行われたIOC総会でNHK交響楽団が演奏したところ、ブランデージIOC会長や各国の委員はたいへん感動し、オリンピックやIOC総会などで演奏することを決めた。以来、オリンピックの開会式・閉会式では必ず演奏されるようになった。

　オリンピック讃歌は開催地の言語による歌詞で歌われることが多く、1964年東京大会では野上彰が作詞した歌詞で斉唱された。1972年札幌冬季大会、1998年長野冬季大会でも同じ歌詞で歌われている。開催地の言語以外で歌われた例としては、2000年シドニー大会や2008年北京大会で、原曲と同じギリシャ語の歌詞が採用された。2012年ロンドン大会の開会式ではインストルメンタル（歌詞なし）の演奏が行われたが、閉会式では英語の男性コーラスで斉唱された。

オリンピック讃歌の楽譜の表紙

1906年中間オリンピック

オリンピアードの中間年にあたる1906年に、アテネで開催された珍しい大会がある。第1回大会（1896年）で大成功を収めたギリシャでは、その直後から、アテネでの恒久的な開催を求めていた。しかし、クーベルタンは、古代オリンピックがギリシャ的な性格を持つのに対し、近代のオリンピックは、国際的な性格を保持するため、文明化された都市の持ち回り開催を主張していた。ギリシャ出身で初代IOC会長を務めたビケラスは、折衷案として正規の大会の中間年にギリシャで大会を開催することを提案した。数年におよぶ協議の末、IOCはアテネ当局を支援することを決定した。

アテネで2回目の開催となった中間年の大会は、1906年4月22日から5月2日まで開催され、22カ国から選手903人が参加した。競技プログラムは、11競技74種目、公開競技3競技12種目であった。この大会で初めて、国別のエントリー制が設けられ、国旗を先頭にした入場行進や表彰式で優勝者の国旗掲揚が行われた。国家色の強いセレモニーの方法は、その後の大会にも大きな影響を与えた。競技以外にも、悲劇『オイディプス』の野外上演、音楽の演奏、古代の風習を受けついだ松明(たいまつ)行列、考古学的遺跡への訪問、スポーツに関する講義など、多彩な文化・芸術のプログラムが実施された。

この大会には、イギリスの国王と王妃（デンマーク出身のギリシャ国王ヨルギオスの妹）が出席した。1908年に開催予定であったローマが大会を返上した後、ロンドンが開催を引き受けて成功したのは、イギリス王室の積極的な支援があったからとも伝えられている。

1900年と1904年の大会が国際博覧会の一部として行われて不評を買ったこともあり、1906年のこの中間大会は、IOCの公式記録には入れられなかったものの、IOCとオリンピック・ムーブメントに対する信頼を回復させたとも評価されている。

第 2 章　オリンピック

万博の一部として行われたオリンピック

　初期のオリンピック大会は、第 2 回大会から第 4 回大会までが博覧会の一部として開催され、大会期間は長期に及んだ。近代オリンピックの誕生に先立ち、ヨーロッパでは 19 世紀半ばからフランスやイギリスを中心に国際的な博覧会が行われていた。それは、世界の最新のものを一箇所に集約した、近代を象徴するイベントであった。1889 年のパリ万国博覧会では、ドイツの考古学者たちによるオリンピア遺跡の復元模型も展示された。

　パリで開催された第 2 回大会（1900 年 5 月 14 日～ 10 月 28 日）で、クーベルタンは、大会と併せて、古代、中世、現代のスポーツを公開・再現する「スポーツ博覧会」を開催する構想をもっていた。しかし、フランス政府は、別な「万国博覧会」の開催を企画し、大会はそこに組み込まれた。第 3 回大会（1904 年 7 月 1 日～ 11 月 23 日）は、アメリカのセントルスで開催され、ルイジアナ購入 100 年記念祭としての万国博覧会に付随して行われた。また、「人類学の日」と名付けられた、アメリカ・インディアン、アフリカ・ピグミー、ニグロ、パタゴニア人、アイヌ人、モロー族などの原住民を対象とした競技が実施され、オリンピックの歴史に汚点を残した。続く第 4 回大会（1908 年 4 月 27 日～ 10 月 31 日）は、ロンドンで開催されたが、このときもまた英仏博覧会との同時開催であった。これ以後、IOC はオリンピック大会が博覧会と同時期に開催されることを避けるようになった。

ホッケーに似た競技・シニーを開始するピグミー（第 3 回大会）

アマチュア規定の廃止

　サッカーやテニスなど現在のオリンピックには当たり前のようにプロ選手が出場している。100年を超える歴史のなかで、しかしプロ選手の出場はここ30年のことである。かつてオリンピック参加規程には「アマチュア」との文字が歴然と存在した。クーベルタンはこの言葉に非常に悩まされた。自身の思いと差異があったという。

　アマチュア思想はイギリスで生まれた。産業革命で勃興した労働者階級が生活の安定からスポーツの世界に進出、独占的に楽しみを享受していた上流階級を脅かした。上流階級は肉体活動で生計を立てている者を締め出す措置にでた。「愛好者」を意味する「アマチュア」を参加資格とすることだ。1839年にボートの「ヘンリー・レガッタ」で初めて出場者を「アマチュアに限る」とした。

　国際的にスポーツが普及するにつれ、参加資格が問題視された。IOCは1913年、何かの大会で賞金を受け取った者、スポーツの教師、過去にプロ選手と対戦した者はアマチュア資格がないと定めた。25年にはIFと協議、統一のアマチュア規定を策定した。

　規定の影響をうけたのが、12年ストックホルム大会陸上競技五種競技、十種競技に優勝したアメリカのジム・ソープ。大学生時代に野球チームでプレーし報酬をうけていたとして2つの金メダルを剥奪された（1996年アトランタ大会の際に名誉回復）。

　一方で戦後、「ステートアマ」や「企業アマ」と呼ばれる"プロ的"な選手の存在が広まっていく。規定と実態の相反解消に向け、74年マイケル・キラニンIOC会長は「アマチュア」の憲章からの削除を決めた。そして、ファン・アントニオ・サマランチ会長時代の商業化推進とともにプロ選手にオリンピック参加の道が開かれた。

　日本は長くアマチュアの優等生といわれてきたが、86年にアマチュア規定を廃止し、新たな「スポーツ憲章」を制定した。

第2章 オリンピック

オリンピックをめぐって

オリンピックと政治・ナショナリズム

　オリンピックは古代から現代に至るまで政治と関わりがなかったことはないと言われるほど、政治と結びつき、数多くの問題と直面してきた。以下に、国家の意思（政治）が優先されたためにオリンピックが甚大な影響を被った例をみていこう。

　1964年第東京大会に際し、アフリカ・スポーツ最高会議は南アフリカ共和国（南ア）がアパルトヘイト（人種差別政策）を行っていることを理由に同国の参加を認めないようIOCに要請した。IOCがこれを受け入れなければ、アフリカ諸国が大会をボイコット（集団不参加）しかねない状況であった。IOCは、アパルトヘイトが「いかなる差別をもしてはならない」というオリンピックの理念に違反していることを理由に、南アの東京大会への招待を取り消した。同国は、1991年にアパルトヘイトを撤廃したことで、NOCを復権し、翌1992年バルセロナ大会から復帰した。

　1980年の年頭、アメリカ大統領カーターは1979年末にソビエト連邦がアフガニスタンに侵攻したことに抗議して、アメリカ・オリンピック委員会に圧力をかけ、他の国々にもモスクワ大会への不参加を呼びかけた。これを受けて、日本政府は、不参加を示唆する見解を発表し、JOCに圧力をかけた。結局、日本、西ドイツ、カナダほか西側の約40カ国がモスクワ大会をボイコットした。開会式では、参加81カ国中7カ国の選手団が行進をボイコットし、国旗ではなくオリンピック旗で入場した選手団や、旗手一人だけで入場したNOCもみられた。

　その次の1984年ロサンゼルス大会で、今度はソ連のチェルネンコ首相が社会主義国家群に同大会へのボイコットを呼びかけた。ソビ

エト・オリンピック委員会は、選手や役員のセキュリティが保障されないことを理由に大会への不参加を発表し、14カ国の東欧諸国がこれに同調した。これらの国々は世界記録保持者を多数擁しており、こうした国々が参加しないロサンゼルス大会は"片肺大会"あるいは"四輪大会"と呼ばれた。

中国では、革命によって中国共産党が大陸の支配権を手にすると、かつての政権を握っていた蒋介石は台湾に移り、中国のスポーツ界も二分された。台湾に移ったグループが「中国オリンピック委員会」本部の台北への移転をIOCに報告し、IOCの継続承認を得たが、大陸に残留したグループは北京に別の「中国オリンピック委員会」を結成し、IOC本部にその承認を申請。IOCは1954年に中国からの二つのNOCを承認した。

ところが、「北京」と「台湾」の双方がエントリーした1956年メルボルン大会で、「北京」は台湾チームが出場する大会には参加せず、IOCに対して「台湾」のNOC公認を取り消すよう主張。1958年、「北京」は突然、IOCを脱退し、同国からのIOC委員も辞任した。IOCは検討を続け、台湾に改名を勧告したが、台湾はこれを拒否し続けた。結局、この問題は1979年に北京の「中国オリンピック委員会」と台湾の「中国台北オリンピック委員会」という形で落着した。

ところで、オリンピックと政治の関係では、オリンピックが政治に翻弄されたという負の歴史ばかりではない。冷戦時代の東西ドイツが統一チームを結成し、1956年コルチナ・ダンペッツォ冬季大会以降、1964年東京大会まで一つの旗、同一のユニフォームで開会式の入場行進をした。また、2000年シドニー大会においても、大韓民国と朝鮮民主主義人民共和国の選手団が朝鮮半島を象った統一旗を掲げて、一緒に入場行進をし、多くの人々に感銘を与えた。このように、政治の世界では不可能であったことが、スポーツの世界では可能になった例もみられる。

第2章 オリンピック

オリンピックとジェンダー

　長い間、ごくあたりまえのように「人間は生物学的に2つの性に区別できる」と考えられてきた。そのため、スポーツでは、男女の平均的な身体能力の差に配慮したルールが設けられている。男女で異なる用具を使用する、男女別に競技するなどのルールは、競技の公平性を保つために工夫されたものといえる。

　一方、男女にふさわしい役割や行動など、いわゆる女らしさ・男らしさがあるという価値観も形成されてきた。このような価値観にもとづく性の区別は、ジェンダーと呼ばれる。ジェンダーは時代や社会によって変化するため、本来は、生物学的な性別と同一視することはできない。しかし、オリンピックにもこの影響がみられる。たとえば「サッカーは女性にふさわしくない」「シンクロは男性がする競技ではない」「女性はスポーツ組織のリーダーには不向きだ」など、現在では考えられないような主張が行われた時代があった。クーベルタンは、女性が観客の前で競技をすることには批判的であった。

　社会の変化にともない、1996年には「第1回IOC世界女性スポーツ会議」が開催されるなど、オリンピックにおける両性の不平等を解決する動きも本格化した。2012年ロンドン大会では、競技数が男女同じになり、女性選手の割合は40％台まで到達した。引き続き、参加者・役員・種目数等を男女平等にすること、男女混合の種目を増やすことなどが目標とされている。

　近年では、染色体が典型的な男性または女性ではなかったり（性分化疾患）、生物学的な性別と心の性別が異なったり（性同一性障害）、同性の人を恋愛の対象と考える（同性愛）など、人間の性は典型的なあり方だけではないことが明らかになり、オリンピックにおける対応も求められている。2014年改訂版オリンピック憲章では、同性愛者への差別は認められないという記述が含まれた。

国際女子競技大会（女子オリンピック大会）

　19世紀半ばには、様々なスポーツを女性たちも楽しむようになった。しかし、女性たちが競技的なスポーツを行うことに対しては、「女らしくない」「女性には過激すぎる」などの批判があった。現在では考えられないことだが、女性が陸上競技を行うことは強い批判を受けた。1920年頃、フランスの女性スポーツ組織からIOCに対し、女子の陸上競技をオリンピック大会に含めるよう要望が出された。このときの中心人物であったアリス・ミリア（Alice Milliat）は、欧米各国に呼びかけ、6カ国が加盟する国際女子スポーツ連盟（FSFI）を設立し、IOCや国際陸上競技連盟（IAAF）と交渉を進めた。8年にわたる論争の結果、1928年第9回アムステルダム大会で初めて、女子陸上競技が実施されることとなった。この実施に大きな影響を与えたのが、FSFIが主催した国際女子競技大会である。

　1922年、FSFIは、女性たちには陸上競技その他のスポーツにおいて国際レベルの競技会を開催する力があることを示すため、パリで女性だけの国際競技会を開催し「女子オリンピック大会」と名づけた。ところが、第2回大会が開催される前年の1925年、「オリンピック」という名称を用いることに対し、IOCからの抗議がFSFIに届いた。そのため、第2回大会以降は「国際女子競技大会」という名称が用いられることとなった。

　1926年スウェーデンのヨーテボリで開催された第2回大会には、日本から人見絹枝選手が唯一人で参加し、個人総合優勝を果たすという偉業を成し遂げた。第3回大会（チェコスロバキア・プラハ）には、人見選手を含む6名の代表選手団が出場している。第5回大会は日本で開催する案も出されていたが、IAAFが女子陸上競技を統括することが決定し、FSFIがその使命を終えたことにより、1934年ロンドンでの第4回大会を最後に大会も消滅することとなった。

人種差別とオリンピック

2012年ロンドン大会、ギリシャのオリンピック委員会は突然、陸上競技女子三段跳びの有力選手を代表から外すと発表した。この選手がツイッターで人種差別発言したことが問題とされた。オリンピック憲章は「人種、宗教、政治、性別その他の理由に基づく国や個人に対する」差別を厳しく禁じている。

オリンピックに初めて人種差別問題が持ち込まれたのは、1936年ガルミッシュ・パルテンキルヘン冬季大会である。アドルフ・ヒトラー率いるナチス政権下、競技会場に「ユダヤ人入るべからず」の幟が立った。バイエ・ラトゥールIOC会長はヒトラーに対して猛抗議、「ここはオリンピック国である」と幟を撤回させた。夏のベルリン大会ではうわべだけだが反ユダヤの標語が隠され、ヒトラーは有色人種とくに黒人差別発言を控えた。

しかし、1960年ローマ大会ボクシング・ヘビー級で優勝したアメリカのカシアス・クレイ（後モハメド・アリ）はその後も続く差別に怒り、金メダルを川に投げ捨てた。68年メキシコシティー大会陸上男子200mの1位と3位に入ったアメリカ選手が表彰式で国旗に顔をそむけ、黒い手袋を突き上げ、差別への抗議を表明。IOCは2人を選手村から追放した。アパルトヘイト（人種隔離）政策をとっていた南アフリカは1968年大会でアフリカ勢のボイコット発言により参加を取り消された。1976年モントリオール大会でも同様の事態となり、IOCの鈍い動きにアフリカ諸国がボイコットした。

2000年シドニー大会は先住民アボリジニと白人社会との和解をテーマに掲げ、アボリジニと白人の混血選手、キャシー・フリーマンが聖火を点火した。フリーマンは陸上女子400mで優勝、オーストラリア国旗とアボリジニ旗を掲げてウイニングランした。禁止事項だったがIOCは容認。1968年から、わずかながら進歩である。

テロリズムに立ち向かうオリンピック

1972年9月5日、8月26日に開幕したオリンピック・ミュンヘン大会は11日目を平穏に迎えるはずだった。ところが早朝、『黒い9月』を名乗る5人の武装集団が選手村のイスラエル選手団宿舎を襲撃、2人を射殺、選手・コーチ9人を人質に立てこもり静寂を破った。集団はパレスチナ・ゲリラでイスラエルに捕らえられている仲間256人の即時解放を要求した。結局、ゲリラと人質はヘリコプターで郊外の軍事飛行場に移送。西ドイツ警察特別部隊との銃撃戦でゲリラと人質全員、警察官1人の計17人が死亡するオリンピック史上最悪の惨事となった。

大会続行も危ぶまれたが、アベリー・ブランデージ会長ら IOC は臨時総会で継続を決定、半旗を掲げて競技を実施した。イスラエル選手団追悼式では「オリンピックはテロリストたちの犯罪によって中止されてはならない」との決意が世界に向けて発信された。

地上最大のイベントとなったオリンピックはテロリストの標的となる可能性がある。選手村警備は厳戒態勢が敷かれ、それでも1996年アトランタ大会では爆弾騒ぎ起きた。2001年9月11日に発生したアメリカの同時多発テロ以降、オリンピックは有刺鉄線と自動小銃に守られての開催となった。12年ロンドン大会でも警備が厳重を極め、ミサイルが設置されるなど警備費は運営費を大きく圧迫した。

現在は過激派組織の対策に加え、インターネット普及によるサイバーテロへの備えも必要で、負担はさらに増大している。

当時のイスラエル選手宿舎前に設置された碑。死亡した11名の選手・コーチの名前が刻まれている

戦争で中止になった大会

いったん開催が決定していたものの、戦争が始まったために中止になった大会がいくつかある。

まずは1916年の第6回大会。ドイツのベルリンで開催される予定だったが、直前に第一次世界大戦が始まり、ヨーロッパは戦火に包まれた。ベルリンでの開催は不可能になり中止になった。大会競技場として4万人を収容できる競技場が用意されていた。

次は、1940年の東京大会。この年は神武天皇即位2600年に当たることもあり、政府と東京市（当時）は積極的な誘致活動を行った。1936年、史上初めてアジアで行われる大会として開催が決定したが、日中戦争が長期化し、国外から非難を浴びるとともに、日本政府も国家予算を戦争に回さざるを得なくなり、1938年ついに返上することとなった。

東京大会に代わり1940年に開催されることになったのは、東京と最後まで開催を争ったヘルシンキだったが、第二次世界大戦の戦況悪化に伴い、結局中止が決まった。また、日本は1937年に冬季札幌大会の開催も勝ち取ることができていたが、こちらも1940年東京大会と同時に返上。代わりに開催することとなったガルミッシュ・パルテンキルヘン（ドイツ）大会も中止となった。

4年後の1944年ロンドン大会も第二次世界大戦のため中止。同じ年に行われることになっていたコルチナ・ダンペッツォ（イタリア）冬季大会も中止となった。

オリンピックが中止になった原因は全て戦争。「平和の祭典」は当然ながら平和でなければできないのである。

日本の初めて

●日本選手団初参加…1912年ストックホルム大会

　日本選手団が初めてオリンピックに参加したのは、第5回ストックホルム大会だった。選手は2名だけ。一人はマラソンの金栗四三、もう一人は陸上100m、200m、400mに出場した三島弥彦だった。

●初のメダル…熊谷一弥

　日本の初メダルは、参加2大会目の1920年アントワープ大会、テニスでの銀メダルだった。熊谷一弥がシングルスで獲得した。その翌日、熊谷と柏尾誠一郎のペアがダブルスでも2位になり、2つ目の銀メダルがもたらされた。

●初めての金メダル…織田幹雄

　1928年アムステルダム大会でのこと。陸上三段跳びの織田幹雄が金メダリスト第1号となった。2つ目の金メダルもこの大会で、競泳男子200m平泳ぎで鶴田義行によって獲得された。「水泳ニッポン」はここからスタートすることになる。

●女子の初メダル…人見絹枝

　同じ1928年アムステルダム大会で、女子初のメダリストが誕生した。陸上女子800mでの人見絹枝である。生まれて初めてだったという800mのレースでみごと銀メダルに輝いた。人見はまた、この大会に出場した日本で唯一の女子選手だった。

●女子の初金メダル…前畑秀子

　女子の第1号金メダリストは前畑秀子。1936年ベルリン大会にて、競泳女子200m平泳ぎでの快挙だった。4年前のロサンゼルス大会では銀メダルに輝き、「次は金」という重圧のなか、大接戦を制した。ラジオアナウンサーの「前畑ガンバレ！」の連呼はいまだに語り継がれている。

第2章　オリンピック

オリンピック・パラリンピック教育

　オリンピックやパラリンピックにおいては、世界のトップアスリートが全力を尽くす姿を目にするため、高い目標を目指して努力することの尊さ、スポーツを通じての友情や尊敬、またパラリンピックを通して障害などに関係のない平等な社会の形成の重要さなどを実感することができる。オリンピックやパラリンピックの理念について学ぶとともに、これらのことを教育的な営みの中に落とし込んでいこうというものが、オリンピック・パラリンピック教育である。

　上記の価値を IOC と IPC は次のように整理している。

IOCの示すオリンピックの3つの価値

- 卓越（Excellence）：より高い目標を目指して努力すること
- 友情（Friendship）：スポーツを通して得られる友情や絆
- 敬意／尊重（Respect）：ルールを尊重してフェアプレーに徹したり、支えてくれる人々に対する敬意

IPCの示すパラリンピックの4つの価値

- 勇気（Courage）：パラアスリートの挑戦への勇気
- 決断力（Determination）：ものごとを前向きに進めていく上での決断
- 平等（Equality）：障害のあるなしに関係のない平等な社会を目ざす
- 鼓舞（Inspiration）：高いパフォーマンスを目指すパラアスリートの活躍が、人々を勇気付け感動させる

　ロンドン2012大会でも、これらの価値を体験的に教えていくことが重視されていた。オリンピック・パラリンピックが終了した今でも、これらの価値教育を継続して教育現場に生かしている。ロンドン郊外のある学校では、ロンドン大会の思い出を綴った写真などの展示が体育館に貼られるとともに、廊下にはオリンピック価値やパ

ラリンピック価値の標語が貼られ、日常的に意識されるように配置されている。また年度の終了時には、数学、理科、体育などの学習面において、卓越賞、友情賞、尊敬賞を設けて、学年末に全校児童や保護者の前で表彰するなど、オリンピックやパラリンピックの価値を日常の学習活動につなげていた。

　実は日本は世界で最も早く組織的にオリンピック教育を取り入れた国でもある。それは1964年の東京大会において、小学校から中学校、高校においてオリンピックについての学習が取り入れられ、各教科や特別活動などを通して、オリンピックの理念や歴史、異文化を理解していく態度の重要性、さらにはマナー教育も行われた。クーベルタンの考えや平和への取り組み、また日本が戦後において平和な国家として復興を成し遂げた様子も学習した。これらの学習は東京のみならず、全国レベルでの取り組みでもあった。この1964年の東京大会の取り組みは、世界で初めてのオリンピック教育になったが、どちらかというと政府主導によるものであったし、パラリンピックへの視点は入っていない。今後、地域の視点から考えられたオリンピックやパラリンピックについての教育プログラムを、またバリアフリーや高齢者の視点なども取り入れ、発展させて世界に提示することは、オリンピック・パラリンピックムーブメントに対する大きな貢献になると思われる。

　オリンピック・パラリンピック教育は、学びの宝庫である。体育・保健体育のほか、各教科、総合学習、道徳や特別活動などでも扱うことができる。オリンピック・パラリンピックの価値や意義を学ぶことで、大会への参画意識が高まり、それにより、例えば、大会の観戦、大会に関連するボランティアへの参画、選手や大会関係者との交流、オリンピック・パラリンピック文化プログラム（カルチュラル・オリンピアード）等大会関連行事への参画につながっていくものと期待される。

オリンピック・ソリダリティ

オリンピック・ソリダリティは、NOC の機能やアスリート、そしてコーチ教育やオリンピックの価値教育を支援するプログラムである。ソリダリティについて、オリンピック憲章には次のように記されている。

「オリンピック・ソリダリティの目的は、NOC を組織的に援助することにある。特に援助を最も必要としている NOC を対象とする。援助は必要に応じ IF の技術面での援助を得て、IOC と NOC が共同で策定するプログラムの形式をとる」

これに基づいて次の4種類の支援プログラム（2013 年～ 16 年）が設けられている。
① 世界プログラム：アスリート支援、NOC のマネジメント支援、コーチ教育やオリンピックの価値教育
② 大陸プログラム：大陸毎の NOC 連合の運営や会議、NOC の国内の活動に関する支援
③ オリンピック競技会助成プログラム：大会前の打ち合わせの渡航費、大会への選手や役員の渡航費など
④ 表敬プログラム：地域フォーラムの開催や NOC 訪問、ソリダリティ資料センターの運営など

ソリダリティの考えは 1960 年代に、アジア・アフリカなど独立直後の新しい国におけるスポーツの普及を支援する目的で唱えられたが、基金がなかったため、十分に支援することはできなかった。1971 年に IOC と NOC 代表の合意により、NOC 支援を目的にオリンピック・ソリダリティ委員会が設立された。資金不足を解決したのは、1984 年のロサンゼルス大会以降のテレビ放送権料の増加であった。このコマーシャリズムの運用により、現在では多くの NOC が IOC からの補助金を受けている。

オリンピックと環境

現在、地球温暖化や大気汚染などの環境問題に国際社会が協力して取り組んでいる。スポーツもこのような国際社会の歩みに積極的に関わろうとしている。

オリンピック大会の開催が環境に与える影響は、1972年札幌大会の頃から議論されてきた。札幌大会では、スキー滑降コースの建設をめぐって大会の組織委員会と地元の環境保護団体の間で協議が行われた。その結果、滑降コースは仮設とされ跡地には植林が行われた。この事例以降、大会の招致活動・開催準備中に環境破壊への抗議運動が頻繁に行われるようになっていった。

IOCは国際社会の変化と抗議運動の両方に後押しされ、自らも環境保護に取り組むようになっていった。1991年版オリンピック憲章「IOCの役割」には、環境問題に責任を持って関わることが初めて明記された。また、IOCは1995年以降、「スポーツと環境委員会」の設置、「スポーツと環境世界会議」の隔年開催といった取り組みのほか、国連環境計画（UNEP）等の国際組織との連携を深めながら、スポーツ界全体が環境問題に取り組むことを目指している。

IOCは2008年に「スポーツと環境・競技別ガイドブック」(日本語版はJOC公式サイト：http://www.joc.or.jp/eco/guidebook2008.html)を刊行し、環境保護のための知識や意識すべき情報を競技別にまとめている。また「オリンピック・アジェンダ2020」には、持続可能性を追求するために、競技設備や日々の事務的業務などあらゆる面で環境に配慮することが記された。

こうしたIOCの取り組みを受け、各大会の組織委員会も独自の活動を行っている。2012年ロンドン大会では、不要になったガス管を再利用して競技場の屋根の材料にし、東京2020大会でも廃棄物の削減や大会後の有効活用を含めた施設整備を計画している。

第2章　オリンピック

フェアプレーとアンチ・ドーピング

「ドーピング」とは、禁止物質や禁止方法によって競技能力を高め、優位に立つことで勝利を得ようとする行為であり、フェアではないだけでなく、選手本人が健康を害し、ときには死に至ることもある。また、ドーピングは公正な競争が行われなくてはいけないスポーツの信頼を損ない、その価値を貶めることにつながる。

オリンピックでドーピングといえば、ソウル大会（1988）での陸上男子100ｍで金メダルを剥奪されたベン・ジョンソン（カナダ）の印象が強い。しかし、実際はオリンピックでドーピング検査が始まったのは、それより20年も前。1968年に開催されたグルノーブル冬季大会とメキシコシティー大会からだった。それでも残念なことにドーピングの摘発と隠蔽のいたちごっこは続き、組織ぐるみ、ひいては国ぐるみのドーピング疑惑も持ち上がった。

そこで1999年、世界アンチ・ドーピング機構（WADA）という独立機関が設立された。WADAではIOC、IF、各国政府等と協力して、競技会の期間中のみならず競技外でもドーピング検査を行ったり、禁止薬物・ドーピング方法のリストを作成したり、アンチ・ドーピング（フェアプレー精神の実現に向け、スポーツの価値を守り、公正を期し、選手の健康保持のためドーピングを撲滅すること）の啓蒙活動、調査・研究を行っている。WADAの定めた「世界ドーピング防止規程」は、スポーツの価値について次のようにまとめている。

倫理観、フェアプレー、誠意／健康／優れた競技能力／人格と教育／楽しみと喜び／チームワーク／献身、真摯な取り組み／規則や法律を遵守する姿勢／自身と参加者への敬意／勇気／共同体意識や連帯意識

日本では2001年に日本アンチ・ドーピング機構（JADA）が創設され、国内アンチ・ドーピング活動の推進拠点となっている。

オリンピックは用具メーカーの技術競争の場

　人類最速の男、ウサイン・ボルト（ジャマイカ）はどんなシューズを履いているのか。彼はシューズメーカーのP社と契約、0秒01を縮めるために自身の走りにあったシューズを求める。素材の軽さは当然、人間工学を取り入れてフォームを解析し、ピンの数や位置、長さまで科学の目をあてながら改良を加えていく。P社によれば反発性とクッション性を高次元で両立したものだという。

　記録への挑戦は用具の開発と密接に関係する。冬季では、例えばスキーの板の長さやスーツの形状が飛距離を左右する。スーツは踏切時の空気抵抗を減らし、空中では浮揚力がつくよう設計され、工夫が凝らされている。

　競泳では、1930年代まで男女とも上半身を覆う水着を着ていた。だが、裸に近い方がスピードがでるとして小さい水着が開発された。ところが2000年シドニー大会では全身を包んだ水着が登場、記録を更新した。水着の表面に溝をつけて水の乱流を防ぎ、抵抗を減らす効果が実証された。サメの肌に似た仕組みのボディースーツはしかし、12年ロンドン大会から禁止された。男子はヘソより下、ヒザまで。女子は肩からヒザまでの水着で首、肩を覆ってはいけないと国際水泳連盟によって定義されたためだ。メーカーは細かく定められた規則の範囲で工夫し、契約選手の好成績につなげる努力を惜しまない。

　オリンピックは企業の技術競争の場でもある。それが一般商品の売れ行きを左右する。

全身を覆う水着で2000年シドニー大会に出場し、金3個銀2個の活躍をみせたイアン・ソープ（オーストラリア）

第2章 オリンピック

オリンピックの競技場・施設

　オリンピックの施設で最も特徴的なもの、それは神殿である。とはいってもそれは古代オリンピックの話である。では、近代オリンピックの施設の特徴は何だろうか。

　フィールド、グラウンド、ピッチ、コート、プール……選手たちが実際に競技する施設は、各競技の国際ルールに従って作られており、世界選手権やワールドカップのものと規格は変わらない。しかし、オリンピックの競技場や施設ならではの特徴もある。

　まず、オリンピックでは、出場選手のゼッケンに企業の名前やマークは入ってないように、競技場に広告看板が設置されることはない。オリンピックにスポンサーが存在しないからではなく、スポンサーにその権利が与えられていないのである。もし会場内に既設の看板がある場合には、人目に触れないよう一時的に撤去されるか、覆いがされる。

　オリンピック・ビレッジは格別な施設である。日本で選手村と呼ばれるこの建物では、大会参加国の選手団が滞在、寝食を共にする。競技場面以外でも国際交流を図り、相互理解と友好・親善を深めるのに適した、まさにオリンピックの理念に沿った施設といえる。大会後には一般の住居、学生向けの宿舎、あるいはオフィスなどとして販売・利用されたり、教育や研修など他用途の拠点に丸ごと転用される例もある。

　オリンピックは総合競技大会といわれる通り、夏季28、冬季7の競技が場所、時期を集中して行われる。このため、開催都市には一度に多種多数の競技施設が必要となる。国際展示場、コンベンションホールなどスポーツ専用以外の施設が使用されることも珍しくない。新設される競技施設であっても、一部ないし全部を仮設建造物とし、大会後に解体・減築・移設するなど、将来の利用予測や用途

を見計らって建設される。近年の大会では、選手、役員、メディア、観客など関係者の移動に配慮し、競技会場を一定圏内に集約する傾向にある。オリンピックの財源を大きく支え、大会の魅力を世界に伝えるメディアの拠点である国際放送センター、国際報道センターが主要会場群の中央部に設けられ、各競技会場も放送に対応した仕様が採用されている。

　競技場が集積する区域を公園として整備するのもオリンピックにみられる特徴である。園内には、スポーツ施設以外にオリンピックミュージアム、競技団体関連の建物、ショッピングモールなどが配置されている。オリンピック・パークは、都市におけるレジャー・レクリエーションの場であり、緑地空間の創造にも寄与し、観光資源としての可能性も高い。施設単体の場合に比べて規模が大きいことから、開催都市のマスタープラン上の位置づけや中長期計画との整合性を明確にし、土地の来歴、景観などに配慮し、環境の改善・向上にも寄与する持続的開発が問われる。

　パラリンピックがオリンピック終了後、同じ都市・施設にて行われる。このため、競技会場のバリアフリー化が原則となる。様々な障害を総合的に勘案した施設設計、設備仕様、動線計画など課題は多い。オリンピック・パラリンピック開催を機に考案・導入されるユニバーサル・デザインは、それを生み出した知恵や技術、経験と共に、1964年東京大会のピクトグラム（絵文字）のような、世界に誇れるレガシーとなるだろう。

東京・代々木公園内に保存されている1964年東京大会の選手宿舎

第2章 オリンピック

オリンピック・レガシー　大会がもたらすもの

　オリンピック・レガシー（Olympic legacy）とは、オリンピックを招致、開催することによってもたらされる長期的な恩恵のことをいう。IOCによるとレガシーには、スポーツ（競技会場の建設、スポーツに対する関心の高まり等）、社会（異文化理解の促進、組織連携の推進等）、環境（地域再生、新エネルギーの利用等）、都市（都市景観の改善、交通インフラの整備等）、経済（経済活動の活性化等）の5つの分類があり、それらには有形（tangible）と無形（intangible）のものが含まれている。有形のレガシーとしては、大会後も利用されるスポーツ施設、オリンピックに関連して建設された建築物、都市の再開発等があり、無形のレガシーとしては、国民の誇りの高まり、開催国住民の満足感、自国の文化に対する気づき、環境への意識向上等が挙げられる。このようにIOCはオリンピック・レガシーの内容を具体的に提示することを試みているものの、実際にはそれぞれについて明確に区分することは難しく、中には計画的なものと非計画的なものも混在している。また、類似する用語に「インパクト（impact）」があるが、最近では、レガシーよりも短期的で悪影響を示す際に用いられる傾向がある。

　レガシーという用語は、2003年版のオリンピック憲章から追加された。オリンピックによって開催都市と開催国により良いレガシーをもたらすことは、IOCの使命の一つとなっている。レガシーという項目がオリンピック憲章に追加された背景には、オリンピック・ムーブメントにおいて持続可能性の理念を強調していこうとするIOCの姿勢があった。現行の招致システムにおいてIOCは、オリンピックを招致する段階から、都市の発展、国の将来像等を見据え、「オリンピックをなぜ開催するのか」という明確なビジョンと目的のもとに、より長期的な視点でレガシーを計画することを開催都市に

義務付けている。

　一方で、レガシーということばは「遺産」という訳語に象徴されるように、これまで、過去に開催された大会に関して「オリンピック終了後に残ったもの」を指し示す意味でも用いられてきた。例えば、「2020年東京大会のレガシー」と「1964年東京大会のレガシー」では、前者はこれから開催される大会によって構想される計画について、後者はすでに開催された大会によるものの評価について言及しており、それぞれ別の内容を示している。特に後者の場合、ポジティブなものだけでなく、ネガティブなものに対してもレガシーということばを使って説明することがある。このことは、レガシーが多様な側面をもつ概念であり、異なる言語や文化によって違う意味合いを帯びることも示唆している。

　さらに、レガシーは、オリンピックを開催する都市（周辺地域、あるいは国）にもたらされるものと、オリンピック・ムーブメントそのものにもたらされるものの2つに分けて考えることもできる。都市にもたらされるレガシーの多くは有形のものであるが、オリンピック・ムーブメントにもたらされるレガシーのほとんどは、無形のものだといわれている。無形のレガシーは、その性質上、認識することや評価することが難しいが、オリンピックの価値を世界中に広めるために重要な役割を担っている。近年レガシーは、国内、国外を問わずさまざまなスポーツイベントにおいても語られるようになった。オリンピックが単なるスポーツイベント以上のものであるのならば、オリンピック・レガシーもまた、オリンピズムやオリンピック・ムーブメントへの貢献という視点から進化を遂げていかなければならない。

第 2 章　オリンピック

「オリンピック・アジェンダ 2020」って？

　「オリンピック・アジェンダ 2020」は、2013 年 9 月に第 9 代 IOC 会長に就任したトーマス・バッハ氏（ドイツ）が、約 1 年かけて取りまとめた改革案で、これからの社会の中で IOC やオリンピック運動が、どんな役割や方向性を持つべきかという、基本方針を盛り込んでいる。副題は「オリンピック運動の未来へのロードマップ」。現在オリンピック運動が直面する諸問題への処方箋、という性格も持つ。

　諸問題とは、例えば、開催コストが膨張し、世論の批判や、招致そのものの辞退が続いていること。例えば、ゲームや携帯など娯楽が多様化し、特に先進国の若者がスポーツをしなくなっていること。例えば、ドーピングや八百長などスポーツを蝕む不正や、IF 内部の汚職による信頼性の低下。オリンピックは理念や崇高さを掲げる「特別な大会」であるだけに、世論の批判や関心低下、信頼の失墜がもたらす影響は、その価値をより深く傷つけかねない。

　オリンピック運動が価値を保ち続けるため、今何ができるか。「アジェンダ」の論議では、そんな問いに対し、スポーツ関係者や一般から約 4 万 3500 件の意見が寄せられた。これを集約した約 1200 件の提案が、14 の作業部会で検討され、20+20、合計 40 のテーマについての、100 項目近い改革案となった。2014 年 12 月の IOC 臨時総会（モナコ）で、全会一致で採択された。

　改革の柱のひとつは、コスト削減などオリンピックのあり方を見直し、世論が納得する大会招致や組織に変えることだ。

　2022 年冬季オリンピック招致では、欧州の数都市が、経済不況やコスト高騰の懸念などから軒並み立候補を辞退。北京とアルマトイ（カザフスタン）の 2 都市が残り、北京が開催権を獲得した。この結果 2018 年平昌、2020 年東京、そして北京と、東アジアで 3 大会が

続く異例の事態ともなった。

「アジェンダ」はだから、既存施設の活用を奨励し、開催都市以外、さらには開催国以外でも、競技の実施を検討できるとしている。2020年東京大会ではこれを受けて、自転車競技の一部を静岡県伊豆市で行うなど、3分の1以上の競技施設の変更を行った。

改革のもう一つの柱は、スポーツの社会的価値を高め、スポーツ離れを食い止めることだ。

若者がスポーツをしなくなれば、その楽しさや価値を知らずに大人になる。自分の子どもにも勧めない。オリンピックへの関心だけでなく、社会でのスポーツの大切さが薄れていきかねない。

即効薬は、若者に人気の競技をオリンピックに入れること。ただ実施種目を増やせばコストが増える。だから「アジェンダ」では新たに、開催都市の組織委員会に、その大会のみで行う追加種目の提案を認めた。一方、中長期的に大切なのは、人々や政府にスポーツの価値を理解してもらい、普及振興や環境整備を支えてもらうことだ。「アジェンダ」は、IOCが国連などと提携し、スポーツが文化であり、教育、健康・医療、国際平和など、人を作り、社会をより良くする力を持つことを一層唱道すべきだとしている。

しかし、そんな努力は、競技の不正や組織の腐敗が露呈すれば水泡に帰す。スポーツへの信頼を保つためにも、選手を不正の影響から守り、統括組織の統治能力（ガバナンス）を高めることが重要だとしている。

IOCは約120年の歴史の中で、時代の変化に対応するため、オリンピックの仕組みや方針を常に修正してきた。そうしなければ今頃、「オリンピックは過去の遺物として、博物館の棚の上に置かれてホコリをかぶっていたろう」という人もいる。「アジェンダ」改革の成否は、オリンピックの未来を占う試金石、とも言えるのだ。

第2章　オリンピック

オリンピックとメディアの関わり

　オリンピックはメディアとともに隆盛してきた。初期は活字が中心、ラジオの後、テレビの発達で頂点を迎えた。テレビによるオリンピック視聴は約220カ国、40億人といわれ、独占的放送の対価である高額の放送権料がオリンピック運動の財源を支えている。

　アメリカNBCユニバーサル（NBCU）は昨年、2022年から2032年まで6大会のアメリカ国内向け放送権を1大会当たり平均12億7500万ドルで契約した。同社は14年ソチ冬季から20年東京までの4大会を総額43億8000万ドルで契約している。オリンピックのテレビコンテンツとしての価値の高さの証明だといえよう。

　オリンピック報道は1896年第1回アテネ大会に11人の記者が欧州から派遣され、新聞や写真、ニュース映画で報じたことが始まりだ。95年のリュミエール兄弟による世界最初の映画公開と同時期にオリンピックが始まったことを特筆しておきたい。

　IOCは映像による記録を重視、1912年ストックホルム大会から公式記録映画の撮影を組織委員会に義務づけている。

　日本における報道は雑誌が始まり。1896年3月発行『文武叢誌』に碧落外史が、「オリンピア運動会」なる記事で古代オリンピックの復興を記載した。同年の『少年世界』8月15日号はアテネ大会の内容を特集した。

　新聞は大阪毎日新聞の相嶋勘次郎が英米遊学中、1908年ロンドン大会のマラソン・キセル事件に遭遇、6日間連載したことを嚆矢とする。日清、日露両戦争の報道で新聞購読が拡大し、スポーツ報道が増大した。ただし内容は野球が中心であり、オリンピック報道の本格化は1928年アムステルダム大会での織田幹雄の金メダル獲得以降である。欧米との時差の関係で新聞報道は困難を極めたが、国内的には号外が大きな手段となった。

ラジオの登場は1924年パリ大会、日本でのラジオ放送開始は25年から。1932年ロサンゼルス大会では技術的に実況中継ができず、後刻、アナウンサーが取材メモを見ながら伝える「実感放送」だった。1936年ベルリン大会では、女子200m平泳ぎ決勝でNHKの河西三省アナウンサーが「前畑ガンバレ」と実況中継した。スポーツの持つドラマ性を引き出し国内を熱狂させた放送と後世に伝えられるが、主観的な報道だと批判もあった。

　テレビ放送がオリンピックに登場した初の試みは1936年ベルリン大会だが、場内限りだった。1948年ロンドン大会で競技場から半径80キロ以内で中継された。このとき英国国営放送はカメラによる座席占有料3000ドルを支払った。放送権料の始まりとされる。日本では1953年にテレビ放送が始まり、1956年コルチナ・ダンペッツォ冬季大会からテレビ番組が作成された。1960年ローマ大会ではビデオも活用された。

　報道に大変革が起きたのは1964年東京大会だった。通信衛星を使って開会式が世界主要国に同時中継され、マラソンではレースをフル中継、カラー放送も実現するなど日本の放送技術の高さが示された。すべてオリンピック史上初で、「テレビ時代」到来を予言するとともに放送権の意識が膨らんでいった。

　放送権料が高騰するのは1984年ロサンゼルス大会以降。高額な放送権料によってテレビ映えや放送時間を考慮するあまり、スポーツのあり方を変えたとされる。

　いよいよIT時代だ。公式ウェブサイトの登場は96年アトランタ大会、インターネットは2000年シドニー大会から普及した。2012年ロンドン大会はSNS（ソーシャル・ネットワーク・サービス）が初めて導入され「ソーシャリンピック」と呼ばれた。規制がかかる部分もあるが、LINEなどを通した情報発信など、SNSは報道のあり方を変える存在となろう。

オリンピックのスポンサー、TOPとは

　オリンピックの運営はシンボルやロゴなど知的財産をもとにしたマーケティングに支えられている。競技大会開催などには大きな財源が必要となる。「放送権」「パートナーシップ」「ライセンシング」「大会チケット販売」などが主な財源で、パートナーシップはスポンサーによる長期的な支援を意味する。

　スポンサーは「オリンピックファミリー」の一員として処遇され、排他性を持つ。基本的には1業種1社、契約した地域で独占的に権利行使できることが特徴だ。IOCが契約する国際スポンサー、TOP（The Olympic Partner＝当初はThe Olympic Program）と地域・国対象のローカルスポンサーに分かれる。

　公式スポンサー導入の背景に、1960年代後半から1980年に噴出した問題でオリンピックが存亡の危機を迎えたことがあげられる。

　1968年メキシコシティー大会におけるアメリカの公民権運動と学生運動、1972年ミュンヘン大会でのパレスチナゲリラによるイスラエル選手団へのテロ、そして東西冷戦の高まりから起きた1980年モスクワ大会の西側陣営のボイコットだ。さらに1976年モントリオール大会ではオイルショックによる物資高騰で10億ドルもの巨額赤字を計上、住民に負債を負わせた。

　このため1984年ロサンゼルス大会では公的資金の投入が認められず、組織委員会は窮余の一策として独占放送、1業種1社限定のスポンサー契約を考案した。約2億ドルの黒字を生み、大会を大成功に導いた。

　IOCは翌1985年、ロサンゼルスの成功例にならってTOPを発足。各NOCに任せていたシンボルやモットーなどを一括管理し、1業種1社に限定したスポンサーに商業利用を許可する。契約期間はオリンピアードに合わせて4年で世界展開を許可し、協賛金はIOCに入

る構造を創り上げた。枯渇寸前だったIOC財政が潤い、オリンピック運営の拡充に繋がった。

　一方で不満をもつ国・地域のオリンピック委員会などには地域限定のローカルスポンサー導入を許可。さらに国際競技団体連合やNOC連合などを通した資金の再分配、オリンピック競技大会組織委員会への資金支援を行って、逆に指導性を高めていった。

　1988年カルガリー冬季大会、ソウル大会対象の「TOP Ⅰ」に始まり、現在は2014年ソチ冬季大会と16年リオデジャネイロ大会対象の「TOP Ⅷ」、さらに2018年平昌冬季、2020年東京大会の「TOP Ⅸ」が進行中だ。TOP Ⅷは11社が参画、11億ドルを売上げた。

　TOP Ⅸでは12社と契約、新たに日本のブリヂストンとトヨタ自動車が加わった。日本からはパナソニックと合わせて3社となり2020年東京開催効果が現れた結果となった。TOP Ⅸ参画企業は、コカ・コーラ（アメリカ＝ノンアルコール飲料）アトス（フランス＝情報技術）ブリヂストン（日本＝タイヤ、免震ゴム、自転車）ダウ・ケミカル（アメリカ＝化学製品）ゼネラル・エレクトリック（アメリカ＝エネルギー、インフラ、照明、輸送他）マクドナルド（アメリカ＝食品小売）オメガ（スイス＝時計、計時、採点システム）パナソニック（日本＝音響・映像機器）P&G（アメリカ＝家庭用品）サムスン（韓国＝無線通信機器）トヨタ自動車（日本＝モビリティ）VISA（アメリカ＝クレジットカード他決済システム）。

　TOP Ⅰから継続している企業はコカ・コーラ、VISAとパナソニックの3社である。IOCは放送権とTOPから入る収入のうち50％を大会組織委員会に再配分する。5分の3が夏季で5分の2は冬季大会とする仕組みだ。

　またオリンピック競技大会組織委員会は独自にスポンサー、サプライヤー契約が認められている。2020年大会の売上げは好調だ。

第2章　オリンピック

オリンピック競技大会に関連して

開会式と閉会式

　オリンピックの開会式・閉会式では世界最高のアーティスト達が登場し、最高級のパフォーマンスを展開する。これは文化プログラムの一つとして位置づけられており、開催国や都市のローカルな伝統文化も紹介され、一大ショーと化している。このような演出にはテレビ局やスポンサーへの配慮もあるが、最終聖火ランナーが誰か分からないサプライズ・プログラムも用意され、観るものにも楽しみなものとなっている。開閉会式の式典は、文化プログラムと公式儀礼の2部構成となっているが、夏季大会の閉会式にはマラソンの表彰式が組み込まれている。

　オリンピック憲章には「1. 開会式と閉会式は IOC プロトコル・ガイドに忠実に従い催されるものとする。2. すべての式典のシナリオ、予定、プログラムの内容と詳細は、IOC に提出し事前の承認を得なければならない。」(2014年版第55条) と規定されているように、最終的には IOC の承認が必要とされている。しかしながら、大会組織委員会は演出家を用いて各大会独自のパフォーマンスを繰り広げている。中でも、平和希求のメッセージとパフォーマンス、選手宣誓者と宣誓内容、最終点火者や点火の方式などに工夫を凝らしている。

　開会宣言は開催国の国家元首が行うことになっている。オリンピック憲章には次のように開会宣言の内容が定められている。
・オリンピアード競技大会（夏季大会）の開幕
「わたしは、第……（オリンピアードの番号）回近代オリンピアードを祝い、……（開催都市名）オリンピック競技大会の開会を宣言します。」
・オリンピック冬季競技大会の開幕
「わたしは第……（オリンピック冬季競技大会の番号）回……（開催都

市名) オリンピック冬季競技大会の開会を宣言します。」(2014 年版第 55 条)。1936 年ベルリン大会でもヒトラーはこの規定に従って開会宣言をしている。しかしながら、この開会宣言プロトコルが 1 度だけ破られたことがある。2002 年ソルトレークシティ冬季大会でブッシュ大統領は、2001 年 9 月 11 日の同時多発テロを受けて、「勇敢で、確固たる偉大な国民のために」という言葉を付け加えた。オリンピック憲章には、「すべての式典を含むオリンピック競技大会の開催期間中、政府またはその他の公的な機関の代表、その他の政治家が OCOG の責任下にある会場において演説することは、いかなる種類のものであれ認められない」と定められているため、この開会宣言は問題視された。

　平和希求のパフォーマンスやメッセージに関して、オリンピック憲章では以前は開会式の付属細則にて「聖火の点火に続き、シンボリックに放鳩する」という規定 (2003 年版まで) があったが、いまではプロトコルで定めることになっている。1964 年の東京大会でも約 8000 羽の鳩が放たれたが、1988 年ソウル大会で放鳩後に聖火台に点火したため、鳩が焼け死んだとされる事件があり、その後は風船やスライドなどで鳩を描く方式になっている。

　選手団の入場行進は 1964 年東京大会の開会式のように国別で整然と隊列を組んで入場していた。1956 年のメルボルン大会の閉会式では、国別行進を止め、各国の選手が混ざり合って入場することとなった。それは、中国系の 17 歳のジョン・ウィン少年が、オリンピックは平和の祭典であるため、「戦争、政治、国家をすべて忘れ、閉会式では一つの国になるべきだ」という組織委員会への提案が認められたことによる。しかしこの時は、国別ではないが整然と整列した入場行進であった。今のように閉会式で国別でもなく選手が和気あいあいとばらばらで入場し、祝祭色が強くなったのは 1964 年東京大会の閉会式からである。

第2章 オリンピック

聖火と聖火リレー

　近代オリンピック大会で最初に灯火されたのは、1928年第9回アムステルダム大会である。そのときには競技場内だけに灯され、続く1932年ロサンゼルス大会でも大会期間中、競技場に火が灯された。

　オリンピック聖火は、IOCの権限のもとにオリンピアで採火されたものをいう。この聖火の採火および聖火リレーの発案者は、1936年ベルリン大会組織委員会の事務総長をつとめた体育・スポーツ史家カール・ディーム（Carl Diem）である。ディームは、セレモニーに華を添える演出として「古代と現代とをオリンピックの火で結ぶ」ことを考えた。近代オリンピックの創始者であるピエール・ド・クーベルタンは、オリンピックのセレモニーに、①歴史的な意味、②教育的なメッセージ、③芸術的なアピール、④宗教的な神聖さ、という4つの意味を込めていた。これに照らして、聖火リレーには次のような意味があるとされている。

①トーチ・レースは古代でも様々な形で行われ、宗教的な祭典に直接かかわるものであった。

②聖火リレーは、オリンピックの国際化というコンセプトを明示している。オリンピアから開催都市までの長く複雑な旅の間に、トーチに灯された聖火は数え切れないほどの手に渡り、異なる国々、諸言語、そして、おそらくは諸宗教や諸民族の若者によって運ばれる。そのリレーは、人々が国を超えて広い心で協力し、貢献することで成し遂げられる。

③すべてのスポーツ活動には、明らかに芸術的な面がある。それを目にした地域の人々は、炎によって象徴されたアピールによって古代の精神を感じることができる。

④今日、オリンピック聖火は、平和の象徴と大会に招くという意味で、古代において競技会の2、3カ月前にエリスからギリシャ中を

旅して聖なる休戦を告げた平和の使者の役割を果たしている。その平和へのアピールは、4年ごとにオリンピアから新しい方向へとトーチによって旅に出る。それにより、オリンピック・ムーブメントのことをまったく知らない人々でさえ、偉大な祭典が平和の雰囲気で開催されようとしていることを知り、思いを馳せる。

聖火リレーが登場したベルリン大会では、古代オリンピックの地オリンピアの「ヘラの神殿」前で、太陽光線から金属製の凹面鏡で採火し、その聖火がリレーによって、ギリシャ→ブルガリア→ユーゴスラビア→ハンガリー→オーストリア→チェコスロバキアを経由してドイツに入り、ベルリンの開会式場の聖火台に点火された。オリンピアの火は、7カ国を通る総距離3075 kmを11日12夜かけて、沿道各国のオリンピック委員会が選んだ3075人のランナーによってリレーされ、ベルリンに運ばれた。

ベルリン大会の後に勃発した第二次世界大戦では、ナチス・ドイツが聖火リレーのコースを南下して他国に攻め込んだ。IOCでは、戦争の張本人であるナチス・ドイツが実施したものを、「平和の祭典」であるオリンピック大会で踏襲すべきかどうかが議論になり、大戦後はじめての大会である1948年ロンドン大会では聖火リレーの存続が危ぶまれた。しかし、ベルリン大会のときに感激を味わった人たち、特にIOC関係者は、聖火リレーは式典に華を添えるとして存続を主張し、ベルリン大会の遺産がそのまま踏襲されて、今日に至っている。

1964年東京大会で聖火リレーの最終ランナーを務めたのは、広島に原爆が投下された1945年8月6日に生を受けた坂井義則である。そこには、世界に向けた平和への願いが込められていた。歴代の聖火リレー最終ランナーの氏名は、スイスのローザンヌにあるIOCのオリンピック・ミュージアムに向かう階段に刻まれている。

第2章　オリンピック

オリンピックの公式ポスター

　現在、オリンピックでは大会ごとに公式ポスターが作られている。1900年第2回パリ大会からオリンピックのポスターはあったが、万国博覧会のポスターとデザインを兼ねるなどIOCが公認した正式なものではなかった。オリンピックの公式ポスターが登場したのは、1912年ストックホルム大会からである。

　この時代のポスターは画期的なメディアであった。まだテレビがなく、新聞も映画も白黒だった時代、カラー印刷のポスターには多くの人が注目した。印刷の技術が発達し、ポスターのような大型で大量のカラー印刷が可能になってきたのだ。オリンピックのポスターは印刷技術とともに発達したといえる。

　デザインをみてみよう。初期のポスターは、ストックホルム大会のように古代オリンピックを思わせる肉体を強調したデザインが多い。その後、ブランデンブルク門をモチーフにした1936年ベルリン大会のポスター、ビッグベンを描いた1948年ロンドン大会、ローマ建国神話のロムルスとレムスと狼を題材にした1960年ローマ大会など、開催地をシンボライズしたデザインが続く。

　オリンピック公式ポスターのデザインが大きく変わったのは、1964年東京大会だった。それまでとは異なり写真が使用されるようになったのである。写真技術とフィルムの性能向上により、カラー写真の大判化が可能になったのだ。このように、テクノロジーとポスターのデザインは密接にリンクしている。また、東京大会以降はそれまで各大会1点のみの制作であったポスターが複数（東京大会は4点）になった。1968年メキシコシティー大会以降は、複数のデザイナーがそれぞれ別の公式ポスターをつくるようになる。初期のポスターが、オリンピックの開催告知や開催国のアピールが主目的だったのに対して、東京大会やメキシコシティー大会以降のポス

オリンピック競技大会に関連して

ターは芸術性が高くなっていく。

1998年長野冬季大会では、日本の美しい自然と環境の大切さをアピールしたポスターが登場。デザインはスポーツのポスターらしくないが、「環境を大切にしたオリンピック」というメッセージが伝わってきた。2010年バンクーバー冬季大会のポスターでは、オリンピックとパラリンピックのポスターのデザインがセットになった。

2012年ロンドン大会では、意味がわからないような、不思議なデザインのポスターがいくつも作られた。

このようにオリンピック公式ポスターは、時代を反映しながら大会ごとに進化している。

オリンピック公式ポスター初登場は1912年ストックホルム大会

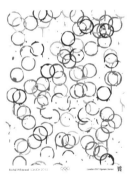

2012年ロンドン大会のポスター

2010年バンクーバー冬季大会のポスター。右のオリンピックと左のパラリンピックをつなげると、カナダのシンボル「かえで」の形になる

第2章　オリンピック

オリンピック・パラリンピックのマスコット

　マスコットはエンブレムと並んで大会を象徴するものであり、大会の周知、そして盛り上げになくてはならない存在となっている。また、Ｔシャツやキーホルダーなどの記念品にも採用され、組織委員会の収入源としても貢献している。

　非公式には1968年グルノーブル冬季大会で初めて登場したが、IOCが認める公式マスコットは、1972年ミュンヘン大会の「バルディー」から。ドイツで人気のある"ダックスフント犬"のマスコットだった。その後数多くのマスコットが生まれているが、その国や地方で人気の高い動物や鳥をモチーフとしたものが圧倒的に多い。その他では、歴史や伝説を題材にしているものや、精霊などをモチーフとしたものがある。

　有名なマスコットの一つに、1980年モスクワ大会「小熊のミーシャ」がある。このマスコットは「Mikhail Potapych Toptygin」という立派な名前も持っている。閉会式では、別れを惜しんでミーシャの人文字が涙を流したが、たくさんの国がボイコットしたことを嘆いた涙と感じた人も多かったという。1988年カルガリー冬季大会で初めて２体のマスコットが登場。その後1998年長野冬季大会は４体、2008年北京大会は５体と、複数のマスコットが作られることが多くなっている。

　パラリンピックのマスコットは1988年のソウル大会からだが、1992年バルセロナ大会の「ペトラ」（オリンピックのマスコット"コビー"の姉で腕を無くしている）が有名。最近はオリンピックと運営が一体化されたのを受けて、オリンピックのマスコットとセットで制作されている。2016年リオデジャネイロ大会のマスコットは、猫、猿、鳥をミックスしたイメージの「ビニシウス」で、パラリンピックは植物を象徴する「トム」だった。

オリンピック競技大会に関連して

1972年ミュンヘン大会　バルディー

1980年モスクワ大会　ミーシャ

1988年カルガリー大会　ハイディ＆ハウディ

1992年バルセロナ大会　コビー

1998年長野大会　スノーレッツ

2016年リオデジャネイロ大会のビニシウス

第2章 オリンピック

オリンピックのメダル

　現在のオリンピック大会では、1位に金メダル、2位に銀メダル、3位に銅メダルが贈られる。しかし1896年第1回アテネ大会では、1位に銀メダル、2位に銅メダルで、3位にメダルはなかった。

　その材質について、IOCは「1位および2位のメダルは銀製で、少なくとも純度1000分の925であるものでなければならない。また、1位のメダルは少なくとも6グラムの純金で金張りが施されていなければならない」としている。

　夏季大会のメダルを見てみると、第1回1896年アテネ大会から第8回1924年パリ大会までのデザインはさまざまで、第2回1900年パリ大会のメダルは、なんと四角形。1928年アムステルダム大会から2000年シドニー大会までは、表側に腰かけた勝利の女神ニケと古代ローマの競技場コロッセオが描かれていた。この72年間については、デザインは変わっていなかったのである。

　2004年アテネ大会からは、立っているニケと第1回アテネ大会のパナシナイコ競技場が描かれたデザインに変わった。

　冬季大会のメダルは、夏季大会と異なるデザインにすることが義務づけられており、毎回個性あふれるメダルとなっている。

　1992年アルベールビル冬季大会はクリスタルガラスを使用。1994年リレハンメル冬季大会では石を使っている。1998年長野冬季大会のメダルでは長野の伝統工芸である木曽漆器の漆が使われている。また、2006年トリノ冬季大会のメダルは、中央に大きな穴があいたデザインだ。

1928年
アムステルダム大会のメダル

2004年
アテネ大会のメダル

オリンピック競技大会に関連して

オリンピックのデザイン

オリンピックにデザインは欠かせない。

大会が行われる競技場は、機能だけでなく建造物としてのデザイン＝芸術性もその価値を高める。例えば国立代々木競技場。丹下健三氏による優美なデザインは、50年を経ても色褪せることはない。

ユニフォームやスポーツ用具にも豊かなデザイン性が存在する。特に開会式の入場行進で着用するデレゲーションユニフォームは機能性よりデザインが優先され、それぞれの国と地域の特徴、民族性などが集約される。一方、競技で着るユニフォームやスポーツ用具では、勝つための機能性が優先され、その制約の中でデザインされる。ただし優勝した選手の着ていたメーカーのウェアやシューズなどが売れるため、観る人がメーカー名を認識できるデザインになる。

機能の面から考えると、ピクトグラムの存在価値は大きい。ピクトグラムには競技・種目を示す「競技ピクトグラム」と、食堂、駅、選手村、トイレなどを示す「施設ピクトグラム」がある。競技ピクトグラムは20世紀前半からあり、オリンピックでは1948年ロンドン大会で使用されている。ただ、現在使われているようなデザイン性の強いシンプルな形状になったのは、1964年東京大会からである。施設ピクトグラムについても、多くの施設を示すものとして統一的に制作したのは東京大会が最初であった。その意味で、1964年東京大会はオリンピックのデザインを大きく進化させた大会であったといえる。

●ピクトグラムの変遷（フェンシングでの比較）

1936年

1948年

1964年

※ガルミッシュ・パルテンキルヘン冬季大会とベルリン大会（1936）では上記のデザインのピクトグラムが制作されたが、実際の大会で使用されたか否かは不明。ロンドン大会（1948）では使用された。

第2章 オリンピック

大会エンブレム

　オリンピックでは、5つの輪で構成されたオリンピック・シンボルと大会ごとのモチーフを組み合わせた大会エンブレムが作られている。このエンブレムは、歴史とともに、大会ごとに、その持つ意味や価値が変化してきた。あるときは国家発揚のシンボルとして、またあるときは美の象徴として、そして最近では大きな経済的価値が付与されている。

　オリンピック競技大会にオリンピック・シンボル入りのエンブレムが登場したのは、1932年第10回ロサンゼルス大会であった。当時は「エンブレム」とは呼ばれていなかった。1964年東京大会で使用された「日の丸と金の五輪マークの組み合わせ」のデザインも、まだエンブレムではなくシンボルマークと呼ばれていた。ただ、マークはオリンピックの公式な印刷物などには正しく使用されていた。「公式なものを識別する標章」としての位置づけだったのだ。

　大会組織委員会が作る大会公式エンブレムは、デザインそのものであり、大会の象徴、つまりシンボルになる。そのエンブレムがポスターに使用されることにより、ポスターは公式なものとしての価値を認められる。また企業の広告や商品パッケージに使用されれば、その企業は多額の協賛金を支払った公式なスポンサー企業であることが明確になり、スポンサーでない企業との差別化が図れる。

　1984年ロサンゼルス大会から、大会エンブレムは1業種1社の公式スポンサーだけが商業利用できると決められ、それ以外の企業等の使用が固く禁じられた。この方式で公式スポンサーからは莫大な収入を得ることに成功した。大会エンブレムに経済的価値が付与されたのである。

　こうしてオリンピックの商業化にともない、公式エンブレムの持つ意味はますます重要になっている。

オリンピック競技大会に関連して

1964 年東京大会

1984 年ロサンゼルス大会

1992 年バルセロナ大会

2000 年シドニー大会

2016 年リオデジャネイロ大会

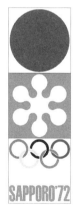
1972 年札幌冬季大会

1998 年長野冬季大会

115

第2章 オリンピック

オリンピックの芸術競技と文化プログラム

　オリンピック憲章には「OCOG〈オリンピック大会組織委員会〉は少なくともオリンピック村の開村から閉村までの期間、文化イベントのプログラムを催すものとする。当該プログラムはIOC理事会に提出し、事前に承認を得なければならない。」（2014年版第39条）と定められている。（※〈〉内編集部）

　現在の「文化プログラム」は1992年バルセロナ大会から実施されてきている。それは、参加選手や観客など、さまざまな国の人々が、互いに多様な文化を理解し合って友情を深め、平和な世界を構築するというオリンピズムの平和思想を実現するために、開催国や開催都市の芸術や文化紹介をしたり世界最高の芸術に触れたりすることが目的である。このプログラムは1912年ストックホルム大会以来、「芸術競技」「芸術展示」「文化プログラム」と名前を変えながら今でも続いている。

　クーベルタンは、近代オリンピックの復興の時から古代オリンピアの祭典競技にならい、スポーツだけでなく芸術の競技も考えていた。それは、身心ともに調和のとれた若者を育成するというオリンピズムの教育理念に基づいていたのである。このクーベルタンの構想は1912年ストックホルム大会から実現した。この芸術競技は、ミューズの五種競技と呼ばれ、建築、彫刻、絵画、文学、音楽の5部門で、題材が直接スポーツに関係したものであった。受賞作品は、大会期間中に展示や上演がなされ、スポーツ勝者と同様に表彰された。クーベルタンはストックホルム大会の芸術競技の文学部門に、ホーロット＆エッシュバッハという偽名で参加し、『スポーツ賛歌』という作品で金メダルを獲得した逸話があるほど、この芸術競技の実現に熱心であった。

　芸術競技は、1948年ロンドン大会までの全7回で4,000作品以上

オリンピック競技大会に関連して

がエントリーされるほどの人気を集めた。1936年ベルリン大会の絵画部門では、日本人画家の藤田隆治が『アイス・ホッケー』という作品で、水彩画部門で鈴木朱雀が『古典的競馬』で、それぞれ銅メダルを獲得している。日本の仏教画家で有名な棟方志功はこの大会で落選している。

IOCは1949年に芸術競技の廃止を決定して「芸術展示」に変更し、1956年のメルボルン大会から公式に芸術展示が実施されることになった。その主な理由は、芸術作品の評価や判定を含めた実施体制と資金問題、プロの芸術家が参加することによるアマチュア参加資格問題、作品の質の低下や作品の移送問題といわれている。1964年東京大会でも芸術展示が実施された。この時には、日本の古美術展が人気を呼んだ。1992年バルセロナ大会から、芸術に限らず、開催国の文化一般の紹介も含めて実施されるようになり、「文化プログラム」と呼ばれるようになった。最近では、オリンピック・パラリンピック開催4年前から「文化オリンピアード」と称して、4年間にわたる長期の文化プログラムが実施され、大会を盛り上げる役割も果たすようになってきている。スポーツだけでなく文化と平和の祭典といわれるゆえんである。

ベルリン大会銅メダル・藤田隆治「アイス・ホッケー」

ベルリン大会銅メダル・鈴木朱雀「古典的競馬」

オリンピックの公式記録映画

　オリンピック大会の様子は、1912年ストックホルム大会以来、映画技術の発展と足並みを揃え、記録映画として残されている。

　IOC初の長編の公式記録映画は、1936年ベルリン大会の『オリンピア』（レニ・リーフェンシュタール監督）である。これは陸上競技中心の『民族の祭典』と水泳のダイビングなどの『美の祭典』の2部作からなる。村社講平、田島直人、大江季雄と西田修平、J・オーウェンス、孫基禎など欧州以外の選手の活躍も多く記録されている。この映画は、ヒトラーの大会ともいわれた「ナチ・オリンピック」を芸術的に記録したため、ナチスのプロパガンダであるという批判を受けた。製作を依頼したのはヒトラーではなく組織委員会事務総長のカール・ディームであった。リーフェンシュタール監督は、ゲッペルス宣伝相の個人的な妨害を受けながらも、ヒトラーの助力のもとに映画を完成させた。この記録映画には16カ国版があり、各地で自国の選手が活躍する様を観て、絶大な人気を博した。

　日本初の公式記録映画は1964年の『東京オリンピック』（市川崑監督）である。製作費の関係で、当初予定された黒澤明監督から交代した市川監督は、当時オリンピック憲章にも規定されていなかったオリンピズムというオリンピックの根本精神を芸術的に記録しようとした。完成試写会後、河野一郎オリンピック担当大臣から「芸術的すぎる」という批判を受け「芸術か記録か論争」が起きた。このような批判にもかかわらず市川監督の作品は製作方針を変えず公開された。この記録映画はカンヌ国際映画祭で「国際映画批評家協会賞」などを受賞したこともあり、論争はおさまった。この論争をきっかけに、公式記録映画の他に競技中心に再編集した『世紀の感動』という映画が公開されたが、一般の評価は低かった。

　1972年札幌冬季大会の記録映画は『札幌オリンピック』（篠田正

オリンピック競技大会に関連して

浩監督）である。この記録映画には、笠谷幸生らジャンプの日の丸飛行隊も記録されている。1998年長野冬季大会の記録映画は『Nagano'98 Olympic: Bud Greenspan's Stories of Honor and Glory』（バド・グリーンスパン監督）である。この映画は一般公開されなかった。

　IOCと開催都市の契約で公式記録映画の製作が義務づけられているが、監督は組織委員会が決定できる。近年の記録映画はミスター・オリンピックと呼ばれるグリーンスパン監督が製作することが多かった。日本では、1960年ローマ大会の『ローマ・オリンピック1960』（ロモロ・マルチェリーニ監督）、1968年メキシコシティー大会の『太陽のオリンピア』（アルベルト・イサーク監督）、1972年ミュンヘン大会の『時よとまれ、君は美しい』(オゼロフ、市川他8名の監督）、1968年グルノーブル冬季大会の『白い恋人たち』（クロード・ルルーシュ監督）などが公開され、人気を博した。テレビの速報性などのためか、公式記録映画は最近では公開されなくなっていたが、東京2020大会では河瀨直美監督が映画を製作する。期待しよう。

篠田正浩監督の映画「札幌オリンピック」、ジャネット・リンと白鳥

レニ・リーフェンシュタール監督の映画「オリンピア『民族の祭典』」、大江季雄の棒高跳び

国際ピエール・ド・クーベルタン委員会

　国際ピエール・ド・クーベルタン委員会(Comité International Pierre de Coubertin：CIPC) は、ピエール・ド・クーベルタンの思想の維持・普及・教育・研究を目的として 1975 年に設立された。クーベルタンは近代オリンピックの創始者として知られるが、CIPC はその歴史的事実のみならず、クーベルタンがオリンピックに込めた卓越性、公正さ、参加、平和といった理想を普及し、確かなものにするための取り組みを行っている。CIPC は IOC によって承認され、資金援助を受ける民間主導の団体で、スイスのローザンヌに本部をもつ。元 IOC 会長ファン・アントニオ・サマランチやピエール・ド・クーベルタンの子孫にあたるジョフロワ・ド・ナヴァセルらが会長を務め、2016 年現在はノーベルト・ミュラー教授がその任に当たっている。

　CIPC の主な活動は、クーベルタンに関する出版物の発行、国際クーベルタン・ユースフォーラムやシンポジウムの開催、IOC や IOA 等関連諸会議での講義や発表、クーベルタンやオリンピックに関する優れた学術論文に対する賞の授与などである。その中でも国際クーベルタン・ユースフォーラムは CIPC が特に力を入れている活動の一つで、オリンピズムを普及・教育している高校や機関によって選抜された高校生が隔年で世界中から集い、1 週間生活を共にしながら多彩なプログラムを通して交流し、オリンピズムを体験する貴重な場となっている。

　CIPC は、ユネスコの「体育とスポーツのための政府間委員会」(CIGEPS) の常設諮問委員会のメンバーでもある。日本では 2007 年に JOA のオリンピック研究委員会にクーベルタン研究部門を設置。また、日本ピエール・ド・クーベルタン委員会として CIPC との連携および国内での活動を展開している。

オリンピックとボランティア

　オリンピック・パラリンピックの大会運営に今や欠かせない存在となっているのが、ボランティアである。

　大会の組織委員会がボランティアを初めて組織化したのは、第13回1980年レークプラシッド冬季大会で、その規模は6000人だった。その存在がクローズアップされたのは、第23回1984年ロサンゼルス大会で、大会組織委員長であったピーター・ユベロスによる「史上初めて税金を1セントも使わない民営オリンピック」の成功の陰に、ボランティアも大きく貢献していた。以降の大会でもボランティアは重用され、第25回1992年バルセロナ大会の公式報告書には、「ボランティアは見返りや報酬を期待することなく、各人の最大の能力を自主的に組織委員会に提供し、課された仕事を遂行する人」とボランティアの概念がはっきり定義づけられるようになった。日本ではロサンゼルスの手法を取り入れ、1985年のユニバーシアード神戸大会で7700人の市民ボランティアが活躍。それ以来、スポーツ・ボランティアが定着していき、第18回1998年長野冬季大会では、3万2579人ものボランティアが活動した。これは大会運営に関わる人員の73.9%にのぼる数字だ。

　ボランティアには選手団へ帯同する者もいれば、競技会場や選手村、あるいは組織委員会、メディアセンター等各施設で活動をする者もいる。業務でいえば、総務、情報、輸送、警備、セレモニー、報道支援、案内、接遇、観客対応、各競技の運営補助、ユースキャンプ等、多岐にわたる。

　東京2020大会のボランティアは、約8万人を募集した。一般研修を経て専門的な能力や希望を勘案して配置し、専門研修でプレ大会をこなして本番に臨むという行程になる。

第 2 章　オリンピック

ユース・オリンピック

　ユース・オリンピック競技大会は、IOC のジャック・ロゲ会長（当時）が 2007 年に提案し創設されたジュニア世代を対象とする IOC 主催の国際総合競技大会である。夏季と冬季がありそれぞれ 4 年ごとに開催。2010 年に第 1 回夏季大会がシンガポールで、第 1 回冬季大会は 2012 年にインスブルック（オーストリア）で、第 2 回夏季は 2014 年南京（中国）で、第 2 回冬季は 2016 年リレハンメル（ノルウェー）で開催された。参加資格は 14 歳から 18 歳まで、つまり次代のトップ選手となる高校生世代が主である。南京大会では 204 の国と地域から 3880 人の選手が参加し、夏季オリンピックと同じ 28 競技が実施された。競技内容や団体戦のやり方はオリンピックとは異なり、バスケットボールが 1 チーム 3 人制のいわゆる「ストリートバスケット」であったり、団体戦では国ではなく大陸や地域ごとにチームを組む競技もある。例えば柔道やフェンシングには個人と団体があり、団体戦では国別ではなく大陸別で戦う。大陸の分け方は競技によって異なるが、柔道ではアジア・オセアニア、欧州、北米、南米、アフリカに分かれている。またテニスやバドミントンのミックスダブルスでは異なる国の選手がペアを組む。その場合、表彰式では国旗ではなくオリンピック旗が掲揚される。

　ユース・オリンピックのもう一つの特徴は、選手は大会の全期間を通じて選手村への滞在が義務付けられており、その間に文化・教育プログラムに参加することである。南京での文化・教育プログラムは 5 つのテーマ、6 つのタイプ、50 以上のプログラムが実施された。世界各国の地域文化を紹介する文化村や料理教室、カヌー体験、南京市を取り巻く城壁めぐりなどのほか、過去のオリンピックのメダリストとの対話集会や、現役選手引退後のキャリア相談、アンチドーピング教育なども行われた。

オリンピック競技大会に関連して

　子どもの頃に普仏戦争を経験し死傷者を目の当たりにしたクーベルタンは、外国人と個人的な絆を数多く結べれば戦争は防げると考えた。スポーツ競技をする時には言語の違いはさほど重要ではないことから、スポーツを通じた若者の交流と友好の場として近代オリンピックを創始した。これが近代オリンピックの本来の精神であり、オリンピックが平和運動であるといわれる所以でもある。クーベルタンは特に選手たちが選手村で寝食を共にすることによる交流と友好に期待したが、現在の夏冬のオリンピックは、科学的トレーニングを受けたその競技の第一人者たちが100分の1秒、1センチ、0.01ポイントの差を競う場であり、自国の選手同士ですら競技が違えば滞在日程も生活時間帯も異なるので選手村で顔を合わせることは稀である。まして異なる国の選手たちが交流する余裕はほとんどない。

　それを補いオリンピック本来の姿を若い選手に体験させることと、若者のスポーツ離れを食い止めることがユース・オリンピック創設の理由である。放送権料収入やテレビ放送が期待できないためロゲ前会長の失敗作だとする批判もあるが、近代オリンピックの精神を実践的なレガシーとして選手が継承するという面では大きな意味があり、さらに競技、輸送、通信などの大会の運営面でさまざまな試行をする場としても活用されているため今後の効果が注目される。2018年夏季はブエノスアイレス（アルゼンチン）で行われ、2020年冬季はローザンヌ（スイス）での開催が決まっているが、その次の夏季大会（2023年）からは奇数年に実施される。

第1回ユース・オリンピック（シンガポール）の開会式

長野の一校一国運動

　1998年の長野冬季大会開催に先立って、長野市ではユニークな取り組みが行われた。それはオリンピックやパラリンピックに参加予定の国や地域と、子どもたちが交流を深める目的で、長野市内の小中学校、特殊学校など約75校で行われた「一校一国運動」である。長野オリンピックの基本理念の中に「子どもたちを主役にする」という考えがあることに着目した長野国際親善クラブの小出博治会長の提唱が発端になって、1996年から活動が開始された。

　大会前は、各学校で交流相手国を決めその文化や歴史を調べたり、相手国の人たちと交流したり、語学を学んだり、手紙やビデオレターを送るなどの活動が展開された。期間中には、選手村の入村式に参加したり、選手団を学校に招いて交流会を実施する例が多くみられた。大会終了後も活動を続けた学校は多く、平和学習や環境学習などに目が向けられていった。これらのプログラムは、国際理解や平和の尊さ、環境保全意識の向上など、オリンピック理念の理解に大きく役立った。

　その後、この運動は2002年のソルトレークシティ冬季大会、2006年のトリノ冬季大会でも継続された。2008年の北京大会でも約200校が「同心結プログラム」という名称で、一校一国運動を展開。2014年のソチ冬季大会でも行われた。日本を担当した学校では、日本文化を学ぶことで国際理解が深まると同時に、寛容の心が身についたと評価していた。

　長野市の学校では、国際理解教育の一つとして、現在でも一校一国運動を続けている小学校や中学校がいくつもある。参加した児童の中には、それをきっかけにして国際交流を積極的に行い、国際理解やスポーツ方面の進路に進んだ人たちも多い。

第 3 章
オリンピック競技大会の歴史

夏季大会

1896年 第1回アテネ大会（ギリシャ）

開催期間：1896年4月6日〜15日
競技数：8　種目数：43
参加国（地域）数：14
日本の参加選手数：0
日本の獲得メダル数：金0 銀0 銅0

第1回IOC総会

1894年、ピエール・ド・クーベルタンは欧米主要国のスポーツ関係者に呼びかけ、パリで国際会議を開いた。そこで国際オリンピック委員会（IOC）が設立され、このパリ会議が第1回IOC総会となった。クーベルタンはこの会議の場で、近代オリンピックの開催を提案。クーベルタンは当初1898年に第1回近代オリンピックを開こうと考えていたが、それより2年早い1896年に第1回が開催されることが決まった。IOCが設立された6月23日は、後に「オリンピックデー」として記念されている。大会の企画・運営にあたっては、12カ国から15人が委員として選ばれ、会長にはギリシャのディミトリウス・ピケラスが就任。開催地とされたギリシャは当時政情不安定で、かつ財政難をかかえていたが、海外諸国からの多額の寄付などに助けられて準備を進め、開催にこぎ着けた。

第1回大会、開会

1896年4月6日、古代オリンピックが開催されたギリシャで、近代オリンピックの第1回大会が始まった。まだオリンピック憲章ができていなかったため細かい規定はなかったが、開会式ではファンファーレとともに役員と選手団が入場し、国王が開会を宣言すると祝砲が響き、鳩が放たれた。現代のオリンピックの開会式の原型が

すでに第1回大会にはあったといえよう。

実施された競技は、陸上競技、水泳、レスリング、体操、射撃、フェンシング、テニス、自転車の8競技。女人禁制であった古代オリンピックと同様、選手は男子のみであった。当時は、女性がスポーツをするという考えがまだ常識的ではなかったためだ。また、古代オリンピックの復活を主眼にしていたクーベルタンにとって、女性の大会参加は検討事項ですらなかった。

大会には14の国と地域から選手が参加したが、初期は国ごとではなく、個人で参加する形式であった。

第1回大会は、現代のオリンピックとちがい、優勝者には銀メダルとオリーブの枝、2位には銅メダルと月桂樹の枝が授与され、3位にはメダルがなかった。また、陸上のトラック種目は現代とは逆の右回りであった。

祝福されたマラソン優勝者

記念すべき第1回の陸上100mの覇者は、400mと合わせて2冠を達成したアメリカのトーマス・バーク。100mのタイムは12秒00、400mのタイムは54秒2であった。バークの走りには、他の選手と大きな違いがあった。他の選手が立った状態での構えからスタートするなか、バークはひとり両手を地につけ、クラウチング・スタートの構えをとったのだ。この大会でのバークの活躍によって、以後短距離走の選手の間でクラウチング・スタートが広まってゆく。

マラソンでは、地元出身のスピリドン・ルイスが優勝を果たした。ルイスがトップでゴールに近づいてくると、喜んだギリシャ皇太子が興奮のままに最後の200mをルイスと併走。観衆も地元選手ルイスの走りに熱狂し、大会一番の盛り上がりとなった。なお、この大会のマラソン競技の距離は約40kmであった。

日本ではこの年、明治三陸沖地震が起こって2万人以上が死亡。近代オリンピック開催の噂は、日本には届いていなかった。

1900年 第2回パリ大会（フランス）

開催期間：1900年5月14日〜10月28日
競技数：16　種目数：95
参加国（地域）数：24
日本の参加選手数：0
日本の獲得メダル数：金0 銀0 銅0

　万国博覧会の付属大会として、5カ月にわたる万国博覧会の会期にあわせて開催された大会。このため独自の開会式はおこなわれず、また競技の勝者へのメダルが不足するなどオリンピックらしさには欠けたが、第1回大会から進歩した内容もあった。

　まずは、ゴルフとテニスとクロッケーに女子選手が初めて参加したこと。テニス選手の長袖ブラウスにロングスカート、さらにつばのある帽子をかぶるという、現代とはかけ離れた服装は、当時の公の場での女性のマナーを反映したものだ。オリンピック女性初の優勝者は、テニス女子シングルスのシャーロット・クーパー（イギリス）だった。また、陸上短距離種目では、アメリカがクラウチング・スタートの改良などによって強さを発揮し、金メダルをほぼ独占している。100mでは、フランク・ジャービス（アメリカ）が前回大会を1秒以上も上回る11秒0で優勝した。

　たこあげや魚釣りといった、万国博覧会付属大会ならではの公開競技が実施されたのもこの大会の特徴だ。オリンピックの理想とはほど遠い、一部競技では賞金が支給されるという出来事もあった。

　珍事件といえば、現在にいたるまでの史上最年少金メダリストの誕生とその消失だ。ボート競技で、オランダチームがフランス人の男の子にレースの舵取りを頼んで優勝したが、男の子は表彰前に姿を消してしまった。年齢はおそらく7〜10歳。史上最年少の金メダリストの名前は不明のままだ。

1904年 第3回セントルイス大会 (アメリカ)

開催期間：1904年7月1日～11月23日
競技数：16　**種目数**：95
参加国（地域）数：12
日本の参加選手数：0
日本の獲得メダル数：金0 銀0 銅0

　この大会も万国博覧会の付属大会としての実施だったが、金メダルが初めて登場し、1位に金メダル、2位に銀メダル、3位に銅メダルが授与されるという現代のオリンピックにつながる進歩があった。

　ヨーロッパ以外で初めて開催された大会で、日露戦争の影響もあってヨーロッパからの参加選手が減少し、全参加者の約4分の3を開催国アメリカの選手がしめた。その結果、アメリカが全体の90パーセント以上のメダルを獲得した。

　とくに陸上競技でのアメリカの上位独占ぶりは顕著で、100m、60m、200mの短距離3種目ではアメリカのアーチー・ハーンが金メダルを獲得。また中距離では、800m、1500m、2500m障害の3種目で同じくアメリカのジム・ライトボディーが優勝。そして400m、200m障害、400m障害でアメリカのハリー・ヒルマンが金メダル。3人のアメリカ選手がそれぞれ3冠をなしとげ、陸上トラック種目の金メダルをほとんど3人の選手で分け合う結果となった。

　不名誉な形でその後語り継がれるようになったアメリカ選手もいる。その名はフレッド・ローツ、厳しい炎天下のため完走者は半分以下という過酷な戦いとなったマラソン競技で、実にすずしい顔で最初にゴールした選手だ。彼はレース中に日射病（熱中症）で倒れたのち、自動車で競技場付近まで運ばれていたことが発覚して失格となった。競技場の近くで車が故障し、その頃には元気になっていたローツに魔がさして再び走りだした、といういきさつであった。

1908年 第4回ロンドン大会（イギリス）

開催期間：1908年4月27日〜10月31日
競技数：23　種目数：110
参加国（地域）数：22
日本の参加選手数：0
日本の獲得メダル数：金0 銀0 銅0

　オリンピックへの参加が国ごとになり、開会式で国名を書いた札と国旗を先頭に、国のアルファベット順に入場行進を行うスタイルが初めてとられた大会。またこの大会から、参加選手がアマチュアに限られるという規定が加えられた。設備面でも、水泳が海や川ではなくプールで行われるという進歩があった。またこの大会からマラソンの距離が現在と同じ42.195kmとなった。

　マラソンでは前回同様、1位でゴールした選手が失格となる波乱があった。ゴール直前で転倒をくり返すドランド・ピエトリ（イタリア）に大会役員達が思わず手を貸した結果、ルール違反となったという選手にとっては不幸な事件であった。陸上競技では、アメリカのレイ・ユーリーが立ち高飛びと立ち幅跳びでパリ大会からの3連覇を飾った。

　この大会ではフィギュアスケート4種目が行われた。オリンピックの冬季競技の始まりである。6カ国の選手が参加し、男子シングルではスウェーデン選手が表彰台を独占した。

　またこの大会で「参加することに意義がある」というオリンピックのスローガンが生まれた。イギリスチームとアメリカチームの間で競技の勝敗をめぐって起きたいさかいを諭すためにペンシルベニアのタルボット主教が行った「オリンピックで重要なことは、勝利することよりも参加することだ」という説教が、スローガンの原型である。

1912年 第5回ストックホルム大会（スウェーデン）

開催期間：1912年5月5日～7月27日
競技数：15　種目数：102
参加国（地域）数：28
日本の参加選手数：2
日本の獲得メダル数：金0 銀0 銅0

競技種目や規定が整理され、近代オリンピックの基礎が確立されたとされる大会。審判技術や測定技術にも大きな向上がみられた。またこの大会から、スポーツだけでなく建築、彫刻、絵画、文学、音楽でメダルを競う芸術競技も始まった。また、記念すべき日本選手団初参加の大会でもある。開会式では、選手2人、役員2人の4人が「NIPPON」とかかれたプラカードをかかげて行進した。日本のプラカードに「NIPPON」と記されたのはこの大会が最初で最後だ。

日本選手では金栗四三がマラソンに出場。国内代表選考会では世界記録を上回るタイムを出し、大いに期待されていたが、レース途中に日射病（熱中症）で倒れ、近くの民家に担ぎ込まれて翌日に目覚めたときには棄権扱いとなっていた。だが金栗はこの後、日本でマラソンの発展に尽くして「日本マラソンの父」とよばれるようになる。もう一人の日本選手、三島弥彦は陸上100m、200m、400mに出場し、からくも400mで予選を通過したものの長旅の疲れで棄権した。

世界の選手では、アメリカのジム・ソープが五種競技と十種競技の2冠を達成。しかし、大学生時代に野球チームでプレーし、報酬をうけていた経験があり、この大会から適用されたアマチュア規定への違反が認められたため金メダルを剥奪された（1996年アトランタ大会の際に名誉回復）。

この大会の次には1916年にベルリン大会が予定されていたが、第一次世界大戦の勃発により中止となった。

1920年 第7回アントワープ大会（ベルギー）

開催期間：1920年4月20日〜9月12日
競技数：23　種目数：156
参加国（地域）数：29
日本の参加選手数：15
日本の獲得メダル数：金0 銀2 銅0

　第一次世界大戦が終結し、戦争から復興したベルギーの首都で「平和の祭典」としての役割が高らかに謳われた大会。史上最多の出場者を集めた開会式の会場では、オリンピックで初めて5つの輪のシンボルが描かれた旗が掲げられた。選手宣誓も初めて行われた。またこの大会でも冬季競技が実施され、フィギュアスケートのほかアイスホッケーが競技に加わった。

　日本からは15人の選手が参加し、参加2大会目にしてメダルを2つも獲得した。2つとも競技はテニス。まずは全米ランキング3位の熊谷一弥がシングルスで準決勝まで5試合連続ストレート勝ちという快進撃を披露し、銀メダルを獲得。その翌日、こんどはダブルスで熊谷一弥・柏尾誠一郎のペアが2個目の銀メダルを獲得した。

　世界では、アメリカ・ハワイのデューク・カハナモクが当時最新の泳法だったクロールで100m自由形を制し、2012年ストックホルム大会からの2連覇を達成した。800mリレーでもアンカーをつとめ、世界新記録での優勝の立役者となった。

　またこの大会では、のちにノーベル賞受賞者となるメダリストが生まれた。引退後、核兵器を減らす運動を認められてノーベル平和賞に輝いたイギリスのフィリップ・ベーカーが、陸上男子1500mで銀メダルを獲得している。

1924年 第8回パリ大会（フランス）

開催期間：1924年5月4日〜7月27日
競技数：19　種目数：126
参加国（地域）数：44
日本の参加選手数：19
日本の獲得メダル数：金0 銀0 銅1

　7万人収容のメインスタジアム、オリンピック初となる大規模な選手村を擁し、同地で万国博覧会の付属として開催された1900年大会からは設備面でも運営面でも飛躍の進歩をとげた第2次パリ大会。選手村はメインスタジアムの周りに4名収容のバンガローを大量に設置するという体裁であった。競技の進行にはマイクロホンが初めて使用され、競技場内での情報伝達がしやすくなった。

　この大会では、陸上5冠達成という大快挙が生まれた。「空飛ぶフィンランド人」の異名をもつパーボ・ヌルミが1500m、5000m、個人・団体クロスカントリー、3000m団体の5種目で金メダルを獲得。うち1500mと5000mはわずか2時間の間に相次いで行われたにもかかわらずオリンピック新記録で圧勝するという鉄人ぶりであった。ヌルミは、前回大会でも陸上で3冠を達成しており、次回アムステルダム大会を合わせた3大会で9個ものメダルを獲得することとなった。

　日本からは陸上、水泳、テニス、レスリングに計19人の選手が出場し、レスリングのフリースタイル・フェザー級で内藤克俊が銅メダルを獲得した。これはオリンピックで日本が獲得した初めての銅メダルである。内藤はアメリカのペンシルバニア大学のレスリング部で主将をつとめており、世界の舞台で物怖じしない度胸と社交力を身につけていたことも、大会へ向かう船で指を負傷してしまったにもかかわらず実力を発揮できた要因であった。

第3章 オリンピック競技大会の歴史

1928年 第9回アムステルダム大会（オランダ）

開催期間：1928年5月17日～8月12日
競技数：16　種目数：109
参加国（地域）数：46
日本の参加選手数：43
日本の獲得メダル数：金2 銀2 銅1

　メインスタジアムにつくられた高い塔で会期中に火を灯し続ける演出が行われた、近代オリンピックで最初に聖火が灯された大会。また初めて陸上競技のトラックが1周400mと定められ、競技場内に選手控え室や医務室、レストランなどの設備が揃った。このメインスタジアムは芸術競技の建築部門で金メダルを獲得している。

　日本にとって記念すべき成果は、初となる金メダルが2つももたらされたこと。金メダリスト第1号となったのは三段跳びの織田幹雄。表彰式では、通常の4倍もの大きさの日の丸がメインポールに掲げられたり、日本の優勝を予想していなかった音楽隊の練習不足により「君が代」が途中から演奏されるといったハプニングがあった。2人目の金メダリストは水泳競技の男子200m平泳ぎで予選、準決勝、決勝と3度にわたってオリンピック記録を塗り替えながら優勝した鶴田義行。男子800mリレーでも日本チームが銀メダル。男子100m自由形では高石勝男が銅メダルを獲得した。1競技で合計3つものメダルの獲得は、後に世界を恐れさせた「水泳ニッポン」の萌芽であった。

　また、この大会に唯一の日本女子選手として出場した人見絹枝が陸上競技女子800mで2位に入り、日本初の女子銀メダリストとなった。実は人見にとって、この試合が生まれて初めての800mレースだった。メダルを狙った女子100mで決勝に進めなかった悔しさから急遽出場した種目で、世界記録を更新する走りを見せたのだった。

1932年 第10回ロサンゼルス大会（アメリカ）

開催期間：1932年7月30日～8月14日
競技数：16　種目数：117
参加国（地域）数：37
日本の参加選手数：130
日本の獲得メダル数：金7 銀7 銅4

　メインスタジアムは10万人収容、設備面の充実ぶりが目を引き、陸上競技で写真判定が導入されるなどの技術進歩があった大会。

　日本は金7個、銀7個、銅4個という目覚ましい結果を出した。計18のメダルのうち12は「水泳ニッポン」によるもので、なんと男子全6種目中5種目で金メダルを獲得。男子100m背泳ぎでは日本史上初めて表彰台を独占した。男子1500mで単独競技者としては史上最年少金メダリストとなった14歳の北村久寿雄をはじめ、100m自由形金メダリスト宮崎康二（15歳）、100m背泳ぎ1位の清川正二（19歳）など若い選手の快挙が目立つなか、200m平泳ぎではベテランの鶴田義行が2連覇を達成。800mリレーでは、アメリカに24mも差をつけて世界新記録で初優勝している。女子では200m平泳ぎで前畑秀子が日本水泳女子選手で初の銀メダルに輝いた。

　陸上競技でも、南部忠平が三段跳びで金、走り幅跳びで銅メダルを獲得したほか、棒高跳びの西田修平がオリンピック記録を更新して銀メダルに輝いた。また「暁の超特急」の異名をもつ吉岡隆徳が男子100mで日本選手初の決勝進出を果たし、6位に入賞した。またホッケー日本チームが、今大会初出場にして銅メダルを獲得した。

　ただ、戦争に向かう流れの下で行われた今大会で、帝国主義政策を進める日本への視線は決して温かくはなかった。そんななか、馬術で失格者相次ぐ難コースをみごとに攻略して優勝した「バロン西」こと西竹一は、反日感情を超えて地元のヒーローとなった。

1936年 第11回ベルリン大会（ドイツ）

開催期間：1936年8月1日～16日
競技数：21　種目数：129
参加国（地域）数：49
日本の参加選手数：179
日本の獲得メダル数：金6 銀4 銅10

　第二次世界大戦へと世界が突き進むなか、開催国ドイツの首相ヒトラーによって国力アピールの道具として使われたオリンピック。ヒトラーは豪華なスタジアムや大規模な選手村建設に巨費を投じ、自国の政策である人種差別をオリンピックにも持ち込もうとしたが、断念。結果的に出場者は史上最多を数えさまざまな大記録が生まれた。ギリシャから3075kmの距離を松明でつないだ初の聖火リレーも、その後受け継がれる重要なイベントとなった。

　大会の花形になったのはアメリカのジェシー・オーエンス。男子100m、200m、走り幅跳び、4×100mリレーの陸上競技4種目で優勝した。褐色の肌を持つことから「黒い弾丸」とも呼ばれたこの選手の大活躍は、ナチスの人種差別主義に対するアンチテーゼの象徴となった。

　日本選手も前回大会に続き活躍した。陸上では田島直人が三段跳びの優勝で日本選手3連覇を飾り、朝鮮半島出身の孫基禎によって日本に初めてマラソンでの金メダルがもたらされた。棒高跳びでは、長時間にわたる戦いのすえ銀メダルと銅メダルに輝いた西田修平と大江季雄が、後にそれぞれのメダルを半分に切ってつなぎあわせ、2色の「友情のメダル」をつくったというエピソードが生まれた。

　水泳ニッポンはこの大会でもメダルを量産したが、筆頭に上げられるべきは前畑秀子が女子200m平泳ぎで獲得した日本女子初の金メダルであろう。前回大会の銀メダルによって「ベルリンでは金を」

という重圧のなか、地元ドイツのゲネンゲルとの一騎打ちを演じた決勝は、日本国民の多くがラジオを通して注目するレースとなった。ラスト50mは、ラジオのアナウンサーが「前畑がんばれ！」とくり返す以外に言葉がでなくなるほどの大接戦となり、勝利の瞬間には日本中が狂喜した。男子でも、葉室鉄夫が200m平泳ぎで日本選手3連覇を達成し、1500m自由形では寺田登が金メダルに輝いた。

また芸術競技では、絵画部門で藤田隆治の「アイス・ホッケー」と鈴木朱雀の「古典的競馬」が銅メダルを獲得した。

返上・中止された3大会

1936年のベルリン大会直前に、次回1940年の夏季大会を東京で、冬季大会を札幌で開催することが決まった。アジア初のオリンピックを東京で開き、日本を世界に広く知らしめるとともに観光客を海外から呼んで景気を立て直そうという夢が実現するかにみえた。しかし、その後戦争の道をひた走った日本政府はオリンピックの競技場建設などに予算を割くことを嫌がり、また世界でも帝国主義国日本での大会開催に反対する声が高まったことから、1938年に東京大会の返上が決定。大会に向けてはさまざまな準備が進み、公式ポスターも用意されていたが、日の目を見ることはなかった。東京から返上された第12回大会は代替地・ヘルシンキで開催されることに決まったが、1939年に第二次世界大戦が勃発したことで中止になった。同様に、ロンドンで予定された1944年の第13回大会も戦争の激化によって中止とならざるをえなかった。

第3章 オリンピック競技大会の歴史

1948年 第14回ロンドン大会（イギリス）

開催期間：1948年7月29日～8月14日
競技数：19　種目数：136
参加国（地域）数：59
日本の参加選手数：0
日本の獲得メダル数：金0 銀0 銅0

　第二次世界大戦終結から3年、いまだに世界各地が戦争の痛手からの復興途上にあるなか各国が協力し合って開催にこぎつけたことから「友情のオリンピック」と呼ばれた。

　困難な状況下で開かれた大会だったが、史上最多の参加者を集め、聖火リレーも実施。ロンドンの地で世界各国の人々が顔を合わせ、平和の復活を喜び合ったこの大会は、オリンピックが文字通り"平和の祭典"しての意義を果たしたといえる大会であった。ただし、戦争責任を問われた日本とドイツはこの大会に招待されていない。

　水泳ニッポン不在の水泳競技では、アメリカが男子全種目で金メダルを獲得する大活躍をみせ、男子200m平泳ぎでは金・銀・銅メダルを独占した。また女子種目でも8種目中4種目の金メダルをアメリカ勢がさらった。陸上競技でも、男子100mでアメリカ選手同士の写真判定によって金メダルが争われるなどアメリカの存在感は大きかった。他国の選手では、オランダのフランシナ・ブランカース・クン夫人が陸上100m、80mハードル、200m、400mリレーで女子初となる4冠を獲得。2人の子どもをもつ30歳のクン夫人による偉業達成は世界で絶賛され、当時まださまざまな意味で制限の多かった女性の可能性が広く示されることとなった。

　戦時中、選手達が練習環境に恵まれなかった影響もあってか記録としては世界記録が3つ更新されたのみだったが、それ以上に、スポーツが人々に与える力を世界が実感した、意義ある大会となった。

1952年 第15回ヘルシンキ大会（フィンランド）

開催期間：1952年7月19日～8月3日
競技数：18　種目数：149
参加国（地域）数：69
日本の参加選手数：72
日本の獲得メダル数：金1銀6銅2

戦争の影響で競技記録がのびなかった前回大会とはうってかわって、24もの世界新記録が生まれた。

16年ぶりの参加となった日本は、レスリングと体操の2競技でそれぞれ複数のメダルを獲得する躍進をみせた。レスリングで日本初の金メダリストとなったのはフリースタイルバンタム級の石井庄八。フライ級では、北野祐秀が銀メダルを獲得。レスリング全体でも、出場した5選手全員が入賞した。体操も4つのメダルを獲得。種目別では、上迫忠夫が徒手（ゆか）で銀メダル、竹本正男が跳馬で銀メダル。跳馬では上迫忠夫と小野喬も銅メダルを獲得し、日本選手3人が表彰台にのぼった。団体でも、各国チームが8人のうち上位5人の点数で競うなか、5人ぎりぎりで戦った日本が5位入賞を果たし「末恐ろしい存在」として世界に認められた。

一方、競泳では800mリレー、男子1500m自由形の橋爪四郎、100m自由形の鈴木弘がそれぞれ銀メダルを獲得したが、金メダルはなかった。戦争を挟んで水泳ニッポンの勢いが途切れてしまったことは、日本にとって無念であった。

世界では、「人間機関車」の異名をもつエミール・ザトペック（チェコスロバキア）が陸上5000m、10000m、マラソンの長距離3種目で金メダル獲得という初の快挙。妻のダナ・ザトペコワもやり投げで優勝し、夏季大会初の「夫婦で金メダル」が達成された。この大会にはソ連が初参加し、メダル獲得数2位で存在感を表した。

1956年 第16回メルボルン大会（オーストラリア）

開催期間：1956年11月22日〜12月8日
競技数：17（＋1※）　種目数：145（＋6※）
参加国（地域）数：72
日本の参加選手数：117（＋2※）
日本の獲得メダル数：金4 銀10 銅5

※馬術（ストックホルム）

史上初めて南半球で開催された大会であると同時に、オーストラリアの検疫の厳しさによって馬術競技だけがスウェーデンのストックホルムで行われたことで、北半球・南半球の2カ所で聖火が燃えるめずらしいオリンピックとなった。またこの大会では中国とスイス、オランダなどが史上初の参加ボイコットを行った。

日本は金メダルを4つ獲得して敗戦からの本格的な復活をアピール。選手団の旗手をつとめたレスリング・フリースタイル、フェザー級の笹原正三がみごと期待に応えたのに続き、同ウェルター級でも池田三男が圧倒的な強さで金メダルを獲得。レスリングでは最激戦種目となった同ライト級でも、笠原茂が銀メダルを獲得した。

体操では、鉄棒で小野喬が大技を成功させ、大会最高得点で同競技初の金メダル。さらに小野は個人総合で銀メダルを獲得。種目別で小野は、あん馬で銀メダル、平行棒で銅メダルの大活躍。竹本正男も団体以外に銅メダル2つ、久保田正躬も種目別で銀と銅メダル、相原信行が同様に銀メダル1つと複数の選手が力を発揮。団体でも日本は銀メダルに輝いた。もう1つの金メダルは、前回苦渋をなめた日本水泳陣によってもたらされた。男子平泳ぎ200mの決勝で古川勝、吉村昌弘、ソ連のユニシェフによる激しい1位争いの結果、古川が金メダル、吉村が銀メダルを獲得。また男子自由形400mと1500mで山中毅が銀メダル、新種目・男子200mバタフライで石本隆が銀メダル。5つのメダルを勝ち取って、水泳ニッポンの復活を示した。

1960年 第17回ローマ大会（イタリア）

開催期間：1960年8月25日～9月11日
競技数：18　**種目数**：150
参加国（地域）数：83
日本の参加選手数：167
日本の獲得メダル数：金4 銀7 銅7

「現代と古代の調和」をテーマに、最新式のメインスタジアムやプールを建設する一方で、古代遺跡カラカラ浴場で体操、市場跡でレスリングを行うなど、ローマならではの趣向が光った大会。

ローマの凱旋門がゴール地点となったマラソン競技では、無名の選手アベベ・ビキラ（エチオピア）が裸足で走って世界最高記録を更新し、一躍「裸足のアベベ」としてヒーローになった。アフリカの選手としてオリンピックで初めての金メダルであった。

日本の活躍では、ソ連の団体3連覇を阻んだ体操陣が筆頭にあげられよう。メンバーは小野喬、遠藤幸雄、三栗崇、鶴見修治、相原信行、竹本正男の6人。1日目でトップに立つと、2日目でもソ連の追撃を許さず完全優勝をとげ、「体操ニッポン」誕生ののろしをあげた。個人では小野が金メダル2個を含む5個のメダルを獲得したほか、徒手（ゆか）で相原が金メダルを獲得。体操ニッポン全体で合計9個ものメダル、うち4つが金メダルであった。

競泳ではアメリカとオーストラリアがメダルを奪い合う展開であったが、その2国に日本が割って入り、800mリレーで銀メダル、400mメドレーリレーで銅メダル。男子400m自由形では山中毅が、男子200m平泳ぎでは大崎剛彦がそれぞれ銀メダルを獲得した。

また、ウエイトリフティング・バンタム級で三宅義信が銀、ボクシング・フライ級で田辺清が銅、射撃・フリーピストルで吉川貴久が銅メダルを獲得。どれも、これらの競技では日本初のメダルであった。

アジア初のオリンピック、24年ごしの夢ひらく！
1964年 第18回東京大会（日本）

開催期間：1964年10月10日〜10月24日
競技数：20　種目数：163
参加国（地域）数：93
日本の参加選手数：355
日本の獲得メダル数：金16 銀5 銅8

　第二次世界大戦で大会返上となった「幻の東京オリンピック」から24年、ついにアジア初のオリンピックが東京で開かれた。この大会は、戦争から復興した日本を世界にアピールする舞台となったとともに、人工衛星によるテレビ中継を世界の多くの人々が楽しむことができた初めてのオリンピック、またコンピューターでの記録管理がめざましく進歩したオリンピックとしても、歴史に大きく刻まれる大会となった。デザイナー亀倉雄策、写真家早崎治による史上初めて写真を主役に使ったポスター、競技や施設を表すピクトグラムなどのデザインも世界から評価された。

　競技は、東京の国立競技場周辺を中心に、神奈川県、埼玉県、千葉県などでも行われた。日本選手は国民の大声援を受けながら、実施された20競技すべてに参加。連日メダルラッシュを演じて日本中を熱狂させた。

○開会式

　10月10日、前日の嵐から一転、快晴に恵まれた国立競技場で開会式がおこなわれた。入場行進では、赤いブレザーを着た日本代表選手団に観客が総立ちになって拍手喝采。昭和天皇による開会宣言のあと、ギリシャで採火され、約2カ月間をかけて10万713名のランナーの手によって合計6,755kmの距離を運ばれてきた聖火が競技

場に姿を現す。聖火は、1945年8月6日に広島で生まれた陸上選手、坂井義則によって、日本伝統の鋳造技術を駆使した鋳鉄製の聖火台にともされた。この聖火台は埼玉県川口市の名工、鈴木萬之助とその家族による作品だ。体操の小野喬が選手宣誓を行うと、上空では、5機の航空自衛隊ジェット機によって大きな5つの輪がくっきりと描かれた。

　この開会式の模様を放映した日本のテレビの視聴率はなんと61％。日本のスポーツ史上最高の注目を浴びて、オリンピックは始まった。

○獲得金メダル16個！　日本勢、連日のメダルラッシュ

　日本勢最初の金メダルは、大会3日目のウエイトリフティングで前回大会銀メダリストの三宅義信によってもたらされた。三宅は前回より階級をあげ、フェザー級の金メダル最有力候補として登場し、世界記録を更新する合計397.5kgで優勝。国民のオリンピック熱が一気に盛り上がった。

　前回大会で銀メダル1つだった日本レスリングも、この大会では金5個銅1個の大活躍をみせた。フリースタイルでは、4年間無敗で「アニマル」の異名をとるフェザー級世界王者の渡辺長武、フライ級の吉田義勝、バンタム級の上武洋次郎が金メダルを獲得、グレコローマンではバンタム級の市口政光が日本人初の金メダリストとなり、つづくフライ級でも花原勉が金メダルを獲得した。

　今大会よりオリンピック競技となった柔道では、軽量級の中谷雄英、中量級の岡野功、重量級の猪熊功と順調に金メダルを3個積みあげ全階級制覇に迫ったが、最後の無差別級決勝で、神永昭夫が9分以上の死闘のすえオランダのヘーシンクに一本負けを喫し、銀メダルに終わった。

　体操では、日本チーム（小野喬、遠藤幸雄、鶴見修治、早田卓次、

山下治広、三栗崇）がライバルのソ連を上回って団体2連覇を達成。負傷中の小野喬をチームメートがカバーし、安定した強さをみせつけた。また、エースに成長した遠藤幸雄が個人総合で日本初の金メダリストとなるなど、さまざまな選手が活躍し、体操ニッポンは合計9個のメダルを獲得。日本女子体操でも、初のメダルとなる銅メダルを団体で獲得した。

アベベ・ビキラ（エチオピア）が史上初の連覇を果たしたマラソンでは、円谷幸吉が銅メダルを獲得し、日本選手として同種目初のメダリストとなり、国立競技場に唯一の日の丸を掲げた。ゴール200m手前でイギリスのベイジル・ヒートリーに抜かれるドラマも国民をハラハラさせた。

大会最終日にも複数のメダルが生まれた。ボクシングのバンタム級で、桜井孝雄が相手を4度もダウンさせる圧勝で日本人として初めて金メダルを獲得。また新競技のバレーボールでは、テレビ平均視聴率66.8％という驚異的な注目のなか、「東洋の魔女」の異名をとる日本女子チームがソ連と全勝対決のすえストレートで勝利し、金メダルに輝いた。

○大会を盛り上げた海外勢

マラソン2連覇のアベベを筆頭に、数々の海外スターが生まれた。

女子体操のベラ・チャスラフスカ（チェコスロバキア）が美しくダイナミックな演技で観客を魅了し、個人総合、跳馬、平均台の3種目で金メダルを獲得して大会のヒロインとなった。

男子陸上100mで世界記録タイの10秒0で金メダルに輝いたアメリカのボブ・ヘイズが、準決勝では追い風参考記録となったものの9秒9をたたき出し「初の9秒台」と騒がれた。

男子棒高跳びで、アメリカのフレッド・ハンセンとドイツのヴォルフガング・ラインハルトによって9時間近い死闘が繰り広げられ

話題となった。勝ったのはハンセン。第1回以降全ての大会で金メダルを獲得しているアメリカ勢として、プレッシャーに負けず16個目の金メダルを獲得した。

　水泳競技では、アメリカのドン・ショランダーによって史上初の4冠が達成された。男子100m自由形、400m自由形、400mフリーリレー、800mフリーリレーの全てで世界新記録という圧巻の快挙であった。女子では、オーストラリアのドーン・フレイザーが女子100m自由形で3連覇を達成し「水の女王」と称えられた。

国立競技場に唯一、日の丸を掲げたマラソンの円谷幸吉選手（右）

閉会式では各国の選手が入り乱れて入場した

東京招致の功労者フレッド・イサム・ワダ

　1958年、日系二世・ロサンゼルス在住のワダは、1964年東京大会招致への協力依頼を快諾した。両親は和歌山県からの移民、アメリカ生まれのワダは「和田勇」という日本名も持つ。第二次大戦中には迫害をうけたが、複数店舗を持つ青果商として成功。1949年全米水泳選手権の際には古橋廣之進ら日本選手団を自宅に滞在させ、活躍を背後から支えた。

　1959年、ワダは36日間、10カ国11都市に及ぶ旅を敢行した。治安の悪い地域での命をかけた招致の旅の費用はすべて自前。「敗戦から立ち上がる祖国への応援」だった。

1968年 第19回メキシコシティー大会（メキシコ）

開催期間：1968年10月12日～10月27日
競技数：19　種目数：172
参加国（地域）数：112
日本の参加選手数：183
日本の獲得メダル数：金11 銀7 銅7

　海抜2,240mの高地で開催され、空気抵抗が少ないことから陸上競技で20以上の世界新記録が生まれた。男子100mでは、アメリカのジム・ハインズが9秒9を記録し、ついに10秒の壁が破られた。

　日本は東京大会の勢いのまま、さまざまな競技でメダルを量産した。ウエイトリフティング・フェザー級では三宅義信が2連覇、弟の義行が銅メダルを獲得して日本初の兄弟メダルを達成。レスリングでは、フリースタイル・フライ級の中田茂男、フェザー級の金子正明、バンタム級の上武洋次郎によって1日に3つの金メダルが生まれ、グレコローマンでもフライ級で宗村宗二が金メダルを獲得。

　体操ニッポンは団体3連覇に加え、種目別のゆかでは加藤澤男、中山彰規、加藤武司によって金・銀・銅を独占。加藤澤男は個人総合でも優勝、中山はつり輪、平行棒、鉄棒の3冠に輝いた。

　ボクシング・バンタム級では森岡栄治が銅メダル。マラソンでは、炎天下の厳しい条件のなか君原健二が抜群のスタミナを発揮して2位に入り、2大会連続の日本選手によるメダルが実現した。また、サッカーではアジア初のメダルとなる銅メダルを獲得。大会を通じて7得点した釜本邦茂は得点王となった。バレーボールは、男女ともに銀メダルという結果だった。

　陸上男子200mで1位と3位に入ったスミスとカルロス（どちらもアメリカ）が表彰台で黒い手袋と靴下を身に着けて人種差別への抗議行動を行い、罰せられたことも記憶に刻まれる。

1972年 第20回ミュンヘン大会（西ドイツ）

開催期間：1972年8月26日～9月11日
競技数：21　種目数：195
参加国（地域）数：121
日本の参加選手数：182
日本の獲得メダル数：金13 銀8 銅8

「明」と「暗」がくっきりと分かれ、さまざまな意味で記憶に残されることとなった大会。明るい記憶とは、初の女子選手による選手宣誓や夏季大会初の公式マスコット「バルディー」の登場といった新たな試み、そして競泳におけるマーク・スピッツ（アメリカ）の7冠獲得などである。日本でも、体操ニッポンによるオリンピック史上初の団体4連覇と個人総合での表彰台独占を含む16個ものメダル獲得、競泳男子100m平泳ぎの田口信教、女子100mバタフライの青木まゆみによる男女金メダル、それまで女子バレーの後じんを拝してきた男子バレーの「ミュンヘンの奇跡」と呼ばれる金メダルなど、東京大会に匹敵する日本選手の活躍に国が沸いた。

また陸上男子100mで、世界記録保持者のエディ・ハート（アメリカ）がレースに遅刻してメダルを逃すという、本人とアメリカ以外にとっては笑えるハプニングもあった。

しかし、大会11日目に大会は暗転する。パレスチナ武装テロリストが選手村に侵入してイスラエル選手団を襲撃し、選手達を人質に仲間の解放を要求。警察側は交渉と人質の救出を試みたが、テロリスト5人と警官1人、そして9人の人質全員が死亡するという最悪の結末を迎えた。大会は36時間中断され、犠牲となったイスラエル選手達の追悼式ののち再開された。この事件を境に、オリンピックがテロの標的となる危険性を鑑みて大会のセキュリティが一気に厳重化していくことになる。

1976年 第21回モントリオール大会（カナダ）

開催期間：1976年7月17日〜8月1日
競技数：21　種目数：198
参加国（地域）数：92
日本の参加選手数：213
日本の獲得メダル数：金9銀6銅10

石油危機で物価が高騰したため予算が足りなくなり、取り付けるはずの屋根がない不完全なメインスタジアムで開会式や陸上競技が開催された。また人種差別に反対したアフリカ・アラブ諸国、そして台湾の参加に反対した中国が、オリンピック史上初めて出場をボイコット。そして夏季大会史上初めて開催国の選手が1つも金メダルを獲得できないなど、開催国カナダにとって頭の痛い問題の多かった大会。

一方で日本は、女子バレーボール「新・東洋の魔女」による3大会ぶりの金メダル、東京大会以降安定したレスリング陣の活躍、アーチェリーで初のメダリスト誕生など、この大会でも明るい話題に事欠かなかった。エース笠松を大会直前に負傷で欠き、団体決勝でも途中で選手の負傷に見舞われながら驚異の団体5連覇を達成した体操ニッポンの戦いもドラマティックであった。また、柔道でこれまで日本が唯一金メダルを逃し続けてきた無差別級で、ついに上村春樹が金メダルを獲得したことも大きな喜びであった。

世界では、女子体操選手のナディア・コマネチ（ルーマニア）が各種目で史上初となる10点満点を合計7回も出して3冠を達成。14歳のコマネチは「白い妖精」と呼ばれて世界のアイドルとなった。

またフィンランドのラッセ・ビレンが陸上男子5000mと10000mの2種目で、2大会連続の2冠を達成した。長距離種目での2種目2大会連覇は史上初めてだった。

夏季大会

1980年 第22回モスクワ大会（ソビエト連邦）

開催期間：1980年7月19日～8月3日
競技数：21　種目数：203
参加国（地域）数：80
日本の参加選手数：0
日本の獲得メダル数：金0 銀0 銅0

　社会主義国で開催された初めてのオリンピックであったが、開催国ソ連が1979年にアフガニスタンに侵攻したことに対する抗議として多くの国が参加をボイコットした。アメリカを中心とした西側諸国と、ソ連を中心とした東側諸国との間の"冷戦"が激化していた折、アメリカのボイコットの呼びかけに西側諸国が応じた結果だった。そんななかフランスやオランダ、スペイン、イタリア、オーストラリアなどは参加を決め、イギリスでは政府によるボイコットの指示に反してNOCが選手を派遣。一方日本は大会直前になって、アメリカの呼びかけを重んじた政府の圧力に屈した形で日本体育協会がボイコットを決定。この大会での金メダルを目指していたマラソンの瀬古利彦、柔道の山下泰裕、レスリングの高田裕司を始めとする選手達は無念の涙を流した。

　開会式には西側諸国の参加国の多くが出席せず、出席したイギリスやポルトガルも国旗ではなくオリンピック旗で入場行進を行った。

　競技では、ソ連と東ドイツが大半のメダルを分け合うなか、陸上男子2種目ではセバスチャン・コーとスティーブ・オベットというイギリス人同士の熾烈な金メダル争いが注目を浴びた。マラソンでは、東ドイツのワルデマール・チェルピンスキーがアベベ・ビキラに次ぐ2人目の2連覇達成者となった。閉会式で、人文字で描かれた大会マスコットのミーシャが流した大粒の涙は、政治の道具にされたオリンピックが流した涙のように人々に映った。

1984年 第23回ロサンゼルス大会（アメリカ）

開催期間：1984年7月28日〜8月12日

競技数：21　種目数：221

参加国（地域）数：140

日本の参加選手数：231

日本の獲得メダル数：金10 銀8 銅14

　モスクワ大会を多くの西側諸国がボイコットしたことへの報復として、ソ連を始めとする東側諸国がボイコットし、前回同様「片肺大会」となった大会。しかし、組織委員会会長のピーター・ユベロスが民間の資金を活用し、赤字続きだったオリンピックを黒字に転換させた。

　開催国アメリカは83個ものメダルを獲得して圧倒的な力を見せつけたが、その象徴となったのが、陸上界に現れた23歳の大スター、カール・ルイスだった。ルイスは男子100m、200m、走り幅跳び、4×100mリレーで金メダルを獲得し、陸上男子としては48年ぶりに4冠を達成した。

　また、この大会から女子マラソンが正式種目となり注目された。厳しい暑さで何人もの選手が棄権するレースのなかで、観衆の記憶に強く刻まれた選手は、ガブリエラ・アンデルセン（スイス）。熱中症で今にも倒れそうになりながらゴールまで辿り着いたその姿は、メダルはとれなくとも最後まで努力することに意味があるというオリンピック精神を体現していた。

○日本、お家芸種目でメダル量産

　日本選手団も参加できなかった前回大会の分まで奮起し、金メダル10個の活躍を見せた。ボイコットのために団体での連覇が5でストップしてしまった体操ニッポンは、団体ではアメリカと中国の後

塵を拝して銅メダルにとどまったものの、具志堅幸司が個人総合で中盤5位からの大逆転を演じて金メダルを獲得。森末慎二は鉄棒で2回の試技とも10点満点というオリンピック史上初の快挙とともに金メダルに輝いた。体操では合計9個のメダルを獲得している。

　レスリング陣も史上最多となる合計9個のメダル獲得で気を吐いた。グレコローマンで52kg級の宮原厚次が同スタイルでは16年ぶりとなる金メダルを獲得したのを始め、フリー57kg級の富山英明が金メダル。苦手の重量級でフリー90kg級の太田章が日本選手過去最高となる銀メダルを獲得したことも特筆に値する。柔道では金4つ、銅1つを獲得。無差別級の山下泰裕、95kg超級の斉藤仁によって、史上初めて重量級2種目の同時金メダルが達成された。

　しかし、日本のお家芸といわれ、ソ連が参加していないことから金メダルを期待された女子バレーは銅メダルにとどまり、同様の理由で金メダルが見込まれたウエイトリフティングでも、3種目で銅メダルを獲得するに終わった。

　モスクワ大会では金メダルを確実視されていたマラソンの瀬古利彦は、コンディション調整に失敗し14位と惨敗を喫した。日本選手最高位は宗猛の4位で、双子の兄の茂は17位だった。

○新種目、新たな分野でもメダルの道を切り開く

　正式種目1大会目となったシンクロナイズドスイミングでは、ソロで元好三和子が、デュエットで元好と木村さえ子が銅メダルを獲得した。同じくこの大会から正式種目となった新体操では、山﨑浩子が8位入賞を果たし、日本に新体操ブームを巻き起こした。また自転車競技では、男子スプリントにおいて坂本勉が日本初のメダルとなる銅メダルを獲得。射撃では、48歳の蒲池猛夫が男子ラピッドファイアーピストルで日本オリンピック史上最年長金メダリストとなった。

1988年 第24回ソウル大会（大韓民国）

開催期間：1988年9月17日〜10月2日
競技数：23　種目数：237
参加国（地域）数：159
日本の参加選手数：259
日本の獲得メダル数：金4 銀3 銅7

　1964年の東京開催に次ぎ、アジアで2回目の夏季オリンピック開催となった大会。3大会ぶりに西側諸国、東側諸国の別なく世界中から多くの国々が参加し、お祝いムードで大会が進行した。
　競技面でも、卓球が新競技として仲間入りし、テニスも1924年パリ大会以来64年ぶりに復活するなど充実ぶりを見せた。

○スター揃いの大会

　このオリンピックでは何人ものスターが存在感を見せた。競泳女子50m自由形、100m自由形、100mバタフライ、100m背泳ぎ、4×100mリレー、4×100mメドレーリレーの6種目に出場し、そのすべてで金メダルを獲得した東ドイツのクリスティン・オットーがまずそのひとり。女子選手による1大会6冠の記録は現在も破られていない。棒高跳びの世界記録保持者、「鳥人」のニックネームをもつセルゲイ・ブブカ（ソ連）は、選手の多くが脱落した高いレベルになって初めて競技に参加し、一人で次々とバーをクリア。自身の持つ世界記録更新へのチャレンジは棄権したが、圧倒的な力の差を見せつけたすえの金メダルであった。
　前回大会で彗星のように陸上界に現れたカール・ルイス（アメリカ）も、男子100mと走り幅跳びの2種目で2連覇を達成した。

○ドーピング問題

さまざまな記録に沸いた一方、この大会ではドーピング問題が大きくクローズアップされた。その口火となったのが、陸上男子100mレース。大会前年に9秒83という驚異的な世界記録を出したベン・ジョンソン（カナダ）とカール・ルイスとの一騎打ちが注目されたこのレースで、9秒79というおそるべきタイムで1着に入ったジョンソンのドーピングが発覚したのだ。当然ジョンソンはメダルを剥奪され、ルイスに金メダルが渡った。この大会ではほかにも、女子100m、200m、4×100mリレーの3冠に輝き、200mでは21秒34という現在も破られていない世界記録を達成したアメリカのフローレンス・ジョイナー（1998年38歳で急死）に、ドーピングの可能性が指摘されている。

○「バサロ泳法」で金メダル

競泳では、鈴木大地が男子100m背泳ぎでこの種目では日本人として56年ぶりとなる金メダルを獲得。得意の潜水泳法「バサロ泳法」を磨いてつかんだ金メダルであった。シンクロナイズドスイミングでは前回大会に続き、2つの銅メダルを獲得。これは小谷実可子のソロ、小谷と田中京のデュエットによるものだ。

レスリングでは、世界のレベルが上がるなかフリースタイル48kg級で小林孝至、52kg級で佐藤満が金メダルに輝いた。

柔道は95kg超級の斉藤仁が金メダルを獲得、連覇を果たした。

前回より平均年齢が5歳若返った体操ニッポンは、団体で銅メダル、ゆかでも池谷幸雄が銅メダルを獲得。高校生だった池谷と西川大輔の2名はアイドル的人気を博した。

1992年 第25回バルセロナ大会（スペイン）

開催期間：1992年7月25日〜8月9日
競技数：25　種目数：257
参加国（地域）数：169
日本の参加選手数：263
日本の獲得メダル数：金3 銀8 銅11

テノール歌手のホセ・カレーラスが音楽監督を務めるなど、高い芸術性をみせた大会。美しい聖火台やカラフルな装飾、陽気な演出など、人々を楽しませる工夫があふれ、開会式でのアーチェリーによる斬新な聖火台点火はその象徴として語り継がれることとなった。

○ 10代の日本女子が世界のニュースに

この大会の競技で世界の人々の話題になったのは、日本人の女子選手達だ。まずは競泳200m平泳ぎの岩崎恭子。それまで世界はもちろん日本でもほとんど無名であった14歳の選手が、大会直前になって急激な伸びをみせ、大会では予選と決勝の両方で自己ベストを大きく上回って、競泳史上最年少金メダリストとなった。

この大会から正式種目となった女子柔道の48kg級では、16歳の田村亮子が初出場ながら優勝候補として畳に上がった。「ヤワラちゃん」の愛称で親しまれる小柄な少女だが、試合が始まればキレのよい技で強さを発揮。惜しくも銀メダルとなったが、次回以降の金メダルを十分に予感させた。日本女子柔道は田村以外にも、72kg級の田辺陽子、52kg級の溝口紀子が銀メダル。全7階級で銀メダル3つ、銅メダル2つという結果を出した。

○お家芸で意地をみせる

日本男子柔道は、金メダル大本命のエース、71kg級の古賀稔彦が

バルセロナ入り後に左膝靭帯を損傷して試合出場さえ危ぶまれる事態となり、一番手・95kg超級の小川直也が金メダル候補でありながら銀メダルに終わるという波乱の幕開けとなった。悪い流れを断ち切ったのは、古賀の負傷時に練習相手となっていた78kg級の吉田秀彦。吉田は奮起し、オール一本勝ちで金メダルを勝ち取った。そして、負傷の古賀は不屈の精神で決勝まで勝ち上がり金メダルを獲得したことは、「奇跡」と言われた。全階級で金2つ、銀1つ、銅2つという必ずしも芳しくない結果ながら、日本柔道の精神が表れる内容であった。

体操は前回大会のエース池谷幸雄と西川大輔を中心としたチームで、3大会連続の団体総合銅メダル。池谷は個人でも、日本選手として2大会ぶりの銀メダルを種目別のゆかで獲得した。EUNのビタリー・シェルボによる体操史上最多の6冠達成も話題となった。

レスリング陣は大苦戦のすえ、フリースタイル68kg級の赤石光生が銅メダルを獲得してなんとかメダルゼロを免れた。

日本の新・お家芸となったシンクロナイズドスイミングは、今大会も奥野史子によるソロ、奥野・高山亜樹によるデュエットの両方で3大会連続となる銅メダルに輝いた。

また、射撃でもクレーのオープントラップで渡辺和三が銀メダル、50mフリーライフル3姿勢で木場良平が銅メダルを獲得した。新競技・野球でも銅メダルを獲得した。

○陸上競技で男女に快挙

マラソンで男女ともに銀メダルの快挙が生まれた。有森裕子による銀メダルは、日本女子陸上選手としては1928年アムステルダム大会の人見絹枝につづく2人目。森下広一は10km近くも韓国の選手とトップを争ったすえの銀メダルであった。短距離でも男子400mで高野進が日本男子として60年ぶりに決勝進出を果たし、8位入賞した。

1996年 第26回アトランタ大会（アメリカ）

開催期間：1996年7月19日〜8月4日
競技数：26　種目数：271
参加国（地域）数：197
日本の参加選手数：310
日本の獲得メダル数：金3銀6銅5

　近代オリンピック100周年の節目として、華やかな幕開けとなった大会。開会式の最終点火者となったボクシングの英雄、モハメド・アリが、病に冒され震える手でトーチを掲げ、聖火台に火を灯したシーンはハイライトだ。だが大会期間中には2人の死者、100人以上の負傷者が出る爆破事件が発生し、テロ対策のあり方が問われた。

　陸上競技ではカール・ルイス（アメリカ）の走り幅跳び4連覇が光った。35歳となり、メダルを期待する声も少なくなっていたなか、長年陸上界をリードし続けたスターの輝きは褪せていなかった。ルイスは4大会で金メダル9個、銀メダル1個という実績を残し、この大会を最後にオリンピックを去った。ルイスに代わるように、世界新記録で200m金メダル、オリンピック新記録で400m金メダルに輝いたマイケル・ジョンソン（アメリカ）が新たなスターに躍り出た。

○日本柔道、安定した強さを発揮

　男子柔道では、世界選手権に出場したこともない21歳の野村忠宏が60kg級でいきなり金メダルに輝いて喝采を浴びた。また中村佳央、行成、兼三が史上初の3兄弟での出場を果たし、3男の兼三が71kg級で金メダル、次男の行成が65kg級で銀メダルを獲得した。前回大会と異なる78kg級でエントリーし、2階級制覇を狙った古賀稔彦は銀メダルだった。

女子柔道では、ぎりぎりで代表に選ばれた62kg級の恵本裕子によって日本に初めての金メダルがもたらされた。期待された48kg級の田村亮子は、16歳の無名の北朝鮮選手にやぶれて2大会連続の銀メダル。同じく72kg級の田辺陽子も2大会連続の銀メダリストとなった。

○日本陸上、好調を維持して快挙達成

　女子マラソンで、有森裕子がロシアのエゴロワとのデッドヒートのすえ、最後にかわされて3位でゴール。前回大会は銀、今回は銅であったが、日本女子初となる2大会連続メダル獲得に有森は「初めて自分で自分をほめたい」と涙を流した。トラック種目でも、女子5000mで志水見千子が4位入賞、女子10000mで千葉真子が5位に入賞した。

　男子でも、100mで朝原宣治が、200mで伊東浩司が準決勝進出を果たした。日本男子として100mは28年ぶり、200mは史上初の快挙であった。また4×400mリレーではアジア新記録での5位入賞を果たした。

　2大会目の開催となった野球競技で、日本は前回大会の銅メダルから順位を上げて銀メダルを獲得した。

　シンクロはこの大会ではチーム種目のみが行われ、日本がチーム力を見せて銅メダルを獲得。日本の銅メダル記録は3大会に伸びた。

　数大会苦戦の続くレスリングは、最終日になってフリースタイル74kg級で太田拓弥がからくも判定勝ちで銅メダルを手にした。

　その他、セーリングで日本の重由美子・木下ユリエアリーシア組が2大会目で銀メダルを獲得。サッカーでは、1968年メキシコシティー大会以来28年ぶりとなる勝利をあげた。その相手がこれまで公式戦で1度も勝ったことのない強豪中の強豪、ブラジルであったため、「マイアミの奇跡」として記憶されることになる。

2000年 第27回シドニー大会（オーストラリア）

開催期間：2000年9月15日～10月1日
競技数：28　種目数：300
参加国（地域）数：199
日本の参加選手数：268
日本の獲得メダル数：金5銀8銅5

　1956年メルボルン大会以来、44年ぶりに南半球で開催された大会。陸上短距離ではモーリス・グリーン、マイケル・ジョンソン、マリオン・ジョーンズ※（アメリカ3M）、競泳では3冠獲得のイアン・ソープといった、スターの多い大会でもあった。日本ではなんといっても、高橋尚子による日本女子陸上選手初の金メダルが大会のハイライトとしてあげられよう。34km地点から一気にスパートしてトップを独走し、2時間23分14秒のオリンピック最高記録でゴールした鮮やかな走りは、「マラソンはつらいもの」というイメージをくつがえすものだった。

　新競技・テコンドーで岡本依子が銅メダルに輝いたのも新鮮な話題だった。

※ドーピングで金メダル剥奪

○柔道で珠玉の金メダル4つ

　「最高でも金、最低でも金」をかかげた柔道女子48kg級の田村亮子が、3大会目にして待望の金メダルをつかんだ。決勝の試合開始後36秒できめた鮮やかな内また一本と、弾かれたように跳び上がって喜ぶ姿が印象的だった。男子柔道では、野村忠宏が60kg級で2連覇。こちらも決勝は10秒で勝負を決める鮮やかさで、「小さな巨人」のキレの鋭さが存分に発揮された。男子100kg級では、重量級には珍しく投げ技を得意とする井上康生が、全試合みごとな一本勝ちで

金メダルを獲得。表彰台で前年に亡くなった母の写真をかかげた姿は人々の感動を呼んだ。また男子81kg級でも瀧本誠が金メダルを獲得した。

悲劇もあった。100kg超級の篠原信一が、決勝できめたはずの内またすかしで逆に相手の有効をとられるという判定によって銀メダル。大会終了後に国際柔道連盟によって誤審が認められたが、篠原の手に金メダルが渡ることはなかった。

○水泳、女子強し

競泳女子400m個人メドレーで田島寧子が自己ベストを4秒近く更新し、個人メドレーでは男女通じて初めてのメダルとなる銀メダルを獲得。また女子100m背泳ぎの中村真衣は、ラスト10mまでトップをゆくも銀メダル。女子200m背泳ぎの中尾美樹は決勝で萩原智子と競り合いを演じた結果、銅メダルを獲得。女子4×100mメドレーリレーでは、後半の追い上げに成功して銅メダル。競泳で生まれた4つのメダルは全て女子によるものだった。連続メダル記録が注目されるシンクロナイズドスイミングは、立花美哉、武田美保のデュエット、8人からなるチームの両方で銀メダルを獲得。過去の大会で銅メダルをとり続けてきた日本シンクロにとって嬉しいレベルアップだった。

○チーム競技の悲喜こもごも

中田英寿、中村俊輔らを擁する日本男子サッカーが、メキシコシティー大会以来32年ぶりに準々決勝進出。PK戦で破れベスト4進出はならなかった。ソフトボールは決勝まで進み、延長戦の末サヨナラ負けを喫して銀メダルを獲得した。パ・リーグの選手を中心とするプロ野球選手を送り込んだ野球日本代表は、メダルならず4位に終わった。

2004年 第28回アテネ大会（ギリシャ）

開催期間：2004年8月13日〜29日
競技数：28　種目数：301
参加国（地域）数：201
日本の参加選手数：312
日本の獲得メダル数：金16 銀9 銅12

　近代オリンピック発祥の地、アテネで108年ぶりに開催された大会。第1回大会の競技場が使われたり、表彰される選手にはメダルとともにオリーブの冠が贈られるなど、近代オリンピックの歴史を感じさせる数多くの演出が行われた。日本は金16、銀9、銅12、過去最高となる合計37個のメダルを獲得した。

○復活、連覇

　体操日本男子が、1976年モントリオール大会以来28年ぶりに団体総合で金メダルに輝いた。序盤の出遅れから巻き返し、3チームが僅差で並んだ最終種目鉄棒で、最終演技者冨田洋之がみごとな着地をきめた瞬間のテレビ実況「伸身の新月面が描く放物線は栄光への架け橋だ！」はテレビで応援していた人々の感動と相まって名言として語り継がれることとなる。種目別でも冨田が平行棒銀メダル、鉄棒の米田功とあん馬の鹿島丈博が銅メダルを獲得した。

　競泳では、北島康介が男子平泳ぎ100mと200mの2種目で日本競泳としては16年ぶりとなる金メダル。女子800m自由形でも柴田亜衣が金メダルに輝いた。日本競泳陣はこれらに勢いを得て、合計で9つものメダルを獲得した。シンクロナイズドスイミングは前回大会と同様、デュエットとチームで銀メダルを獲得した。

　この大会の競泳では、6冠を達成した「水の怪物」マイケル・フェルプスも大きな話題となった。

マラソンでは野口みずきが優勝を果たし、日本女子選手によるマラソン2連覇が達成された。

柔道でも、男子では60kg級の野村忠宏が3連覇、女子では48kg級の谷亮子（旧姓：田村）によって2連覇がもたらされた。野村の金メダルは夏季大会における日本100個目となった。競技最終日には、鈴木桂治が16年ぶりとなる100kg超級で金メダルを獲得。さらに、女子78kg超級で塚田真希が、女子78kg級で阿武教子が、女子70kg級で上野雅恵が、女子63kg級で谷本歩実が金メダルを獲得。男女合わせて金メダル8個、銀メダル2個の大活躍であった。

○史上初の快挙

ハンマー投げの室伏広治が、上位の選手のドーピング失格による繰り上がりという波乱のすえ、投てき種目ではアジア人初となる金メダルを獲得した。陸上短距離種目でも、男子110mハードルの中国の劉翔によってアジア人初の金メダルがもたらされた。また男子4×100mリレー、男子4×400mリレーの両方で日本チームが4位入賞を果たし、近い将来のメダル獲得を見すえた。

新種目・女子レスリングでは、4階級の全てで日本がメダルを獲得した。55kg級の吉田沙保里と63kg級の伊調馨が金メダル、48kg級の伊調千春が銀メダル、72kg級の浜口京子が銅メダル。4人全員が金メダルを狙える実力があっただけに銀・銅の選手には悔しさが滲んだが、表彰台に全員がのぼったことは立派だ。

セーリング競技では、男子470級に初のメダルとなる銅メダルが誕生。自転車競技でも、男子チームスプリントで同種目初の銀メダルを獲得した。

また、アーチェリーでは、41歳の山本博が5大会目の出場で2つ目のメダル（銀）を獲得。1度目のメダル獲得は、初めて出場した21歳のときのこと（1984ロサンゼルス／銅）だった。

第3章　オリンピック競技大会の歴史

2008年 第29回北京大会（中華人民共和国）

開催期間：2008年8月8日〜24日
競技数：28　種目数：302
参加国（地域）数：204
日本の参加選手数：339
日本の獲得メダル数：金9銀8銅8

　初めてオリンピック開催国となった中国は、その経済力をアピールするかのように競技場の多くを新設。なかでも「鳥の巣」と呼ばれるメインスタジアムは建設中から多くの注目を浴びた。競技でも中国の金メダル数は51個とトップ。メダル獲得数でもアメリカに次ぐ2位と、全体的に「中国」が強く印象づけられる大会となった。

　そんななか、マイケル・フェルプス（アメリカ）が競泳でオリンピック最高記録となる8冠を達成し、前回大会と合わせると金14個、銅2個、合計16個ものメダル保持者となった。また、陸上ではウサイン・ボルト（ジャマイカ）が男子100mと200mで2冠を達成。ジャマイカ勢は女子100mでも表彰台を独占し、陸上短距離での強さが目立った。

　陸上での日本の快挙も忘れてはいけない。男子4×100mリレーで、塚原直貴、末續慎吾、高平慎士、朝原宣治によって日本男子トラック種目で初めてのメダルとなる銅メダルがもたらされた。35歳、4大会目の出場となったアンカー朝原を中心としたメンバーの結束が生んだ快挙だった。その後ジャマイカのドーピング違反により銀メダルに繰り上がった。

○競泳、レスリング、柔道で2種目2連覇

　競泳では、北島康介が男子100m平泳ぎ、200m平泳ぎの両方で敵なしの2連覇を達成した。100m平泳ぎでは史上初めて59秒の壁を

破り、58秒91の世界新記録をたたき出した。また女子200m背泳ぎでも中村礼子が2大会連続の銅メダル。男子4×100mメドレーリレーも2大会連続銅メダルとなった。競泳陣のこの大会での獲得メダルは金2、銅3の合計5個。メダル数としてはアテネ大会よりも地味だが、20という入賞の数は次回大会への期待を感じさせた。シンクロナイズドスイミングは、鈴木絵美子と原田早穂によるデュエットの銅メダル1つだった。

レスリングでは、女子全4種目でアテネ大会と同じ顔ぶれが出場し、55kg級の吉田沙保里、63kg級の伊調馨がそれぞれ2連覇を果たした。48kg級の伊調千春、72kg級の浜口京子も、前回大会と同じくそれぞれ銀メダル、銅メダルを獲得。男子ではフリー55kg級の松永共広が銀メダルを獲得した。

柔道でも谷本歩実が女子63kg級で、上野雅恵が70kg級で2連覇を達成。谷本の連覇は史上初めて2大会連続でオール一本勝ちという快挙であった。さらに、男子100kg級の石井慧が金メダルに輝き、女子48kg級の谷亮子が銅メダルで5大会連続メダルを達成した。

○スター誕生、チーム競技でドラマ

アテネ大会につづく団体金メダルを狙った体操ニッポンは、世界トップレベルの力を発揮しつつも開催国中国に優勝をさらわれ銀メダル。19歳の内村航平がオールラウンドな才能を発揮してチームの稼ぎ頭となり、個人総合でも銀メダルを獲得した。

また、これまで注目されてこなかったフェンシングのフルーレ個人で太田雄貴が銀メダルに輝き、人気者となった。

次の大会で正式競技から外されることが決まっていたソフトボールで、ついに日本が頂点に立った。3試合で413球を投げたピッチャー上野由岐子を中心に、チーム一丸となって王者・アメリカに打ち勝った選手達の姿は大きな感動を呼んだ。

2012年 第30回ロンドン大会（イギリス）

開催期間：2012年7月27日〜8月12日
競技数：26　種目数：302
参加国（地域）数：204
日本の参加選手数：293
日本の獲得メダル数：金7 銀14 銅17

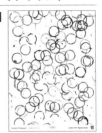

　3度目のオリンピックを開催する初めての都市となったロンドンで、史上初めて全参加国・地域から男女選手がそろって出場するという記念すべき大会が実現した。この地で、日本は史上最多となる38個ものメダルを獲得。新たなメダリストが連日誕生し、国じゅうが沸く17日間となった。

○史上最高の選手たち

　この大会、日本には「史上最高の選手」と呼ばれる選手たちがいた。そのひとりが体操ニッポンのエース、内村航平。すべての種目で頭ひとつ抜けた完成度を見せる内村は世界の他の強豪選手を大きく引き離して個人総合金メダル。その内村率いる団体では、ミスや負傷などで苦戦を強いられたが銀メダルを獲得した。

　女子レスリングからは、驚異の3連覇が2つも生まれた。55kg級の吉田沙保里はこの金メダルで世界選手権と合わせた「世界12連覇」を達成。公式戦149連勝中の63kg級の伊調馨は、試合直前に左足靭帯を部分断裂していながら対戦相手をまったく寄せつけない力の差を見せつけて優勝した。また女子レスリングでは小原日登美が、48kg級に初の金メダルをもたらした。男子レスリングでもフリー66kg級の米満達弘によって24年ぶりの金メダルが生まれた。

　澤穂希、宮間あやを中心としたサッカー女子代表のなでしこジャパンが日本サッカー史上最高の銀メダルを獲得した。この大会から

始まったフェンシング団体でも、準決勝でラスト2秒の逆転勝利といったドラマのすえ銀メダルを獲得。卓球の福原愛、石川佳純、平野早矢香の3人は団体戦準優勝で日本卓球に初めてのメダル（銀）をもたらした。同じく日本バドミントンでも、女子ダブルス・藤井瑞希、垣岩令佳の「フジカキペア」によって初メダルとなる銀メダルが誕生。アーチェリーでも、女子チームがアーチェリー女子初メダルとなる銅メダルに輝いた。女子バレーボールは銅メダルを獲得し、28年ぶりのお家芸復活を叫んだ。

そして競泳では、競泳男子4×100mメドレーリレーで珠玉の銀メダルが生まれた。チームを結束させたのは、個人種目でメダルに届かなかった北島康介を「手ぶらで帰すわけにはいかない」という思いだった。女子の同種目でもチーム力を発揮して銅メダル。競泳陣は全体で戦後最多となる11個のメダルを獲得し、日本代表選手団をメダルラッシュに乗せた。

○ここ一番のメダル

ボクシングで、ミドル75kg級の村田諒太が日本選手として48年ぶりに金メダルに輝いた。ウエイトリフティングでは、東京大会・メキシコシティー大会の英雄を父と伯父にもつ三宅宏実が女子48kg級で銀メダルを獲得し、同競技日本女子初のメダリストとなった。

今大会、日本の柔道家で金メダルを勝ち取ったのは57kg級の松本薫ただひとり。「野獣」の闘志でこの階級の他の選手達を圧倒したが、海外の選手達に研究しつくされた日本柔道陣の苦戦は予想を超えた。

ベテラン室伏広治は37歳という年齢でハンマー投げの銅メダルを獲得し、この大会唯一の日本陸上メダリストとなった。また、メダルには届かなかったが、1964年東京大会にも出場した71歳の馬術選手、法華津寛の毅然とした風情と佇まいには、世界から称賛が寄せられた。

第3章 オリンピック競技大会の歴史

2016年 第31回リオデジャネイロ大会（ブラジル）

開催期間：2016年8月5日〜8月21日
競技数：28　　種目数：306
参加国（地域）数：206
日本の参加選手数：338
日本の獲得メダル数：金12　銀8　銅21

初の南米大陸で行われたオリンピック。初めてのポルトガル語圏での大会でもあった。また、南半球での開催は、メルボルン大会（1956）、シドニー大会（2000）に続き、16年ぶり3度目となった。

新たな種目として実施されたのは、7人制ラグビーとゴルフ。

南半球の8月は冬にあたるが、平均の気温は摂氏22℃ほどで、選手にとっても観客にとっても過ごしやすい大会となった。

日本選手団は、過去最多だった前回ロンドン大会の38個を上回る41個のメダルを獲得。とくに金メダルは12個とロンドン大会の7個を大きく上回り歴代4番目、世界で6番目の獲得数となった。

○お家芸で大活躍

日本勢は、柔道、レスリング、体操、競泳など、お家芸と言われる競技での活躍が目立った。

柔道男子はロンドン大会での金メダルゼロから復活を遂げ、全7階級でメダル（金2、銀1、銅4）を獲得した。金メダリストは73kg級の大野将平と90kg級のベイカー茉秋。なお、女子柔道は田知本遥の金メダル1と、銅メダル4個だった。

レスリングの女子も6階級のうち5階級でメダルを獲得。うち4個が金メダルという快挙だった。58kg級の伊調馨は、4大会連続での金メダル。この年の10月に国民栄誉賞を授与された。ほかは、48kg級で登坂絵莉、63kg級で川井梨紗子、69kg級で土性沙羅の3人が

金。伊調とともに4連覇が期待された無敵の世界女王吉田沙保里は惜しくも決勝で敗れ銀メダル。オリンピックと世界選手権を合わせた連覇記録は16、個人戦の連勝も206で止まった。

男子体操も期待に応えた。団体総合で日本チームは2004年アテネ大会以来3大会ぶりの金メダルに輝いた。また、個人総合で内村航平がベルニャエフとの大接戦を制し、逆転勝利で2大会連続金メダルを獲得した。

競泳では、萩野公介が男子400m個人メドレーで、金藤理絵が女子200m平泳ぎで金メダルを獲得。日本水泳陣は、ほかに銀メダルを2個、銅メダルを3個の活躍を見せた。

○ラケット競技で躍進

若手育成に力を入れてきた卓球やバドミントンで、飛躍が見られた。バドミントンでは髙橋礼華、松友美佐紀の「たかまつペア」が女子ダブルスで、この競技で日本人初となる金メダルを獲得。女子シングルスでも奥原希望が銅メダリストとなった。

卓球も好成績を残した。水谷隼が男子シングルスで銅メダルを獲得。オリンピックの卓球シングルスで日本人初となるメダルとなった。卓球は団体でも男子が銀、女子が銅と2つのメダルを獲得。日本卓球界に新たな歴史を刻んだ。

テニスでも錦織圭が銅メダルを獲得。テニス男子で日本人がメダルを獲るのは1920年アントワープ大会で銀メダルに輝いた熊谷一弥以来、96年ぶりの快挙だった

○男子リレーで歴史的快挙

山縣亮太、飯塚翔太、桐生祥秀、ケンブリッジ飛鳥で臨んだ日本は、世界一と言われる見事なバトンパスを見せ、37秒60の日本新＆アジア新記録で銀メダルに輝いた。

第3章 オリンピック競技大会の歴史

冬季大会

1924年 第1回シャモニー・モンブラン大会（フランス）

開催期間：1924年1月25日〜2月5日
競技数：4　種目数：16
参加国（地域）数：16
日本の参加選手数：0
日本の獲得メダル数：金0 銀0 銅0

　1908年ロンドン大会と1920年アントワープ大会で冬季競技が実施されたことで冬季大会開催への流れが生まれ、1922年6月のIOC総会で「試験的に冬季大会を開く」ことが決定。そのわずか1年半後となる1924年に、「試験的」ではあったもののシャモニー・モンブランで冬季大会が開催され、スキー、スケート、アイスホッケー、ボブスレーが実施された。参加選手はほとんどが男子で、女子は11名がフィギュアスケートに出場したのみであった。

　競技結果は、当初「国技を奪われる」との理由から冬季大会単独開催に反対していたノルウェーをはじめとする北欧諸国が圧勝した。スキーではノルディック複合とジャンプの両方でノルウェーがメダルを独占。ノルウェーのトルライフ・ハウグはクロスカントリー2種目とノルディック複合で3冠を獲得。スピードスケートではフィンランドのクラス・ツンベルクが5種目すべてに出場し、金メダル3個、銀メダル1個、銅メダル1個を獲得した。この大会では正式種目のほか、カーリングとミリタリー・パトロール（バイアスロンの前身）が公開競技として実施された。大会の成功を受けてIOCは冬季大会の継続を決定。この大会を第1回冬季大会として追認した。

　日本は当初この大会への参加を予定していたものの、前年の1923年に関東大震災が起こったことから参加を断念した。

1928年 第2回サン・モリッツ大会（スイス）

開催期間：1928年2月11日～19日
競技数：5　**種目数**：14
参加国（地域）数：25
日本の参加選手数：6
日本の獲得メダル数：金0 銀0 銅0

　正式なオリンピック大会として準備・開催された初めての冬季大会であり、参加国・地域数も4年前の16から25へと飛躍的に増えたが、天候不順に大きく悩まされる大会となった。暖冬で日中にリンクの氷が融けてしまい、スピードスケート10000mではレースの途中で続行が不可能になり中止になってしまった。ボブスレーでは試合のラウンド数を減らすなど苦肉の措置をとった。

　運営面で苦労がつづくなか、競技では北欧勢が変わらず強さを発揮。ノルウェーのソニア・ヘニーがフィギュアスケート女子シングルで優勝し、15歳の若さと愛くるしい容姿でアイドル的人気を博した。フィギュアスケート男子シングルでは、スウェーデンのギリス・グレーフストレームがアントワープ大会からの3連覇を達成。またスピードスケートでは、フィンランドのクラス・ツンベルクが1500mで2連覇した。

　日本はスキー選手6人と監督1人という小さな選手団で冬季大会初参加を果たした。スケートの参加はなかった。日本でのスキーの歴史は浅く、1923年にようやく全日本スキー選手権が始まったばかり。国産のスキー板が折れやすかったため、大量のスキー板を担いでスイス入りしようとした選手達が税関で密輸の嫌疑をかけられるというエピソードも生まれた。冬季オリンピック初参加の結果は、永田実によるクロスカントリー50kmの24位が最高成績という惨敗であった。

1932年 第3回レークプラシッド大会（アメリカ）

開催期間：1932年2月4日～15日
競技数：4　種目数：14
参加国（地域）数：17
日本の参加選手数：17
日本の獲得メダル数：金0 銀0 銅0

　ヨーロッパを離れ、初めてアメリカで開催された冬季オリンピック。移動距離の問題から参加選手は前回大会より半減し、その結果、開催国アメリカがメダル獲得数1位となった。競技方法にもアメリカ方式が取り入れられ、スピードスケートではヨーロッパの選手達から抗議の声があがる場面もあった。

　話題になったアメリカの金メダリストは、ボブスレーのエディ・イーガン。この選手は1920年アントワープ大会ではボクシングで金メダルを獲得しており、史上初の「夏・冬オリンピック金メダリスト」となった。アントワープ大会からフィギュアスケート男子シングルで連覇を続けていたスウェーデンのギリス・グレイフストレームは、この大会では銀メダル。4大会連続のメダリストとなった。またフィギュアの女子シングルではノルウェーのソニア・ヘニーが連覇を果たした。

　2大会目の参加となった日本はスキーとスケートで17人の選手を派遣。初出場のスピードスケートでは全員が予選敗退となったが、同じく初出場のフィギュアスケートでは男子シングルで老松一吉が12選手中9位に入った。またスキーでは、19歳の安達五郎が初めて飛んだ70m級ジャンプで8位に食い込む健闘をみせた。

　運営面では前回大会に続き天候に悩まされ、雪が足りずにカナダから運んでくるとともに、氷のコースがゆるんでしまったボブスレーを閉会式後に延期して行うなど苦肉の策がとられた。

1936年 第4回ガルミッシュ・パルテンキルヘン大会（ドイツ）

開催期間：1936年2月6日〜16日
競技数：4　種目数：17
参加国（地域）数：28
日本の参加選手数：34
日本の獲得メダル数：金0 銀0 銅0

　ナチス・ドイツが国威をアピールするために巨費を投じて開催した大会。首相ヒトラーはユダヤ人排斥をはじめナチスの理想を大会にも反映させようとしたが、IOCの強い抗議によって期間中は街頭から反ユダヤ人を主張するポスターが撤去されるなどした。

　日本からは、冬季大会史上初めての入賞者が誕生した。スピードスケート男子500mで石原省三が日本記録を更新する44秒1のタイムで4位入賞。スキーでは伊黒正次がジャンプ種目で入賞（6位以内）にあとひとつとせまる7位に入った。

　またこの大会には、日本から初めて女子選手が参加。12歳の稲田悦子がフィギュアスケート女子シングルに出場し、のびのびとした演技で実力を発揮して26選手中10位の好成績をあげた。同種目出場選手のなかでもっとも若く、また飛び抜けて体も小さかった稲田はドイツ内でも人気者となった。稲田は次回大会でのメダル間違いなしといわれたが、その後世界は第二次世界大戦に突入したため、その機会は訪れなかった。

　同種目では、"女王"ソニア・ヘニー（ノルウェー）が3連覇を達成。女子によるオリンピック3連覇は夏季・冬季を通じて史上初であった。ソニア・ヘニーはその後ハリウッドに活躍の世界を移し、そこでも成功をおさめた。

　出場選手数はヨーロッパ開催に戻ったこともあって初めて600人を超え、ノルウェーが獲得メダル数1位に返り咲いた。

1948年 第5回サン・モリッツ大会（スイス）

開催期間：1948年1月30日～2月8日
競技数：5　種目数：22
参加国（地域）数：28
日本の参加選手数：0
日本の獲得メダル数：金0 銀0 銅0

1940年に予定されていた札幌大会が第二次世界大戦のため返上となり、続く1944年コルチナ・ダンペッツォ大会も中止。12年ものブランクを経て開催された大会。開催地にはアメリカのレークプラシッドとスイスのサン・モリッツが立候補したが、IOCによって中立国スイスが選ばれた。この大会より、夏季・冬季大会の同じ国での開催を優先するという規定が廃止された。

スキー男子アルペン種目はこれまでにもあったアルペン複合に新たに回転・滑降が加わって3種目となり、フランスのアンリ・オレイエが金メダル2つ、銅メダル1つと大活躍。アルペン種目ではほかにもアメリカやオーストリア、スイスなど北欧諸国以外の国々がメダルを獲得し、競技の広がりを感じさせた。一方、ノルディック種目では北欧勢が依然として圧倒的な強さを発揮した。

この大会では、アメリカ国内のもめごとが原因でアメリカからアイスホッケーのチームが2つ派遣され、あわや競技中止かという事態が生じた。大会関係者の話し合いによって出場チームが1つにしぼられ、競技は無事開催された。

なお、日本とドイツは戦争責任を問われて招待されなかったため、この大会に参加していない。

1952年 第6回オスロ大会(ノルウェー)

開催期間:1952年2月14日〜25日
競技数:4 種目数:22
参加国(地域)数:30
日本の参加選手数:13
日本の獲得メダル数:金0 銀0 銅0

　冬季スポーツ発祥の地、北欧で開催された初めての冬季大会。ノルウェーの地は第二次世界大戦時連合軍とドイツの戦いによって焦土と化し、復興へのきっかけとして開催地に立候補したものであった。開催決定後はドイツを招待するかどうかで国民を巻き込んだ大議論が巻き起こり、西ドイツのみが招待されることとなった。そして日本もこの大会より、オリンピックに復帰した。

　この大会ではまた、冬季大会として初めて聖火リレーが行われた。スキー靴の固定具ビンディングを考案し「近代スキーの父」と呼ばれたソンドレ・ノルハイムの生家の暖炉から採られた火が聖火となり、94人の人々によってメインスタジアムに運ばれた。

　本場・北欧だけあって競技には連日大勢の観客がつめかけ、なかでもジャンプ競技は史上最多となる15万人の観客を集めた。

　スキーアルペン種目に大回転が加わり、代わりに男女の複合が廃止された。

　この大会のスターは、スピードスケート男子1500m、5000m、10000mで3冠をとげたノルウェーのヤルマール・アンデルセン。10000mの16分45秒8は世界新記録であった。

　16年ぶりの参加となった日本は、スピードスケート男子500mで高林清高が6位入賞を果たした。これは冬季種目では日本選手2人目の入賞である。また、男子10000mでは菅原和彦が7位に入った。

1956年 第7回コルチナ・ダンペッツォ大会（イタリア）

開催期間：1956年1月26日〜2月5日
競技数：4　種目数：24
参加国（地域）数：32
日本の参加選手数：10
日本の獲得メダル数：金0 銀1 銅0

　イタリア北部のリゾート地で開催されたオリンピック。ソ連が145人もの大選手団で冬季大会初参加を果たし、スピードスケートやアイスホッケーなどで北欧諸国やアメリカをおさえて7種目で優勝、国別メダル獲得数1位に躍り出た。そんななか、オーストリアのトニー・ザイラーが滑降、回転、大回転で金メダルを獲得し、史上初のアルペン種目3冠を達成。全種目でみせた圧倒的な強さ、そしてハンサムな顔立ちによって世界中でザイラー人気が爆発し、その後俳優に転身し数々のスキー映画に出演したこともあって各国でスキーブームが巻き起こった。

　フィギュアスケートではアメリカが圧倒的な存在感をみせた。ヘイス・アラン・ジェンキンスによる男子シングル金メダル含め、女子シングルの銅メダルを除く5つのシングルのメダルをアメリカ勢が独占した。

　そして日本にも待望の初メダルが生まれた。オスロ大会に続く2大会目の出場となった猪谷千春が、アルペンスキー男子回転で銀メダルを獲得。1本目の滑走では体力を温存して無難を期し、2本目の滑走にすべてをかけて攻めるという作戦を立て、みごとに実行した。2本目では攻めるあまりバランスを崩したが、ぎりぎりのところで踏みとどまり、1本目の6位からの大逆転で2位。作戦勝ちの銀メダルであった。

1960年 第8回スコーバレー大会（アメリカ）

開催期間：1960年2月18日〜28日
競技数：4　**種目数**：27
参加国（地域）数：30
日本の参加選手数：41
日本の獲得メダル数：金0 銀0 銅0

　冬季スポーツ施設が皆無であったシエラネバダ山脈のふもとの小さな街で開催されたオリンピック。アメリカの大富豪、アレクサンドル・クッシングが「自分の土地でオリンピックを開きたい」との野望から自らの私財をつぎこみ、ジャンプ台、スキーコース、スケートリンク、選手村などすべての施設を1から建設して実現した。開会式はウォルト・ディズニーが演出した。

　大会競技には新たにスピードスケート女子種目が加わり、日本選手団でただ1人の女子選手であった高見沢初枝が冬季大会で日本女子初となる入賞をなんと3種目で果たした。順位は500mで5位、1000mで5位、3000mでは4位。またバイアスロンもこの大会から正式競技として実施された。1936年大会以来2度目の出場となったアイスホッケーでは、日本チームが史上初めて勝利をあげた。この種目で優勝したのはアメリカ。今ではアイスホッケーで世界第一の国であるアメリカだが、このときが冬季大会での初優勝であった。

　世界では、これまで北欧勢が独占してきたスキーのノルディック種目において、ジャンプ70m級と複合で東ドイツの選手が優勝し、北欧の牙城を崩した。

　フィギュアスケート男子シングルでは、前回大会で優勝したヘイス・アラン・ジェンキンスの弟のデヴィッド・ジェンキンスが優勝。この大会は屋外リンクでフィギュアスケートが行われた最後の大会となった。

1964年 第9回インスブルック大会（オーストリア）

開催期間：1964年1月29日～2月9日
競技数：6　種目数：34
参加国（地域）数：36
日本の参加選手数：48
日本の獲得メダル数：金0 銀0 銅0

　冬季で初めて参加選手が1000人を突破した、記念すべき大会。初めてジャンプ台を使って開会式が行われ、ダイナミックな演出が好評を博した。スキー・ジャンプで90m級が初めて実施され、休止されていたボブスレーが復活するなど種目が7つ増え、競技内容も充実度を増した。だが大会は暖冬に見舞われ、雪不足やコース条件の悪化によって、オーストリアの滑降選手とイギリスのリュージュ選手がどちらも練習中に事故死するという悲劇があった。冬季大会で死亡事故が起きたのはこの大会が初めて。

　大会では、ソ連のリディア・スコブリコーワがスピードスケート女子で4冠を獲得。4冠、そしてスピードスケート全種目の制覇はともに男女通じて史上初の偉業であった。

　日本は、フィギュアスケート女子で福原美和が演技中にしりもちをつきながらも5位に入り、同種目日本初の入賞者となった。スピードスケートでは、男子500mで鈴木恵一が5位入賞。そして長久保初枝（旧姓：高見沢）が女子3000mで6位に入り、日本で初めての冬季2大会連続入賞者となった。日本選手団で男女ともに入賞を果たしたのも今大会が初めてである。

　東京オリンピック（1964）が開かれる年とあって国民の注目度も高く、冬季大会としては初めての"入賞ラッシュ"は、きたる東京大会への期待を高めるものでもあった。

1968年 第10回グルノーブル大会（フランス）

開催期間：1968年2月6日〜18日
競技数：6　**種目数**：35
参加国（地域）数：37
日本の参加選手数：62
日本の獲得メダル数：金0 銀0 銅0

　第1回大会以来、44年ぶりにフランスに帰ってきた冬季大会。3万本ものバラの花が空から降りまかれた開会式に始まり、冬季史上2人目のアルペン種目3冠や、スピードスケートでの世界新記録ラッシュなど、派手なニュースに事欠かなかった。アルペン種目3冠を達成したのが地元フランスのジャン・クロード・キリーとあって、大会の盛り上がりも上々であった。フィギュアスケート女子シングル金メダリスト、ペギー・フレミング（アメリカ）も、大会の花として人気を誇った。

　記録ラッシュは男子スピードスケートでおきた。5000mで世界新記録が出たのを始め、10000mでも1位と2位が、1500mでも1位の選手がオリンピック新記録を達成。男女スピードスケート合計6種目すべてでオリンピック記録が更新された。日本勢は前回大会入賞者である鈴木恵一の男子500m8位が最高位であった。ここ数大会で右肩上がりに入賞者を増やしていた日本だったが、この大会では62人を送り込みながら入賞者ゼロという結果。札幌開催を次回に控え、不安が残る大会となった。

　また、この大会ではアルペン選手の用具の商標をめぐってIOCとFIS（国際スキー連盟）の対立があらわになり、最終的に、レース後の写真撮影時に選手が自分のスキーを持たないことで決着した。

　この大会の模様は「白い恋人たち」と題された映画としてまとめられ、世界中でヒットした。

第3章　オリンピック競技大会の歴史

1972年 第11回札幌大会（日本）

開催期間：1972年2月3日〜13日
競技数：6　種目数：35
参加国（地域）数：35
日本の参加選手数：90
日本の獲得メダル数：金1 銀1 銅1

　1940年の札幌開催が幻となってから32年、同じ札幌の地でついにアジア初の冬季オリンピックが開かれた。真駒内屋外競技場で行われた開会式は晴天に恵まれ、「太陽の火を月に点火する」というイメージでつくられた青銅製の聖火台に火がともされたシーンには、自然との調和とシンプルさをよしとする日本的な美が表れていた。聖火はギリシャから東京まで空輸され、東京からは2コースに分かれて北上。最終聖火ランナーは当時史上最年少となる高校1年生の男女であった。

　日本選手団は国民の大声援を受けて実力を発揮し、「日の丸飛行隊」による表彰台独占という歴史的快挙が生まれた。また世界の選手でも、スピードスケート男子3冠の「氷上の巨人」やアルペン女子2冠の「アルプスの少女」、フィギュアスケート女子の「札幌の恋人」など数々のスターが生まれた。

　この大会では滑降コース建設にあたり、「自然破壊である」との反対の声が多く挙がったが、大会後に施設の撤去や植林などによって元の自然にもどす取り組みが行われ、現在はほぼ自然が回復している。この札幌大会の頃より、オリンピックでは「環境との共存」が重視されるようになっていった。

日の丸飛行隊、金・銀・銅

　スキージャンプ70m級で、日本選手トップバッターの金野昭次が

見せた82m50の大ジャンプが日本選手たちを上昇気流に乗せた。1本目のジャンプを終えた時点で1～4位に顔を揃えたのは日本の選手。2本目でも日本勢は重圧に負けずに力を発揮し、世界一のフォームを持つとも言われる笠谷幸生が1本目84m、2本目79mのジャンプを揃えて金メダル、金野が銀メダル、青地清二が銅メダルに輝いた。日本で冬季大会史上初となる金メダルは、表彰台独占という最高のシチュエーションで実現した。

また、日本選手初挑戦となったリュージュでは、「10位以内に入れば上出来」という予想を大きく裏切って男子2人乗りの荒井理・小林政敏が4位、女子1人乗りの大高優子が5位入賞を果たした。

ノルディック複合個人でも、勝呂裕司が5位に入りノルディック同種目日本選手初の入賞（6位以内）を果たした。この種目には4人の日本選手が出場し、全員が8位以内に入る健闘ぶりであった。

「札幌の恋人」、銀盤で輝く

世界では、オランダのアルト・シェンクがスピードスケート男子の500mでは転倒してメダルを逃したものの、1500m、5000m、10000mの3冠をなしとげ「氷上の巨人」として紙面をにぎわせた。またアルペン種目の滑降と大回転で、「アルプスの少女」と呼ばれた17歳のマリテレーゼ・ナディヒ（スイス）が2冠を達成した。

ただ、この大会いちばんのスターとなったのはフィギュアスケート女子シングル銅メダリストのジャネット・リン（アメリカ）。規定演技の得点差によって3位となったものの、17歳ながら抜群の表現力と力強い連続ジャンプをみせた自由演技が観客をとりこにし、「札幌の恋人」のニックネームで人気を博した。

ジャンプ70m級の表彰式で金メダルを授与される笠谷選手

1976年 第12回インスブルック大会（オーストリア）

開催期間：1976年2月4日〜15日
競技数：6　種目数：37
参加国（地域）数：37
日本の参加選手数：57
日本の獲得メダル数：金0 銀0 銅0

　もともとこの大会の開催地に決まっていたのはアメリカのデンバーであったが、環境破壊や財政状況などを理由に住民の反対にあい、大会が返上されてしまった。これを受け、1964年大会の開催地であったインスブルックが、前回大会の施設の多くを再利用できるという理由で急遽代替地に選ばれた。大会ロゴのデザインは前回大会のデザインをほぼ踏襲したが、聖火台は新たにつくられ、前回大会のものと合わせて2つの聖火台に火がともることになった。

　急場仕込みでの開催ながら、アルペン男子滑降で地元オーストリアのフランツ・クラマーが優勝するなどして大会は盛り上がった。また、西ドイツのロジ・ミッターマイヤーが女子滑降・回転で、史上3人目の女子アルペン2冠達成者となった。

　日本勢は札幌大会に続く活躍を期待されたが、入賞者はゼロ。夏季大会での活躍ぶりと裏腹に、自国開催を経てもまだまだ世界との差が縮まらない現実が浮き彫りとなった。この大会の日本選手の最高成績は、スピードスケート女子500mで入賞まで0秒08差の7位となった長屋真紀子だった。

　また、これまでオリンピックはアマチュア規定が選手の競技参加の足枷となり、さまざまな大会でアマチュア規定をめぐってトラブルがおきていたが、1974年IOC総会においてオリンピック憲章からアマチュアに関する条項が削除された。この大会は、アマチュア規定のない初めての冬季大会となった。

1980年 第13回レークプラシッド大会（アメリカ）

開催期間：1980年2月13日〜24日
競技数：6　種目数：38
参加国（地域）数：37
日本の参加選手数：50
日本の獲得メダル数：金0 銀1 銅0

　前回のインスブルック大会に続き、2度目開催の地で行われた冬季オリンピック。前回鳴かず飛ばずだった日本勢が奮起しさまざまな快挙が生まれた。

　まず、スキー・ジャンプ70m級で八木弘和が銀メダルを獲得。また秋元正博も、1本目8位という出遅れから挽回し、2位の2人と僅差の4位入賞を果たし、2大会ぶりに日本ジャンプ陣に笑みがこぼれた。

　また前回大会ではわずかな差で入賞を逃した長屋真紀子が、オリンピック記録を上回る思いきりのよい滑りを見せて5位入賞、前回大会のリベンジを果たした。スピードスケートでは16年ぶり、2人目となる日本女子の入賞であった。

　前年のフィギュアスケート世界選手権で3位に入り、メダルを大いに期待されて臨んだ渡部絵美は、転倒がひびいて6位入賞。メダリストを含め、以上4人の日本選手が入賞した。

　世界では、アメリカのエリック・ハイデンがスピードスケート全5種目を制し、史上初となる5冠を達成するという驚くべき快挙があった。全種目制覇は現在にいたるまで、「パーフェクト・ゴールドメダリスト」のニックネームをつけられたハイデンただひとりである。アルペンスキーでは、スウェーデンのインゲマル・ステンマルクが男子回転と大回転で2冠、リヒテンシュタインのハンニ・ウェンツェルが女子回転と大回転で2冠を達成している。

1984年 第14回サラエボ大会（ユーゴスラビア）

開催期間：1984年2月8日〜19日
競技数：6　種目数：39
参加国（地域）数：49
日本の参加選手数：39
日本の獲得メダル数：金0 銀1 銅0

　当時ユーゴスラビアの首都であったサラエボで開催された大会。日本がオリンピックにスケート競技で参加してから実に52年、待ちに待った初メダルが日本スケート界にもたらされた。スピードスケート男子500mで、大会前には注目度の薄かった21歳の北沢欣浩が急成長をとげて銀メダルを獲得。一方、前年の世界選手権で総合優勝した黒岩彰は500mと1000mの両方で金メダルを期待されていたが、プレッシャーを一身に背負って実力を発揮しきれず、また記録の出にくいアウトコースだったこともあり10位、9位という惨敗であった。女子では橋本聖子が500m、1000m、1500m、3000mの全4種目に出場した。この大会から入賞が6位から8位に拡大されたが、日本の入賞は、銀メダルの北沢ひとりであった。

　アルペン競技で、地元ユーゴスラビアのユーレ・フランコが男子大回転で同国冬季種目初のメダルとなる銀メダルに輝いた。回転ではアメリカの双子の兄弟、フィリップ・メーアとスティーブ・メーアが金・銀メダルを獲得。女子クロスカントリーでは、フィンランドのマルヤ・リーサ・ハマライネンが史上初の個人種目3冠を達成した。フィギュアスケートでは、アイスダンスで後世に残る名演技が生まれた。イギリスのペア、ジェーン・トービルとクリストファー・ディーンが名曲「ボレロ」にのって、叶わぬ恋の切なさと情熱を全身でみごとに表現。史上初めて、9人の審判全員が芸術点満点を出し、ペアは金メダルに輝いた。

1988年 第15回カルガリー大会（カナダ）

開催期間：1988年2月13日〜28日
競技数：6　種目数：46
参加国（地域）数：57
日本の参加選手数：48
日本の獲得メダル数：金0 銀0 銅1

　冬季大会の会期がこの大会から4日間延長されて16日間となり、実施種目も7つ増えて46種目となった。開会式では、オリンピックで初めて小学生が最終点火者となったことが話題となった。

　この大会では、スキーのジャンプ競技でフィンランドのマッチ・ニッカネンが70m級、90m級、90m級団体で金メダルを獲得し、ジャンプでは史上初となる3冠を達成した。

　日本勢にも数々の快挙があった。まず、前回大会で惨敗を喫した黒岩彰がスピードスケート男子500mで雪辱を晴らした。前回と同様、アウトコースの滑走であったが、36秒77の自己ベストを記録。2位に0秒01と迫る気迫の滑りで、銅メダルを獲得した。また男子1500mの青柳徹が日本記録を約2秒も縮める滑りで5位入賞を果たした。スピードスケート女子の橋本聖子はこの大会でも全種目に出場し、なんとその全てで日本記録を更新して入賞。これはスピードスケートに出場した全選手中ただ1人の快挙であった。ほぼ連日行われた競技で、まず500mで5位、3000mで7位、1000mで5位、1500mで6位、5000mで6位。すべてのレースを高レベルでこなす橋本の体力には世界も驚いた。

　フィギュアスケート女子では、東ドイツのカタリナ・ビットがたぐいまれな表現力で同種目史上2人目の連覇を達成。日本の伊藤みどりはフリーで3回転ジャンプを7回も成功させ、全選手トップの技術点で5位入賞を果たした。

1992年 第16回アルベールビル大会（フランス）

開催期間：1992年2月8日〜23日
競技数：6　種目数：57
参加国（地域）数：64
日本の参加選手数：63
日本の獲得メダル数：金1 銀2 銅4

夏季大会と同じ年に開催された最後の大会、スピードスケートを屋外スケートリンクで実施した最後の大会、そして開会式を夜に行った夏・冬通じて最初の大会。

日本にとっては、冬季大会では20年ぶりとなる金メダルをはじめ多くのメダルに沸く記念すべき大会となった。

金メダルは、ノルディック複合団体で生まれた。荻原健司、三ヶ田礼一、河野孝典の日本チームが、得意のジャンプで他の国に大きく差をつけて首位となり、2位より2分27秒5早く後半のクロスカントリースキーをスタート。三ヶ田、河野とつないだレースは首位を保ってアンカーの荻原に託され、終盤のノルウェーの追い上げにも動じず1位でフィニッシュした。

スピードスケートでは、男子500mでエース黒岩敏幸が銀メダル、井上純一が銅メダルを獲得。男子1000mでは宮部行範が銅メダルに輝いた。同種目では兄の保範も出場しており、日本冬季史上初の兄弟同時出場も話題になった。女子では橋本聖子が全5種目に出場し、1500mで出場3大会目にして初めてのメダル（銅）を獲得した。新種目・ショートトラックでも、男子5000mリレーの1〜4位が世界記録を上回る高速レースのなか日本チームが絶妙な連携で銅メダルに輝いた。またフィギュアスケート女子では、伊藤みどりが女子としてオリンピック史上初めてトリプルアクセルを成功させ銀メダル。日本フィギュア界に初めてのメダルをもたらした。

1994年 第17回リレハンメル大会（ノルウェー）

開催期間：1994年2月12日〜27日
競技数：6　種目数：61
参加国（地域）数：67
日本の参加選手数：65
日本の獲得メダル数：金1 銀2 銅2

　史上最北の地で行われたオリンピック。これ以降夏季・冬季同年開催ではなくなり、この大会は開催年調整のため前回大会からわずか2年後の開催となった。日本は、冬季大会史上初の連覇を含む複数のメダルを獲得した。

　連覇を果たしたのは、前回大会のメンバーを中心としたノルディック複合団体。前半のジャンプでなんと2位以下に5分7秒も差をつけ、後半のクロスカントリースキーでも河野孝典、阿部雅司、荻原健司の順で力走。アンカー荻原は前回にまさる独走状態となり、彼が巨大な日の丸をかかげながらゴールしたシーンは大会ハイライトとなった。個人でもメダル獲得を狙ったものの、3人ともジャンプで出遅れる。クロスカントリーでの追い上げをめざす展開から、河野がヨーロッパ勢とのデッドヒートのすえ銀メダルを獲得した。

　ジャンプラージヒル団体も、この大会では「日の丸飛行隊」の再来としてメダルを期待されていた。実際に残り1本という段階で2位以下に大差をつけてトップに立ったが、金メダルの重圧にさらされた最終ジャンパー原田雅彦が失速。レークプラシッド大会以来のジャンプでのメダル獲得ではありながら、悔しい銀メダルとなった。

　スピードスケートでは、初出場の堀井学が男子500mで銅メダルを獲得。そして、山本宏美が女子5000mで自身のもつ日本記録を11秒も縮める会心の滑りを見せ、長距離種目としては日本初のメダルとなる銅メダルを獲得した。

1998年 第18回長野大会（日本）

開催期間：1998年2月7日〜22日
競技数：7　種目数：68
参加国（地域）数：72
日本の参加選手数：166
日本の獲得メダル数：金5 銀1 銅4

　1972年札幌大会以来、26年ぶりに日本で開催されたオリンピック。「美しく豊かな自然との共存」を基本理念とし、競技場の設置から風船や食器などの材質にいたるまで環境に配慮した試みが注目された。また、長野市内の小・中・特殊学校が1校ずつ、オリンピック参加各国を応援し、その国の文化や言葉を勉強して選手団と交流する「一校一国運動」が評価された。

　開会式では、諏訪地方の大祭「御柱祭」の再現や大相撲の横綱曙による土俵入りなど、力強い日本の伝統芸能が披露された。能をイメージした衣装を身にまとった伊藤みどりが「かがり火」をモチーフにつくられた聖火台に点火し、オリンピックが始まった。

　開催国・日本は冬季史上最高となるメダル10個を獲得。世界ではタラ・リピンスキー（アメリカ）がフィギュアスケート女子シングル史上最年少の15歳8カ月で金メダルを獲得。ノルウェーのビョルン・ダーリがクロスカントリーで通算8個目の金メダルを獲得するという快挙があった。また、日本のメダルはならなかったが、新種目カーリングが注目された。

○「初」の金メダル続々誕生

　日本スケート界初の金メダルが、スピードスケート男子500mの清水宏保によって生まれた。161cmという小柄な体で世界の強豪と渡り合い、1本目、2本目ともにトップのタイムをたたき出しての勝

利に称賛が集まった。清水は1000mでも銅メダルを獲得した。女子でも、岡崎朋美が500mで日本記録更新の滑りを見せて銅メダルに輝いた。

フリースタイルスキー女子モーグルでは、里谷多英が冬季大会の日本女子として初めて

朋美スマイルで人気を博したスピードスケート女子500m銅メダルの岡崎選手

となる金メダルを獲得した。大会前の注目度は高くなかったが、決勝で思い切りのよいみごとなターンと豪快なコザックをきめ、予選11位からの大逆転での優勝だった。

ショートトラック男子500mで同種目初の金メダルを獲得したのは、19歳の西谷岳文。日本選手では冬季大会史上最年少の金メダリストとなった。またこの種目では植松仁が3位に入り、表彰式で2つの日の丸が揚がった。

○ジャンプで悲願の金メダル

新エース船木和喜、ベテラン岡部孝信、斎藤浩哉、そして原田雅彦からなる日本ジャンプ陣が、みごと金メダルを獲得して前回大会の雪辱を果たした。この大会でも原田は1本目を失敗してしまうが、137mを記録したベテラン岡部をはじめチームメートの活躍により途中から日本が首位に。2本目では原田も岡部と並ぶ137mを飛び、最終ジャンパーの船木和喜が125mで金メダルを確定させた。

個人種目でも、ラージヒルで船木が金メダル、原田が銅メダル。船木はノーマルヒルでも銀メダルに輝き、1大会で3個ものメダルを獲得するという快挙をなしとげた。

3連覇を期待されたノルディック複合団体では、荻原健司・次晴の双子の兄弟がチームを牽引したが、惜しくも5位に終わった。

2002年 第19回ソルトレークシティ大会（アメリカ）

開催期間：2002年2月8日～24日
競技数：7　**種目数**：80
参加国（地域）数：77
日本の参加選手数：109
日本の獲得メダル数：金0 銀1 銅1

　冬季大会史上もっとも標高の高い、約1300mの高原で開催されたオリンピック。5カ月前に起きたアメリカ同時多発テロを受け、厳重な警備態勢のなか大会が運営された。

　この大会では、ノルウェーのオーレ・アイナル・ビョルンダーレンがバイアスロン競技の全4種目で優勝し、史上初のバイアスロン4冠を達成。ビョルンダーレンはその後の大会でもメダルをとり続け、2015年時点で13個という冬大会史上最多メダルを誇っている。また、クロアチアのヤニツァ・コステリッツによって、女子アルペン史上初の3冠が達成された。

　日本勢は、里谷多英がフリースタイルスキー女子モーグルで銅メダル、清水宏保がスピードスケート男子500mで銀メダルを獲得。清水は腰痛をかかえ、里谷は骨折やスランプを乗り越えて再び結果を出した。3大会連続のメダルを期待されたジャンプ陣は、原田雅彦、山田大起、宮平秀治、船木和喜の4人でラージヒル団体に挑んだが、5位入賞にとどまった。ラージヒルでのジャンプと7.5kmのクロスカントリーを組み合わせた新種目、ノルディック複合スプリントでは高橋大斗が6位入賞を果たし、次回大会に期待をもたせた。

　フィギュアスケートでは、本田武史が男子シングルでショートプログラム2位につけてメダルの期待が高まったが、フリーで逆転され、日本男子過去最高の4位入賞。女子シングルでは村主章枝がショートプログラム7位から挽回して5位入賞した。

2006年 第20回トリノ大会（イタリア）

開催期間：2006年2月10日〜26日
競技数：7　種目数：84
参加国（地域）数：80
日本の参加選手数：112
日本の獲得メダル数：金1 銀0 銅0

　1956年コルチナ・ダンペッツォ冬季大会、1960年ローマ大会についで3度目となるイタリアでのオリンピック。史上最多となる80の国・地域、2,508人の選手を集めて行われた。そのなかでもっとも活躍が目立ったのは、金メダル11個をふくむ29ものメダルを獲得したドイツの選手たちであった。

　日本勢は、スピードスケートやジャンプ団体、モーグル、新種目スノーボードなどでメダルが期待されたが、多くの競技でメダルに届かず、「4位」という結果が目立つ大会となった。

　日本にとって唯一のメダルはフィギュアスケート女子シングルの荒川静香によってもたらされた。上位3人が1点の中に並んだ状況で、「トゥーランドット」に乗って伸びやかに舞った荒川のフリー演技が同競技アジア史上初となる金メダルを呼び込んだ。男子シングルでは、エフゲニー・プルシェンコ（ロシア）が、圧倒的なジャンプとステップの技術で「皇帝」の異名通りの存在感を見せた。

　スピードスケート男子500mでは及川佑が4位。女子500mでは34歳の岡崎朋美が銅メダルに0秒05とせまる4位。アルペンでは、同種目50年ぶりのメダルまであと0秒03という記録で皆川賢太郎が4位に入った。女子モーグルでは、3大会目の出場となった上村愛子が金メダルを期待されていたが、5位入賞にとどまった。

　ジャンプ陣は団体6位入賞。メダルには届かなかったが、カーリング女子「チーム青森」のチームワークが人々の記憶に残った。

2010年 第21回バンクーバー大会（カナダ）

開催期間：2010年2月12日～28日
競技数：7　種目数：86
参加国（地域）数：82
日本の参加選手数：94
日本の獲得メダル数：金0 銀3 銅2

　開会式の聖火点火が機械トラブルで中途半端に終わるハプニングがあったが、開催国のカナダが金メダル14個を含む26個ものメダルを獲得し、盛り上がった。

　日本も金メダル獲得はならなかったものの、銀メダル3つ、銅メダル2つ、入賞数合計は27を数え、多くの競技において好記録が生まれた。日本でもっとも注目されたのは、浅田真央とキム・ヨナ（韓国）の対決となったフィギュアスケート女子シングル。浅田はフリースケーティングでオリンピック女子史上初めて2度トリプルアクセルを決め、完成度の高い演技を見せたが、キム・ヨナに次ぐ銀メダルとなった。男子シングルは、表現力を追究する選手とジャンプの技術で勝負する選手によるメダル争いの様相を呈し、前者ライサチェクが金メダル、後者プルシェンコが銀メダルの結果となった。高橋大輔が4回転ジャンプに挑戦し、惜しくも転倒してしまったが、日本男子史上初メダルとなる銅メダルに輝いた。

　スピードスケートでは、男子500mで長島圭一郎が銀メダルを獲得。また前回大会で金メダルを期待されながら惨敗に終わった加藤条治が、銅メダルを獲得した。チームパシュートでは、田畑真紀、小平奈緒、穂積雅子の日本チームが銀メダルに輝いた。

　前回に続き今大会でも金メダル候補といわれた女子モーグルの上村愛子は4位。4大会、順位を上げ続けてもメダルに届かない悔しさを「なんでこんなに一段一段なんだろう」という言葉で表した。

2014年 第22回ソチ大会（ロシア）

開催期間：2014年2月7日〜23日
競技数：7　**種目数**：98
参加国（地域）数：88
日本の参加選手数：113
日本の獲得メダル数：金1 銀4 銅3

　ロシアで行われた初めての冬季大会。大会前にプーチン大統領が打ち出した同性愛者排除の方針に世界各国が反発し、開会式にはアメリカ、イギリス、フランスなどの首脳が欠席した。

　日本は、長野大会に次いで冬季大会歴代2位となる8個のメダルを獲得した。日本にとって冬季大会10個目の金メダルとなったのは、フィギュアスケートの羽生結弦による、同競技日本男子初の金。19歳での栄冠は、男子フィギュア史上2番目の若さであった。同女子シングルの浅田真央は、ショートプログラムで転倒して16位と大きく出遅れ、最終的には6位入賞。フリースケーティングでの魂が解き放たれたかのような演技は観客の心を強く打った。

　スキー男子ジャンプでは、7大会目の挑戦となった41歳の「レジェンド」葛西紀明の執念が日本に16年ぶりのメダルを2つもたらした。ラージヒル個人で葛西が銀。葛西、清水礼留飛、竹内択、伊東大貴のラージヒル団体で銅を獲得した。新種目・女子ジャンプで金メダルが確実視されていた高梨沙羅は4位入賞だった。ノルディック複合でも、渡部暁斗によって20年ぶりのメダル（銀）が生まれた。新興競技でも複数の快挙があった。スノーボード男子ハーフパイプで、15歳の平野歩夢が銀メダル、18歳の平岡卓が銅メダル。平野は冬季大会の日本最年少メダリストとなった。またスノーボード女子パラレル大回転で竹内智香が銀メダル、フリースタイルスキー女子ハーフパイプで小野塚彩那が銅メダルを獲得した。

2018年 第23回平昌大会（韓国）

開催期間：2018年2月9日〜2月25日
競技数：7　　種目数：102
参加国（地域）数：92
日本の参加選手数：124
日本の獲得メダル数：金4　銀5　銅4

長野大会、札幌大会に続き、アジアで3度目に開催された冬季大会。主催都市は平昌郡だが、競技会場は江陵（カンヌン）市と旌善（チョンソン）郡にまたがって配置された。新種目として登場したのは、スピードスケートの男女マススタート、スノーボードの男女ビッグエア、アルペンスキーの混合団体、カーリングの混合ダブルスの6種目。

日本は金4、銀5、銅4の計13個のメダルを獲得。長野大会の10個を超えて、冬季大会としては1大会最多のメダル数となった。

○羽生結弦が連覇

フィギュアスケートでは、男子シングルで羽生結弦が2014年ソチ大会に続き2連覇を果たした。前年11月のNHK杯で右足靭帯を痛め、その後休養。十分な練習ができなかったが見事に復帰し、圧巻の演技で優勝。フィギュア男子シングルのオリンピック連覇は66年ぶりの偉業だった。羽生はその後、国民栄誉賞を受賞した。

宇野昌磨も銀メダルと健闘。ショートプログラムの3位から、フリーで逆転した。日本フィギュアとしてはオリンピック史上初の金銀ダブル表彰台となった。

○女子スピードスケートの躍進

スピードスケートでは、女子が目覚ましい活躍をし、3個の金メ

ダルと 2 個の銀メダル、1 個の銅メダルを獲得した。

　女子 500 m で、小平奈緒がスピードスケート日本人女子初の金メダルを獲得。1000m で銀メダルにも輝いた。

　ソチ大会で 4 位だった団体パシュートでは、高木美帆、佐藤綾乃、高木菜那、菊池彩花のチームが、オリンピック記録となる 2 分 53 秒 89 で金メダル獲得した。

　さらに新種目マススタートで高木菜那が金メダルを獲得。高木菜那は 2 個の金メダリストとなった。夏季・冬季を通じて 1 大会における複数金メダルは女子では初。

　高木菜那の妹、高木美帆は、団体パシュートでの金メダルのほか、1500m にて銀メダル。続いて 1000m にて銅メダル獲得した。

○カーリング女子

　カーリングでは、日本チームが 3 位に入り、男女合わせてこの競技初メダルとなる銅メダルを手にした。カーリングは、チームのメンバーが試合中に発する「そだねー」という言葉とともにブームとなった。「そだねー」はこの年の流行語大賞に選ばれた。

　このほか、スキー・ノルディック複合ノーマルヒル個人では渡部暁斗が、2014 年ソチ大会に続く銀メダルを獲得。ラージヒル団体では惜しくもメダルを逃し 4 位となった。スキー・ジャンプ女子ノーマルヒルでは、ソチ大会でメダルを取れなかった高梨沙羅が 3 位となり悲願のメダル獲得。

　スノーボード男子ハーフパイプでは、平野歩夢がソチ大会に続く銀メダルに輝いた。フリースタイル男子モーグルでは原大智が銅メダルを獲得。フリースタイル競技の男子種目で日本人として初めて表彰台に立った。

2024年第33回パリ大会（フランス）

開催期間：2024年7月26日〜8月11日

2017年にペルーのリマで開催された国際オリンピック委員会（IOC）総会で開催が決定した。パリでの開催は1924年以来100年ぶり、3度目。フランスでの開催は、冬季大会を含めると1992年アルベールビル大会以来32年ぶり、6度目となる。

2028年第34回ロサンゼルス大会（アメリカ）

開催期間：2028年7月21日〜8月6日

2017年のリマでのIOC総会で、2024年のパリ大会とともに、開催が決定した。ロサンゼルスでの開催は1984年以来44年ぶり、3度目。アメリカでの開催は、夏季大会としては1996年アトランタ大会以来32年ぶり、5度目。冬季大会を含めると2002年ソルトレークシティ大会以来26年ぶり、9度目となる。

2022年第24回北京冬季大会（中国）

開催期間：2022年2月4日〜2月20日

2015年、マレーシアのクアラルンプールで開かれたIOC総会で開催が決定した。2018年平昌大会、2020年東京大会に続き、3大会連続で東アジアでの開催となる。また、北京はオリンピック史上初の夏季・冬季両大会を開催する都市となる。東アジアでの冬季大会の開催は、1972年札幌大会、1998年長野大会、2018年平昌大会に続き4番目となる。中国としては冬季大会の開催は初めて。

第 4 章
オリンピックの競技・種目

夏季大会の競技

陸上競技

陸上競技は第1回アテネ大会（1896）より実施されているオリンピックの花形競技。その競技種目は大きくトラック、フィールド、混成、ロードに分けられる。

【トラック】

トラック（走路）を走る競技。100 m、200 m、400 mを短距離走、800 mと1500 mを中距離走、5000 mと10000 mを長距離走と呼ぶ。短距離走はクラウチングスタートで行われ、レーンはセパレート。800mはセパレートから途中でオープンになり、1500m以上はすべてオープンレーンで行われる。これらは男女それぞれの種目として実施される。

4人の選手でチームを組んで行われるリレーは、4×100mと4×400mがあるが、それぞれの選手のタイムだけでなくバトンパスのテクニックも勝敗を大きく左右する。リ

第1回大会のマラソンで優勝したスピリドン・ルイス

レーは男女それぞれの種目のほか、東京2020大会からは男女混合4×400mリレーが加わる。障害物を越えながらタイムを競う障害走は、男子110mハードル、女子100mハードル、男女400mハードル、男女3000m障害が行われる。このうち3000m障害は、1周400mのトラックに4つの障害物と1カ所の水濠を設け、それを越えながら約7周する。

【フィールド】

陸上競技場のトラック以外の場所で行われ、投てきと跳躍がある。

投てきは砲丸投げ、円盤投げ、やり投げ、ハンマー投げがあり、どれも投げた物の到達距離を競う。跳躍は走り幅跳び、三段跳び、走り高跳び、棒高跳びがあり、跳んだ距離や高さを競う。女子棒高跳びと女子ハンマー投げは第27回シドニー大会（2000）から採用され、現在はいずれの種目も男子と女子がある。

【混成】

男子は十種競技、女子は七種競技が行われる。十種競技の内訳は、100m、400m、1500m、110mハードル、走り高跳び、走り幅跳び、棒高跳び、やり投げ、砲丸投げ、円盤投げ。七種競技は、200m、800m、100mハードル、走り高跳び、走り幅跳び、やり投げ、砲丸投げ。男女ともにこれらを2日間かけて行う。十種競技の勝者は「キング・オブ・アスリート」、七種競技の勝者は「クイーン・オブ・アスリート」と呼ばれ、称えられる。

【ロード】

競技場外のコース（一般道）で競う男女マラソン（42.195km）と男女20km競歩、男子のみの50km競歩がある。マラソンは第1回アテネ大会（1896）から実施された。ギリシャの故事にちなんで設定されたマラトンからパナシナイコ競技場までの約40キロのコースを走ったギリシャのスピリドン・ルイスが優勝し、地元は大いに湧いた。女子マラソンがオリンピック種目に採用されたのは第23回ロサンゼルス大会（1984）。真夏に行われるオリンピックのマラソンは、厳しい暑さとの戦いになることが多い。

日本選手が初めてオリンピックに参加したのは第5回ストックホルム大会（1912）で、参加

日本初の金メダルはアムステルダム大会（1928）の織田幹雄

した三島弥彦と金栗四三の2選手はともに陸上競技に出場した。しかし結果は、三島が男子100mと200mで予選最下位、400mは準決勝棄権に終わり、男子マラソンの金栗は32km過ぎで棄権と、世界との差を痛感させられることとなった。

その13年後の1925年3月8日、平沼亮三を理事長として全日本陸上競技連盟が設立された。

日本人初のオリンピック金メダルは、第9回アムステルダム大会(1928)での男子三段跳びの織田幹雄選手。これは全競技を通じて、日本人第1号の金メダルである。女子の初メダルは、同大会の女子800mで人見絹枝が獲得した銀だった。

第11回ベルリン大会(1936)の男子棒高跳びでは、西田修平が2位、大江季雄が3位になった。帰国後、2人は銀と銅のメダルを切ってつなぎ合わせ、世にも珍しい2色のメダルができあがった。このエピソードは「友情のメダル」として有名になった。

「裸足の王者」として知られるアベベ・ビキラ(エチオピア)は、第17回ローマ大会(1960)と第18回東京大会(1964)のマラソンでオリンピック初の連覇を果たした。ローマ大会のときのアベベは裸足だったが、東京大会ではシューズを履いて走った。このときゴール目前でヒートリー(イギリス)に抜かれたものの、3位になった円谷幸吉は、続くメキシコシティー大会でも活躍が期待されていた。しかし1968年1月、「もうすっかり疲れ切ってしまって走れません」の遺書を残し自殺。悲運のランナーとなった。

メキシコシティー大会(1968)、フォスベリーの背面跳び

夏季大会の競技

　第19回メキシコシティー大会（1968）の走り高跳びでは、ディック・フォスベリー（アメリカ）がオリンピックで初めて背面跳びで優勝したことから、それ以降はこの跳躍スタイルが主流になる。

アトランタ大会（1996）走り高跳びのカール・ルイス

　第24回ソウル大会（1988）の男子100mでは、ベン・ジョンソン（カナダ）が9秒79の驚異的な世界記録で優勝。しかし2日後、ドーピングが発覚し金メダルは剥奪され、記録も抹消された。9秒92で2着だったカール・ルイス（アメリカ）が繰り上がりで優勝し、そのタイムが世界記録として認定された。そのカールは第26回アトランタ大会（1996）では35歳となっていたが、男子走り幅跳びで金メダルを獲得し、オリンピック個人種目4連覇の偉業を達成した。

　日本陸上界女子初の金メダリストは、第27回シドニー大会（2000）の女子マラソンの高橋尚子である。続く第28回アテネ大会（2004）では野口みずきが優勝し、日本に2大会連続の女子マラソン金メダルをもたらした。また、男子ハンマー投げの室伏広治が投てき種目で日本人初の金メダリストとなった。

　第29回北京大会（2008）では、男子4×100mリレーで日本（塚原直貴、末續慎吾、高平慎士、朝原宣治）が銅メダルを獲得し、これが男子トラック種目では日本初のメダルとなった。後日、1位だったジャマイカチームがドーピングで失格となり、日本は銀メダルに繰り上がった。さらに第31回リオデジャネイロ大会では（2016）では、同種目で日本（山縣亮太、飯塚翔太、桐生祥秀、ケンブリッジ飛鳥）が銀メダルという快挙を成しとげた。

水泳（競泳、飛び込み、水球、アーティステックスイミング）

競泳は、決められた距離を決められた泳法で泳ぎ速さを競う。オリンピックでは競泳のほか、飛び込み、水球、アーティスティックスイミングも「水泳」の競技に含まれる。

【競泳】

競技としての水泳は、180年ほど前にイギリスで始まったといわれる。西欧の近代泳法は明治末期から大正初期に日本に伝えられた。

水泳は古代オリンピックの競技には入っていなかったが、近代オリンピックでは第1回アテネ大会（1896）から実施されている。競技は、第1回が海、第2回パリ大会（1900）は川、第3回セントルイス大会（1904）は人工湖で行われた。プールが使用されるようになったのは第4回ロンドン大会（1908）からである。

日本は第7回アントワープ大会（1920）から参加している。競泳の初メダルは第9回アムステルダム大会（1928）で、男子200m平泳ぎで鶴田義行が金、男子4×200mリレー（新井信男、佐田徳平、高石勝男、米山弘）で銀、男子100m自由形で高石が銅メダルを獲得した。

女子では、第10回ロサンゼルス大会（1932）で女子200m平泳ぎの前畑秀子が獲得した銀メダルが、オリンピック初のメダルである。この大会では男子100m背泳ぎで、日本の3選手が金銀銅を独占している。

前畑は続く第11回ベルリン大会（1936）の女子200m平泳ぎで、日本女性初の金メダルに輝いた。

ロサンゼルス大会（1932）の100m背泳ぎメダリスト。左から3位河津憲太郎、2位入江稔夫、1位清川正二

この模様をラジオ中継したNHK河西三省アナウンサーが「前畑がんばれ！」と連呼したことは今も語り継がれている。

第14回ロンドン大会（1948）には、戦争責任を問われた日本は招待されなかった。当時、世界の

ベルリン大会（1936）で優勝した前畑秀子

トップだった古橋廣之進、橋爪四郎らは同時期に行われた全日本水上選手権大会の男子1500 mで、ロンドン大会の金メダリストを上回る記録をたたき出している。翌1949年8月、全米水上選手権大会で古橋は男子400 m、800 m、1500 mで世界新記録を出し、「フジヤマのトビウオ」と称賛された。

第20回ミュンヘン大会（1972）では、マーク・スピッツ（アメリカ）が、出場した7種目すべてで世界新の金メダルを獲得する快挙を達成した。

第24回ソウル大会（1988）の男子100 m背泳ぎでは、鈴木大地がバサロ泳法を駆使して優勝し、しばらく低迷が続いていた日本水泳復活の足がかりとなった。

第25回バルセロナ大会（1992）の女子200 m平泳ぎでは岩崎恭子が優勝し、競泳史上最年少金メダル（14歳6日）の記録を打ち立てた。

平泳ぎの北島康介は、第28回アテネ大会（2004）と第29回北京大会（2008）の男子平泳ぎ100 m、200 mで、2大会連続2種目制覇の偉業を果たした。

北京大会では、トップクラスの選手が特殊素材を使用した縫い目のない高速水着を着用し、世界記録やオリンピック記録を相次

古橋廣之進の力強い泳ぎ

いで更新した。しかし国際水泳連盟（FINA）により、2010年から「素材は布地のみで体を覆う範囲も制限する」とルール改正された。

バルセロナ大会（1992）の岩崎恭子

第31回リオデジャネイロ大会（2016）では以下の種目が実施された。

自由形は男女50m、100m、200m、400m、800m（女子のみ）、1500m（男子のみ）、男女4×100mリレー、男女4×200mリレー。

背泳ぎ・平泳ぎ・バタフライはそれぞれ男女100mと200m。

1人の選手が4つの泳法を行う個人メドレーは、男女200m個人メドレー、男女400m個人メドレーが行われる。ま

北京大会（2008）の北島康介

た、4人の選手が異なる泳法で泳ぎリレーでつなぐ4×100mメドレーリレーが男女で行われる。東京2020大会では、これらに加え、男女混合の4×100mメドレーリレーが実施される。

また、以上の屋内で実施される種目のほかに、屋外（オープンウォーター）では男女10kmのマラソンスイミングも行われる。

【飛び込み】

飛び込み競技には、高飛び込み、飛び板飛び込み、シンクロナイズドダイビングがある。

高飛び込みは10mの飛び込み台から飛び込む。飛び板飛び込みは弾力性のある3mの飛び込み台を蹴り跳ね上がって飛び込む。

採点では、開始の姿勢、アプローチ、踏み切り、空中演技、入水

などの要素を評価される。全ての演技に難度に応じた難易率が定められており、採点の合計に難易率をかけた値が得点となる。

　男子は第3回セントルイス大会（1904）から、女子は第5回ストックホルム大会（1912）から実施されている。

　シンクロナイズドダイビングは2名1組の選手が同時に演技を行い、演技の完成度と同調性を競う。オリンピックの正式種目になったのは第27回シドニー大会（2000）からで、3mの飛び板飛び込みと10mの高飛び込みの2種目がある。日本は第7回アントワープ大会（1920）から飛び込みに出場しているが、まだメダルは獲得できていない。

【水球】

　水球とは、1チーム7名からなる2チームが、プールのコート内でゴールにボールを入れ合い、点数を競う。その激しさから「水中の格闘技」と称される。

　男子は第2回パリ大会（1900）から実施されており、女子は第27回シドニー大会（2000）で正式種目となった。

【アーティスティックスイミング】

　プールで音楽に合わせ体をさまざまに動かし、技の完成度や同調性、構成、表現力などを採点によって競う。決まった8つの動きを入れるテクニカルルーティンと、自由に演技するフリールーティンが行われる。第31回リオデジャネイロ大会（2016）までは、シンクロナイズドスイミングと呼ばれていた。

　オリンピックでは第23回ロサンゼルス大会（1984）から、ソロ（1人）とデュエット（2人）が正式種目として採用された。同大会で、ソロの元好三和子が、デュエットで木村さえ子・元吉組がそれぞれシンクロ初の銅メダルを獲得した。第26回アトランタ大会（1996）ではチーム（8人）のみが実施され、第27回シドニー大会（2000）からデュエットが復活した。

第4章　オリンピックの競技・種目

サッカー

　ボールを用いて、1チーム11人ずつでゴールキーパー以外は手を使うことなく、主に足でボールを扱い相手ゴールにシュートを決め、点数を争う競技。1863年に設立されたイングランドサッカー協会（＝association）がルールを整備し、アソシエーション・フットボールとして世界に広まっていった。そのため、かつて日本では「ア式蹴球」と呼ばれていた。日本でサッカーが組織化されたのは大日本蹴球協会が設立された1921年のことだった。

　オリンピックにサッカーが採用されたのは第2回パリ大会（1900）から。第10回ロサンゼルス大会（1932）で一旦姿を消したが、第11回ベルリン大会（1936）から再び採用された。日本がオリンピックのサッカーに初出場したのはそのベルリン大会。初戦で優勝候補のスウェーデンに3対2と逆転勝ちをおさめ、「ベルリンの奇跡」と呼ばれた。日本は1960年に、第18回東京大会（1964）を見据えて西ドイツ（当時）から、「日本サッカーの父」といわれるデットマール・クラマー氏をコーチとして招へい。その成果は、第19回メキシコシティー大会（1968）の銅メダルとして表れた。

　かつてオリンピックのサッカーはアマチュアしか出場できなかったが、1984年からプロの出場が解禁になり、第25回バルセロナ大会（1992）からは23歳以下という年齢制限が設けられる。そして第26回アトランタ大会（1996）からは、23歳以下＋オーバーエイジ3人までとなっている。

　女子サッカーがオリンピックに登場したのは、アトランタ大会から。女子には年齢制限はない。2004年、サッカー日本女子代表に「なでしこジャパン」という愛称がついた。なでしこジャパンは2011年FIFA女子ワールドカップで初優勝を飾り、翌年の第30回ロンドン大会（2012）では銀メダルを獲得した。

テニス

　テニスのルーツをたどると、紀元前のエジプト、あるいは古代ローマ時代にまでさかのぼる。現代のテニスの原型は、中世ヨーロッパ、とくにフランスやイギリスの貴族たちが室内競技として楽しんでいたジュ・ド・ポーム（コートテニス）といわれる。これを元に、1873年、イギリスのウィングフィールド少佐が、屋外の芝生をコートにしたローンテニスを編み出した。

　日本に伝来したのは1879年ごろ、文部省が体育教員養成のために設置した体操伝習所で、アメリカ人教師のジョージ・リーランドが指導したのが最初といわれる。

　第1回アテネ大会（1896）では9競技が実施されているが、男子テニスはそのうち唯一の球技である。女子テニスが採用されたのは、第2回パリ大会（1900）からだった。

　しかしテニス界が次第にアマチュアとプロフェッショナルに分化していったため、第9回アムステルダム大会（1928）からしばらくの間、オリンピック競技から除外されることとなった。その後、第23回ロサンゼルス大会（1984）でデモンストレーション競技として再登場したテニスは、第24回ソウル大会（1988）から正式競技に復帰した。

　オリンピックで日本史上初のメダリストとなったのが、男子テニスの熊谷一弥だった。第7回アントワープ大会（1920）に優勝候補として大会に臨んだ熊谷は決勝で惜敗したものの、銀メダルに輝いた。熊谷は翌日、柏尾誠一郎と組んだダブルスでも銀メダルを獲得している。

　第31回リオデジャネイロ大会（2016）では、男女シングルス、男女ダブルス、混合ダブルスの5種目が実施された。東京2020大会でも同じ5種目が行われる。

ボート

　オリンピックのボート競技は、第1回アテネ大会（1896）から採用されていた。しかし第1回アテネ大会では悪天候のため中止になり、実際に開催されたのは第2回パリ大会（1900）からである。

　ボート競技の種目はさまざまである。大きなオールを1人が1本持って漕ぐのがスウィープ種目で、小さいオールを1人が2本持って漕ぐのをスカル種目という。

　シングルスカルは、ボート競技の中で唯一の個人種目。

　2人で漕ぐ種目には、スウィープ艇の舵なしペア、舵付きペア、スカル艇のダブルスカルがある。4人で漕ぐ種目には、スウィープ艇の舵なしフォア、舵付きフォア、スカル艇ではクォドルプルスカルと舵なしクォドルプルスカルがある。エイトはスウィープ艇で8人の漕手と1人の舵手が乗る。いずれも進行方向に背を向けて漕ぐ。

　女子種目は第21回モントリオール大会（1976）から加わった。

　オリンピックのボート競技はいずれの種目も2000 m×6レーンのコースで行われる。男女とも第25回バルセロナ大会（1992）からこの距離になった。

　東京2020大会で実施されるのは、男女それぞれ次の7種目。

　シングルスカル／ダブルスカル／軽量級ダブルスカル／舵なしペア／クォドルプルスカル／舵なしフォア／エイト

　第31回リオデジャネイロ大会（2016）までは男子が8種目、女子が6種目であったが、東京2020大会から男女とも同じ7種目になった。

　日本で最初にボートが漕がれたのは、江戸時代の幕末といわれる。

　日本がボート競技に初めて参加したのは、第9回アムステルダム大会（1928）だった。初入賞は第27回シドニー大会（2000）の男子軽量級ダブルスカルで、武田大作・長谷等組が6位に入っている。

ホッケー

　11人ずつ（フィールドプレーヤー10人とゴールキーパー1人）の2チームがスティックを用いてボールを打ち、相手ゴールへ入れた得点を競う。その歴史は古く、紀元前2500年ごろ、古代エジプトのナイル川流域で発見された墓の壁画に、ホッケーをしている人の姿が描かれているという。ボールとスティックを使う競技としては最古とされる。

　スポーツとしての近代ホッケーは、1887年、イギリスホッケー協会が創設され、現在のルールがつくられたのが始まりである。日本では1906年、アイルランド人のウィリアム・T・グレーが慶應義塾大学で教えたのが始まりとされる。

　男子ホッケーは第4回ロンドン大会（1908）からオリンピック競技になり、第5回ストックホルム大会（1912）と第8回パリ大会（1924）を除いては毎大会実施されている。

　日本代表は初参加の第10回ロサンゼルス大会（1932）で、銀メダルを獲得した。オリンピックには合計5大会に出場しているが、第19回メキシコシティー大会（1968）を最後に出場権を得ることができていない。

　2008年3月に「さむらいJAPAN」の愛称を発表したが、その直後、野球日本代表が「SAMURAI JAPAN」を名乗り始めた。元祖としては存在感を示したいところだ。

　女子ホッケーは第22回モスクワ大会（1980）からオリンピック種目となった。日本の「さくらジャパン」は第28回アテネ大会（2004）以降4大会連続して出場しており、最高位はアテネ大会の8位入賞。東京2020大会では、さらなるステップアップを目指したいところだ。

ボクシング

　2人の競技者が四角いリング上で、両手にグローブを着用し、パンチによって上半身を打ち合う競技。かつて古代オリンピックで行われていたボクシングは危険な競技で、相手が負けを認めるか気を失うまで闘い続け、死亡した例もあった。5世紀初頭、残忍過ぎるという理由でローマ皇帝によって禁じられた。復活したのは18世紀に入ってから。1867年にはイギリスで、グローブ着用などを義務づけた現在のボクシングの基礎となるルールが定められた。そのルールに則り、1892年、世界ヘビー級タイトルマッチが行われた。

　オリンピック競技としてのボクシングは、第3回セントルイス大会（1904）で初めて行われ、以降、第5回ストックホルム大会（1912）を除きすべての大会で行われている。長く男子のみだったが、第30回ロンドン大会（2012）より、女子にも門戸が開かれた。プロボクシングとは異なる3ラウンド制で、ランニングシャツを着て戦う。ロンドン大会（2012）まではプロの参加が認められていなかったが、それ以降については検討がなされている。

　「日本のボクシングの父」といわれているのは渡辺勇次郎。1906年に渡米。1921年に帰国し、東京に「日本拳闘倶楽部」を設立した。日本初の金メダリストとなったのは、第18回東京大会（1964）バンタム級の桜井孝雄。それから48年ののち、第30回ロンドン大会のミドル級で村田諒太が日本に2個目となる金メダルをもたらした。

　第31回リオデジャネイロ大会（2016）では、男子はライトフライ級、フライ級、バンタム級、ライト級、ライトウェルター級、ウェルター級、ミドル級、ライトヘビー級、ヘビー級、スーパーヘビー級の10階級、女子はフライ級、ライト級、ミドル級の3階級、計13階級が実施された。東京2020大会では女子にフェザー級、ウェルター級の2階級が加わり、男子は8階級になる予定。

バレーボール

1895年、アメリカのウイリアム・G・モーガンが、誰もが手軽に楽しめる球技として、テニスをヒントに考案したとされる競技。ネット越しにボールを打ち合い、相手コートにボールを落とすとポイントになり、その得点を競い合う。最初は16人制、続いて12人になり、9人制、6人制が誕生した。東アジアに伝わったバレーボールは9人制を中心に発展し、ヨーロッパでは6人制が普及した。現在のルールは、サーブ権の有無にかかわらずラリーに勝ったチームに点が入る「ラリーポイント制」。1998年まで行われていた「サイドアウト制」は、サーブ権を持たないチームがラリーに勝ってもサーブ権を得るだけで得点にはならなかった。

バレーボールがオリンピック競技に採用されたのは、第18回東京大会（1964）から。同大会で金メダルを獲得した大松博文監督率いる日本女子チームは「東洋の魔女」として広く知られ、人気が高まった。同じく東京大会で銅メダルを獲得した日本男子チームは、松平康隆監督のもと、第20回ミュンヘン大会（1972）では金メダルを獲得した。第19回メキシコシティー大会（1968）、第20回ミュンヘン大会では銀メダルに終わった女子は、第21回モントリオール大会（1976）で金メダルの奪還に成功。第23回ロサンゼルス大会（1984）の銅メダルを最後にメダルから遠ざかっていたが、第30回ロンドン大会（2012）で28年ぶりに銅メダルを獲得した。

【ビーチバレー】

バレーボールから派生した種目で、砂浜にネットを張り2人1組で対戦する。アメリカ西海岸で親しまれていたスポーツで、若者の支持を得て広まっていった。オリンピックには第25回バルセロナ大会（1992）でデモンストレーションとして紹介され、次の第26回アトランタ大会（1996）から正式種目となった。

体操（体操競技、新体操、トランポリン）

　体操は、徒手または器械を使用して演技し、その技の難易度や美しさを採点して競うスポーツ。オリンピックの「競技」として「体操」と言う場合、上記の体操競技のほか、新体操とトランポリンも含まれる。

【体操競技】

　体操競技は第1回アテネ大会から正式競技（男子のみ）として、パナイナイコ競技場（屋外）で行われた。第17回ローマ大会（1960）では古代遺跡のカラカラ浴場跡で行われた。屋内の体育館で実施されるようになったのは、第18回東京大会（1964）から。

　日本の初出場は第10回ロサンゼルス大会（1932）。このときは団体で5チーム中5位と世界との差は大きかった。女子は第9回アムステルダム大会（1928）からエキシビションながら初採用となった。

　男子の種目はゆか、あん馬、つり輪、跳馬、平行棒、鉄棒の6つ。女子は跳馬、段違い平行棒、平均台、ゆかの4種目。これらの種目別に加え、合計点で争う個人総合とチームで点数を競う団体がある。当初、規定演技と自由演技があったが、規定演技は第26回アトランタ大会（1996）を最後に廃止された。

　採点は2006年に国際体操連盟により採点基準が変更されるまで、10点を最高とする減点方式で行われていた。それ以降は上限のない加点方式の採点方法になり、オリンピックでは第29回北京大会（2008）から実施されている。

　日本男子初のメダルは第15回ヘルシンキ大会（1952）。上迫忠夫が徒手（現在のゆか）で銀、跳馬で銅、竹本正男が跳馬で銀、小野喬が跳馬で銅と計4個を獲得した。第16回メルボルン大会では、小野喬が鉄棒で日本男子体操初となる金メダルを獲得。続く第17回ローマ大会（1960）でも連覇し、「鬼に金棒、小野に鉄棒」と言わし

めた。ローマ大会の団体（竹本、小野、相原信行、遠藤幸雄、三栗崇、鶴見修治）では悲願の初優勝を果たし、以後、第21回モントリオール大会（1976）まで5連覇という偉業を達成した。第31回リオデジャネイロ大会（2016）では団体（内村航平、加藤凌平、田中佑典、山室光史、白井健三）で、金メダルに輝いた。内村は個人総合でも金メダルを獲得した。

ローマ大会（1960）、小野喬の鉄棒の演技（金）

　女子は、第18回東京大会（1964）での団体銅（池田敬子、相原俊子、小野清子、中村多仁子、辻宏子、千葉吟子）が初めてのメダル獲得となっている。ちなみに、同大会ではベラ・チャスラフスカ（当時チェコスロバキア）が個人総合・平均台・跳馬で金メダリストとなり「体操の名花」と称えられた。

　第19回メキシコシティー大会（1968）から3大会連続で出場した加藤澤男は、8個の金メダルを含む12個のメダルを獲得している。これが日本人選手のオリンピックにおける最多獲得金メダル数となっている。最多獲得総メダル数は小野喬の13個（2015年5月現在）。

【新体操】

　ロープ（縄）、フープ（輪）、ボール、クラブ（こん棒）、リボン（帯状布）などの手具を使いながら、音楽に合わせて13m四方のフロアマットで演技を行

モントリオール大会（1976）、加藤澤男の平行棒の演技（金）

い、美と技術を採点で競う。女子と男子があるが、オリンピックで採用されているのは女子種目のみ。

第23回ロサンゼルス大会（1984）から個人総合が正式種目になり、山﨑浩子が8位に入賞した。第29回北京大会（2008）、第30回ロンドン大会（2012）では出場枠を獲得できなかったが、第31回リオデジャネイロ大会（2016）では12年ぶりの出場枠を獲得している。

ロサンゼルス大会（1984）8位入賞の山﨑浩子

第26回アトランタ大会（1996）から5人で演技する団体も正式種目になり、第27回シドニー大会（2000）で日本は5位に入賞した。第28回アテネ大会（2004）で出場枠を獲得できなかったのを機に、全国から選手をオーディションで選考し「チームジャパン」として強化していく方策をとるようになった。このころから、メンバーは「フェアリージャパン」の愛称で親しまれている。

男子新体操の発祥は日本とされ、現在、国際化に向け働きかけをしている。

【トランポリン】

トランポリンを使用して跳躍し、アクロバティックな空中演技を行い、演技点と難度点で採点する。高さを得るために何度かジャンプしたあと、10回連続のジャンプの間に10種類の技を実施する。

個人やシンクロナイズド（2人が2台のトランポリン上で同じ空中演技をして同調性などを競う）、団体などの種目があるが、第27回シドニー大会から、個人が正式種目に採用されている。

第31回リオデジャネイロ大会で棟朝銀河が4位、伊藤正樹が6位入賞を果たしており、メダルまであと一息のところに来ている。

バスケットボール

5人対5人の2チームで対戦し、パス、ドリブルなど手でボールを扱い、コートの両端に設置されたリング状のバスケットにボールを上から通し、その得点を競う球技。

1891年、アメリカ・マサチューセッツ州の国際YMCAトレーニングスクールで教鞭をとっていたカナダ出身のジェームス・ネイスミス博士により考案された。日本への伝来は、1908年、国際YMCAトレーニングスクール出身の大森兵蔵が東京YMCAで紹介したのが最初とされる。

オリンピックでは、第3回セントルイス大会（1904）でデモンストレーション競技として実施され、正式競技になったのは第11回ベルリン大会（1936）から。

アメリカではとくに人気の高いスポーツで、北米プロバスケットボールリーグ（NBA）では多くのスター選手がプレーしている。第25回バルセロナ大会（1992）で、アメリカはついにNBAで活躍するプロ選手たちを送り込み「ドリームチーム」と称された。

女子は第21回モントリオール大会（1976）から、オリンピック種目に採用されている。

日本男子は第11回ベルリン大会に出場したが、第21回モントリオール大会（1976）を最後に出場できていない。国内に、ナショナルバスケットボールリーグ（NBL）と日本プロバスケットボールリーグ（bjリーグ）が並存していたが、2016年シーズンから統合され、巻き返しが期待されている。

日本女子は第21回モントリオール大会で5位入賞、第26回アトランタ大会（1996）は7位に入賞している。

愛称は男女とも隼（ハヤブサ）ジャパン。

第4章　オリンピックの競技・種目

レスリング

　マット上の直径9mのリング内で2人の競技者が素手で組み合い、相手の両肩を1秒以上マットにつけるフォール、あるいはポイントによる判定で勝敗を決める格闘技。腰から下は攻めてはいけないグレコローマンスタイルと、攻めてもよいフリースタイルがある。いずれも体重による階級制。古代オリンピック時代から人気競技だったレスリングは、近代オリンピックでも第1回アテネ大会（1896）から採用されている。

　初めてレスリングに出場した日本選手は第8回パリ大会（1924）の内藤克俊だが、彼はアメリカ留学中で、この時点でまだ日本にレスリングは伝わっていなかった。1929年、早稲田大学柔道部がアメリカ遠征中にレスリングに遭遇し、八田一朗が中心となって早大にレスリング部を創設し普及に努めていった。

　日本初のオリンピック金メダリストとなったのは、第15回ヘルシンキ大会（1952）フリースタイル・フェザー級の石井庄八。以降、第31回リオデジャネイロ大会（2016）まで、金メダル25個、銀メダル18個、銅メダル15個を量産しており、日本のお家芸といえよう。

　第28回アテネ大会（2004）から女子フリー種目が採用され、伊調馨は初回大会より4大会連続金メダルの偉業を達成している。吉田沙保里も3連覇。第31回リオデジャネイロ大会では惜しくも銀メダルに終わった。それ以前にオリンピックで3連覇した選手というと、男子グレコローマン130kg級のアレクサンドル・カレリン（ロシア）がいる（1988年ソウル大会〜1996年アトランタ大会）。

　東京2020大会では、男子のグレコローマン60kg級、67kg級、77kg級、87kg級、97kg級、130kg級の6階級、フリーは57kg級、65kg級、74kg級、86kg級、97kg級、125kg級の6階級、計12種目が実施される。女子はフリースタイルのみで、50kg級、53kg級、57kg級、62kg級、68kg級、76kg級の6種目で行われる予定。

セーリング

　帆（セール）を主たる推進装置として使用する船をセールボートといい、セールボートを使用する競技をセーリングと呼ぶ。セーリング競技では、レース海面に設置されたブイを決められた順序で決められた回数を回り、フィニッシュの着順で順位が決まる。

　以前は「ヨット」の呼称を使用していたが、第27回シドニー大会（2000）以降、「セーリング」の名称に変更された。

　第23回ロサンゼルス大会（1984）から、ウィンドサーフィンも採用されている。

　第31回リオデジャネイロ大会（2016）のセーリングでは、男子5種目、女子4種目の計10種目が実施された。男子が、470級／フィン級／レーザー級／49er級／RS:X級（ウィンドサーフィン）。女子が470級／RS:X級（ウィンドサーフィン）／レーザーラジアル級／49erFX級。混合がフォイリングナクラ17級。東京2020大会も同じ種目が実施される。

　オリンピックでの日本のセーリング初参加は、第11回ベルリン大会（1936）。第26回アトランタ大会（1996）の女子470級で重由美子・木下アリーシア組が2位となり、初めてのメダルを獲得した。男子は第28回アテネ大会（2004）の男子470級で、関一人・轟賢二郎組が銅メダルを獲得。その470級は、艇の全長が4.7mであることから名付けられ、日本では「ヨンナナマル」として親しまれている。乗員の適正体重が2人合わせて130kg前後とされ、小柄な日本人に適しているといわれる。

ウエイトリフティング

バーベルを両手で頭上に持ちあげ重さを競う競技で、体重別に階級が分けられている。スナッチ（バーベルを一気に頭上までさしあげて立ち上がる）とクリーン＆ジャーク（床から引きあげたのち、胸のところで一度支持し、脚の力も利用してバーベルを頭上までさしあげる）の2つの種目がある。各々3回ずつ計6回試技することができ、最高重量の合計で順位を決定する。同記録の場合は、体重の軽い方が上位になる。

オリンピックでは第1回アテネ大会（1896）、第3回セントルイス大会（1904）に採用されているが、このときは体操競技の一部としてであった。その後階級が整備され、第7回アントワープ大会（1920）で正式競技として改めて登場した。

日本から初参加したのは第15回ヘルシンキ大会（1952）の白石勇（バンタム級）。この競技の日本初のメダリストは、第17回ローマ大会（1960）で2位になった三宅義信（バンタム級）。三宅は続く第18回東京大会（1964）ではフェザー級で金メダルを獲得し、第19回メキシコシティー大会（1968）で連覇を果たす。同階級では弟・義行も3位に入り、兄弟メダリストとなった。

女子は第27回シドニー大会（2000）から正式種目になった。女子48kg級では、三宅義行の娘・宏実が第30回ロンドン大会（2012）で銀メダル、第31回リオデジャネイロ大会（2016）で銅メダルを獲得した。

東京2020大会では男子が61kg級、67kg級、73kg級、81kg級、96kg級、109kg級、109kg超級の7階級、女子が49kg級、55kg級、59kg級、64kg級、76kg級、87kg級、87kg超級の7階級で実施されることになっている。

ハンドボール

7人（6人のプレーヤーと1人のゴールキーパー）ずつの2チームが、手を使ってボールをパスし相手ゴールに投げ入れて、得点を競う球技。

競技としてのハンドボールは19世紀の終わりに、デンマークのホルガー・ニールセンによって考案された。これは7人制で、1910年代にはドイツで11人制も始められ普及しかけたが、7人制に落ち着いて現在に至っている。

日本に伝えられたのは1922年。大谷武一が大日本体育学会の夏季講習会で紹介した。

オリンピックにおけるハンドボールは、第11回ベルリン大会（1936）で一度、競技として採用された。続く第12回東京大会（1940）でも実施は決定していたが、戦況の悪化で大会が返上され、中止。その後しばらくハンドボールはオリンピックから外れ、第20回ミュンヘン大会（1972）で復活した。女子は、第21回モントリオール大会（1976）から採用された。

日本男子は第20回ミュンヘン大会から第24回ソウル大会（1988）まで5大会連続で出場権を獲得していたが（第22回モスクワ大会はボイコットにより不参加）、その後は出場が途切れている。

日本女子は第21回モントリオール大会で初出場を果たしたものの、その後、出場できていない。2013年、日本女子代表に「おりひめジャパン」の愛称がつけられた。東京2020大会での活躍が期待されている。

自転車

　自転車競技は、第1回アテネ大会（1896）から毎回実施されている。
　第15回ヘルシンキ大会（1952）に、日本から初めて選手4名が出場、第23回ロサンゼルス大会（1984）から女子の種目も行われるようになった。同大会の男子個人スプリントでは坂本勉が日本自転車界初の銅メダルを獲得。第24回ソウル大会（1988）には橋本聖子と関ナツエが出場し、2人は日本人として初めて冬季と夏季両方のオリンピアンとなった。第25回バルセロナ大会（1992）からプロ選手の参加が可能となり、第26回アトランタ大会（1996）で、競輪選手の十文字貴信が男子タイムトライアルで銅メダルを獲得。同大会から、マウンテンバイク（クロスカントリー）が新種目に採用された。
　第27回シドニー大会（2000）から、日本生まれの「ケイリン」がオリンピック種目に加わる。第28回アテネ大会（2004）で、男子チームスプリント（伏見俊昭、長塚智広、井上昌己）が日本初の銀メダルを獲得。第29回北京大会（2008）、ケイリンで永井清史が初メダル（銅）を獲得した。同大会からは、BMXも実施されるようになる。第30回ロンドン大会（2012）では、女子ケイリンやチームスプリントなどが加わり、男女の種目が初めて同数となった。
　東京2020大会で実施される種目は下記の男女22種目。
・ロードレース：男女個人ロードレース、男女個人タイムトライアル
・トラックレース：男女チームスプリント、男女チームパシュート、男女ケイリン、男女オムニアム、男女スプリント、男女マディソン
・マウンテンバイク：男女クロスカントリー
・BMX：男女レーシング、男女フリースタイル・パーク

卓球

　1890年代のイギリスで、上流階級のテニス愛好者たちが、雨の日に食堂のテーブルを使って行ったのが卓球の原型といわれる。当初、ラケットは葉巻入れのふた、ボールはシャンパンのコルクを丸めたものを使用しており、やがてセルロイドのボールと皮張りラケットになった。打つ音と台に落ちる音が「ピン」「ポン」と聞こえることから、次第に「ピンポン」とも呼ばれるようになった。現在、ボールはプラスチック製にかわっている。卓球が日本に紹介されたのは1902年のこと。東京高等師範学校の坪井玄道がネット、ラケット、ボールなどをヨーロッパから持ち帰ったのがきっかけだった。

　日本が卓球の世界選手権に初出場したのは1952年のボンベイ大会。その舞台で7種目中4種目（女子団体、男子シングルス、男女ダブルス）に優勝し、日本の卓球は世界に衝撃を与え、黄金時代がしばらく続くことになる。

　1987年、世界選手権で多くのメダルを獲得した荻村伊智朗が国際卓球連盟の会長に就任。外来スポーツの国際競技連盟会長の座についた初めての日本人となった。翌1988年、第24回ソウル大会（1988）から卓球はオリンピックの正式競技になる。

　第30回ロンドン大会（2012）では、男女の団体と男女シングルスの4種目が実施され、女子団体で日本女子チーム（石川佳純、福原愛、平野早矢香）が銀メダルを獲得した。

　第31回リオデジャネイロ大会（2016）では、男女の団体とシングルスの4種目が実施され、男子団体で日本男子チーム（水谷隼、吉村真晴、丹羽孝希）が銀メダル、女子団体で日本女子チーム（石川佳純、福原愛、伊藤美誠）が銅メダルを獲得。男子シングルスで水谷隼が、卓球の個人種目として日本人初の銅メダルに輝いた。東京2020大会では男女混合ダブルスが加わる。

馬術

　馬を扱う競技としては、古代オリンピックで馬を用いた戦車競走（シャリオ・レース）が行われていた。近代オリンピックでは、第2回パリ大会（1900）で初めて馬術が実施されたが、その後行われなくなり、第5回ストックホルム大会（1912）で再度採用され現在に至っている。第16回メルボルン大会（1956）はオーストラリアの検疫が厳しく、馬術のみストックホルム（スウェーデン）で行われた。

　馬術はオリンピックでは「障害飛越（ジャンピング）」、「馬場馬術（ドレッサージュ）」「総合馬術（イベンティング）」という3つの種目が行われ、珍しく、男女が同じステージで戦う。

　「障害飛越」は、競技場内に設置されたさまざまな色やかたちの障害物（横木、垣、柵、水濠など）を定められた順番どおり、規定時間内に飛越・走行して技術を競う。

　「馬場馬術」は、20 m×60 mの競技場で、人馬一体となり定められた運動科目を正確に演じる。ステップを踏んだり、図形を描いたりして、演技の正確さや美しさを競う。

　「総合馬術」は、馬場馬術と障害飛越に加えて、自然に近い起伏のあるコースに障害物を設置して行うクロスカントリーの3種目を3日間かけて行う。東京2020大会でも、馬場馬術（個人・団体）、総合馬術（個人・団体）、障害飛越（個人・団体）の6種目が実施される。

　日本の初参加は、第9回アムステルダム大会（1928）。第10回ロサンゼルス大会（1932）では、障害飛越に出場した西竹一が愛馬ウラヌス号でみごとに優勝した。障害飛越は「オリンピックの華」とたたえられ、勝者には敬意が払われる種目だった。華麗な飛越で金メダルを獲得した西は「バロン（＝男爵）西」と呼ばれ称賛されたが、1945年、硫黄島の戦いで戦死した。

フェンシング

　フェンシングの原型は、中世の騎士たちが「我が身と名誉を守ること」を目的とした剣術にある。剣術はその後、騎士の名誉を具現化する象徴・たしなみとして愛好され、19世紀末にはヨーロッパ各地でスポーツとして行われるようになった。

　オリンピックでは第1回アテネ大会（1896）から男子種目が実施されている。女子種目は第8回パリ大会（1924）から採用された。東京2020大会では、男女ともにはフルーレ個人、フルーレ団体、エペ個人、エペ団体、サーブル個人、サーブル団体の6種目ずつ計12種目が実施される。

　「フルーレ」の有効面は両腕と頭部を除いた胴体部分。先に攻撃をした選手に「攻撃権」が与えられる。攻撃は「突き」のみを使用。防御側は相手の剣を払いよけることによって「攻撃権」を手にできる。

　「エペ」の有効面は全身すべて。攻撃は「突き」のみを使用する。「攻撃権」はなく、先に突いた選手の得点となり、両者が同時に突いた場合は両者の得点となる。

　「サーブル」の有効面は両腕・頭部を含む上半身全部。「突き」に加え「斬る」ことで得点できる。「攻撃権」についてはフルーレと同様である。

　日本においては、フランスに留学した岩倉具清がフェンシングを持ち帰り、愛好者を増やしていった。

　日本初のメダリストとなったのは太田雄貴で、第29回北京大会（2008）、男子フルーレ個人で銀メダルを獲得。続く第30回ロンドン大会（2012）では、男子フルーレ団体で日本男子チーム（千田健太、三宅諒、太田雄貴、淡路卓）が銀メダルを獲得した。

柔道

　嘉納治五郎が創始した武道。嘉納は古武道の柔術を学び、長所を研究・改善し、投げ技、固め技、当身技を主体とした技術体系や指導体系を確立した。単なる武術にとどまらず、自己完成を目指す「道」であるとして、名を「柔道」とした。

　1882年、嘉納は東京・下谷の永昌寺の書院にわずか12畳の広さの道場を開き、「講道館」と名付けた。講道館柔道における理念として「精力善用」「自他共栄」の原理をうたい、柔道修行の究極の目的は「己を完成し世を補益すること」と説いた。

　1949年5月、全日本柔道連盟が発足。第18回東京大会（1964）から、柔道はオリンピック競技になった。この大会で日本は、軽量級、中量級、重量級で優勝したものの、無差別級はオランダのヘーシンクが金メダリストとなった。

　その後第19回メキシコシティー大会（1968）で一度競技から外れたが、第20回ミュンヘン大会（1972）以降はずっと実施されている。野村忠宏が、第26回アトランタ大会（1996）、第27回シドニー大会（2000）、第28回アテネ大会（2004）とオリンピックの柔道では史上初の3連覇を果たした。女子は第24回ソウル大会（1988）でデモンストレーション種目として行われ、第25回バルセロナ大会（1992）から正式種目になった。日本生まれの柔道だが、JUDOとして国際化の波が押し寄せ、青いカラー柔道着が登場。オリンピックでは第27回シドニー大会から導入されている。

　現在の階級は、男子が60kg級、66kg級、73kg級、81kg級、90kg級、100kg級、100kg超級の7階級、女子は48kg級、52kg級、57kg級、63kg級、70kg級、78kg級、78kg超級の7階級、合計14となっている。

　東京2020大会では新種目として混合団体が実施される。男女それぞれ3人、計6人がチームを組んで戦う。

バドミントン

　イギリスに古くから伝わるバトルドア・アンド・シャトルコックという、羽根のような球を打ち合う遊びがルーツといわれる。19世紀中ごろ、イギリスの公爵家の邸宅で上流階級の人々が余暇を楽しむなかでルールが考えられた。ネットを張る発想もこのころ生まれたとされる。それがイギリス中に普及し、1893年、バドミントン協会が誕生し、競技として整備されていった。

　バドミントンが日本に伝えられたのは1921年10月、横浜YMCAと東京YMCAにアメリカYMCAからバドミントン用具一式が寄贈されたのがきっかけだった。横浜YMCAの広田兼敏は外国人スポーツクラブに出向き、手ほどきを受けたという。

　1946年、日本バドミントン協会が創立されてからは強化が進んだ。1966年、日本女子チームはバドミントンでは最も権威のある国際大会の1つであるユーバー杯（現在の団体戦による世界選手権）で初出場初優勝の快挙を演じている。

　オリンピックでは、第20回ミュンヘン大会（1972）と第24回ソウル大会（1988）でデモンストレーション競技として実施された。日本は、ミュンヘンでは女子シングルスで金と銅、ソウルでは男子ダブルスと女子シングルスで銅と健闘している。

　正式競技となったのは第25回バルセロナ大会（1992）からで、第31回リオデジャネイロ大会（2016）では、男女シングルス、男女ダブルス、混合ダブルスの5種目が実施されている。東京2020大会でも同じ種目が行われる予定だ。

　女子ダブルスでは、第30回ロンドン大会で藤井瑞希・垣岩令佳組が銀メダルを獲得。第31回リオデジャネイロ大会（2016）では髙橋礼華、松友美佐紀組が金メダルに輝いた。

射撃

【ライフル射撃】

ライフル銃、あるいはピストルを使用して、固定された標的を撃ち得点を競う。

第1回アテネ大会（1896）から、第3回セントルイス大会（1904）と第9回アムステルダム大会（1928）を除き、全ての大会で実施されてきた。第19回メキシコシティー大会（1968）で女子選手が初参加、第20回ミュンヘン大会（1972）から第22回モスクワ大会（1980）にかけては男女混合種目も存在したが、第23回ロサンゼルス大会（1984）からは、女子種目が独立して実施されるようになった。

第23回ロサンゼルス大会の男子25mラピッドファイアーピストルで、蒲池猛夫が金メダルに輝いている。

東京2020大会で実施されるのは、男女10mエアピストル、男女10mエアライフル、男子25mラピッドファイアーピストル、男女50mライフル3姿勢、女子25mピストル個人。ほかにモスクワ大会以来の男女混合種目の10mエアライフルと10mエアピストルが行われる。

【クレー射撃】

散弾銃を用いて、空中を動くクレー（素焼きの皿）を撃つ。

オリンピックに初めて採用されたのは第2回パリ大会（1900）。第4回ロンドン大会（1908）から第7回アントワープ大会（1920）まで行われ、中断をはさんで第15回ヘルシンキ大会（1952）以降はずっと実施されている。男女混合で実施された時期を経て、第23回ロサンゼルス大会からは、女子種目が独立して実施されるようになった。第25回バルセロナ大会（1992）の男子トラップで、渡辺和三が銀メダルを獲得している。東京2020大会では、男女のトラップ、スキート、混合種目のトラップの計5種目が実施される。

夏季大会の競技

近代五種

　一人の選手が、「フェンシング（エペ）、水泳（200 m自由形）、馬術（障害飛越）、コンバインド（射撃＋ランニング）」という異質の種目に挑戦する競技。

　コンバインドはフェンシング、水泳、馬術の得点差をタイム換算して上位の選手からスタートし、射撃（レーザーピストル）とランニング（800 m）を交互に4回行うというもの。

　古代オリンピックには、走り幅跳び、円盤投げ、スタディオン走（短距離走）、やり投げ、レスリングの5種目を競うペンタスロン（五種競技）が存在していた。クーベルタンがそれにならい、「近代オリンピックでも五種競技を」と考案・創設したのが近代五種であり、「スポーツの華」と評したといわれている。

　近代オリンピックでは、第5回ストックホルム大会（1912）から男子種目が正式競技となり、女子種目は第27回シドニー大会（2000）から始まった。当初は1日1種目ずつ、5日間にまたがって行われていたが、第26回アトランタ大会（1996）から、1日で行われるようになった。また第29回北京大会（2008）以降は、ランニングとレーザーピストルによる射撃を組み合わせた「レーザーラン」に変更された。東京2020大会では、男子と女子の2種目が行われる。

　日本では1955年2月、日本近代五種競技連合が設立された。オリンピックに日本が初参加したのはその5年後、第17回ローマ大会（1960）からである。競技団体は1968年、バイアスロンを加えた日本近代五種・バイアスロン連合となる。2000年には社団法人となり、2011年には、バイアスロンと分離し、公益社団法人日本近代五種協会が発足した。

ラグビー

18世紀から19世紀にかけ、イギリスではパブリックスクールを中心にフットボールが広まっていた。しかし統一されたルールはなく、学校や街ごとに都度、独自のルールで試合をしている状況だった。そんな中でロンドン郊外にあるラグビー校というパブリックスクールで行われていたラグビーフットボールが原型となって広まったのが、楕円形のボールを持って運びゴールライン先の地面にタッチしたりゴールのバーの上まで蹴って入れれば点が入るというルール。1871年にイングランドサッカー協会に対抗するかたちでラグビーフットボールユニオン（イングランドラグビー協会）が設立され、その後、ラグビーの国際統括機関として国際ラグビー評議会（IRB＝現・ワールドラグビー）が誕生した。

日本では1899年、ケンブリッジ大学でラグビー選手として活躍し、当時慶應義塾大学で教授をしていたエドワード・B・クラークと、ケンブリッジ大学に留学していた田中銀之助により、慶應義塾大学に紹介されたのがはじまりといわれる。

15人制ラグビーはオリンピックでは、第2回パリ大会（1900）、第4回ロンドン大会（1908）、第7回アントワープ大会（1920）、第8回パリ大会（1924）で行われたことがある。

第31回リオデジャネイロ大会（2016）から、7人制ラグビーとしてオリンピックに復活し、女子種目も採用された。7人制は1チーム7人のプレーヤーで行い、「セブンズ」とも呼ばれる。15人制のラグビーと同じ広さのグラウンドで試合をする。そのため試合時間は15人制は前半40分、後半40分の80分制だが、セブンズは前半7分、後半7分の14分制で行う。決勝戦については、10分ハーフの20分間で行う。東京2020大会でも、7人制ラグビーが男女それぞれで実施される。

カヌー

 何千年も昔から、人々は水上の移動手段として小舟を用いてきた。それがカヌーの原型であり、狩りの道具としても発達してきた。競技としてのカヌーは、1866年にイギリスのテムズ川でレースが開催されたのが最初である。ボートとは異なり、体を進行方向に向けて漕ぐ。

 オリンピックで正式競技になったのは、第11回ベルリン大会（1936）。女子種目は、第14回ロンドンオリンピック（1948）から追加された。

 種目を大別すると、静水面で実施し一定の距離と水路（レーン）を決め複数艇が一斉にスタートして着順を競うスプリントと、流れの速い川の一定区間に不規則に設置されたゲートをスタート地点から順に通過してタイムを競うスラロームがある。第30回ロンドン大会（2012）では男子11種目、女子5種目の計16種目が行われた。

 スプリントは、男子カナディアンシングル1000m、女子カナディアンシングル200m、男子カナディアンペア1000m、女子カナディアンペア500m、男女カヤックシングル200m、男子カヤックシングル1000m、女子カヤックシングル500m、男子カヤックペア1000m、女子カヤックペア500m、男女カヤックフォア500m。

 スラロームは、男女カナディアンシングル、カヤックシングル。

 日本がオリンピックのカヌーに初出場したのは、第18回東京オリンピック大会（1964）。初入賞は第23回ロサンゼルス大会（1984）で、カナディアンシングルの井上清澄が6位、カナディアンペアの和泉博幸・福里修誠組が8位になった。第31回リオデジャネイロ大会（2016）では羽根田卓也がスラローム男子カナディアンシングルで、カヌーでは日本人初メダルとなる銅メダルを獲得した。

アーチェリー

　弓で矢を射て標的上の得点を争う競技。弓矢は有史以前の洞窟壁画にすでに登場している。長い期間、狩猟の道具、あるいは戦争の武器として用いられてきた。競技としてのアーチェリーは、17世紀、イギリス国王ヘンリー8世が催した御前試合が最初といわれる。

　オリンピックでは第2回パリ大会（1900）で正式競技となるも、第7回アントワープ大会（1920）以降は外れており、第20回ミュンヘン大会（1972）で復活した。

　アーチェリーには、おもに「ターゲット」「フィールド」「インドア」という3つの競技形式があるが、オリンピックで実施されているのはターゲット。対戦する選手2人が70m先にある的に向かって交互に12射し、合計点数で勝敗を決定する形式である。

　日本の「和弓」に対し、アーチェリーは「洋弓」と呼ばれる。弓はハンドル部分と上下のリムに3分割できる。ハンドルの素材は軽合金、リムはカーボンファイバー製で、これにスタビライザー（安定器）やサイト（照準器）を装着している。矢はカーボンファイバーをアルミチューブに巻き付けている。

　日本では1947年、初の全国組織となる「日本洋弓会」が設立されて以降、本格的に普及活動が行われるようになった。日本選手は、第21回モントリオール大会（1976）の男子個人で道永宏が銀、第23回ロサンゼルス大会（1984）で山本博が銅、第28回アテネ大会（2004）では銀、第30回ロンドン大会（2012）では古川高晴が銀、女子団体（川中香緒里、蟹江美貴、早川漣）で銅と、5個のメダルを獲得している。

　第31回リオデジャネイロ大会（2016）で実施されたのは男女の個人・団体の計4種目。東京2020大会では男女混合の団体戦が加わる。

トライアスロン

　スイム（水泳）、バイク（自転車ロードレース）、ラン（長距離走）の3種目を連続して行う競技で、1974年、アメリカ・カリフォルニア州サンディエゴで誕生した。競技名は、ラテン語の「3」（トライ）と「競技」の（アスロン）を組み合わせて「トライアスロン」と名付けられた。最初のトライアスロン大会は、ラン4.5km、バイク8km、スイム0.4km、ラン3.2km、スイム0.4kmで行われたとされる。

　トライアスロンの距離は何種類かある。1977年からハワイで行われるようになったのは、スイム3.86km、バイク180km、ラン42.195kmと長い。これは現在も「アイアンマン・ディスタンス」の名称でハワイをはじめ世界各国で大会が開催されている。ほかに、スイム4.0km、バイク120km、ラン30kmの「ロング・ディスタンス」も設けられたが、1982年、バランスを考慮して、スイム1.5km、バイク40km、ラン10kmのトータル51.5kmの「ショート・ディスタンス」が設定された。これはオリンピックに採用され、「オリンピック・ディスタンス」と呼ばれるようになった。

　トライアスロンがオリンピック競技になったのは、第27回シドニー大会（2000）から。以来、男女の2種目が実施されている。東京2020大会では新種目として男女混合の団体リレーが実施される。男女2人ずつの4人が女子→男子→女子→男子の順で、それぞれスイム300m、バイク7.4km、ラン2kmを行いリレーする。

　日本国内初のトライアスロン大会は、1981年に鳥取県米子市皆生温泉で開催された。2016年の岩手国体で、トライアスロンが初めて国体正式競技に採用された。

ゴルフ

クラブを用いて静止したボールを打ち、ホール（カップ）と呼ばれる穴に入れるまでの打数の少なさを競う球技。

ゴルフの起源には定説がない。スコットランドの羊飼いが棒で石ころを転がして野ウサギの小穴に入れて遊んでいたという説をはじめ、オランダ、中国などでもさまざまな説がある。

1457年には、スコットランド国王ジェームズ2世が、ゴルフに夢中になりすぎる貴族たちへ「ゴルフ禁止令」を出すほど人々の間で流行っていた。世界で最初のゴルフコースは、1744年に開場したスコットランドのエディンバラにあった「リース・リンクス」。1880年代にはイギリスで、1890年代にはアメリカでゴルフがブームになっていった。

日本最初のゴルフ場は1901年、神戸の六甲山につくられた。2年後の1903年にはホールを増設し、「神戸ゴルフ倶楽部」として正式に発足した。

オリンピックでは、第2回パリ大会（1900）と第3回セントルイス大会（1904）で競技として採用されたことがある。パリ大会では男女の個人の2種目、セントルイス大会では男子個人と男子団体の2種目が実施された。その後長い間、ゴルフはオリンピックから除外されていたが、第31回リオデジャネイロ大会（2016）から正式競技に復帰。同大会では男女の個人戦の2種目が実施され、4日間で72ホールのストロークプレー（合計の打数で順位を決める）で争った。

出場資格は、男女とも公式世界ランキングをもとに決定されるオリンピックゴルフランキング（OGR）の上位15名（1国4名が限度）と、それ以外の各国最大2名までの計60名になる。

東京2020大会でも男女の個人戦が行われる。

テコンドー

　古くから朝鮮半島に伝わる武術のテッキョンと日本の松濤館空手を母体に、1955年、韓国の崔泓熙（チェ・ホンヒ）によって創始され「テコンドー」と命名された格闘技。

　ヘッドギア、ボディープロテクター、マウスピースのほか、腕、脛、急所、手の防具を装着して試合に臨む。

　攻撃は拳で打ち突くほか、蹴りを中心とした多彩な足技が特徴。ネリョチャギ（かかと落とし）やティットラチャギ（後ろ廻し蹴り）などの蹴り技の占める割合が高い。蹴りは腰から上、パンチはボディーのみに認められており、背中への攻撃は禁止されている。

　試合は8m四方のマットで1ラウンド2分間を3ラウンド（インターバル1分間）行う。勝敗はKOで決着する場合と、得点と減点の集計による場合がある。「足のボクシング」と称されることもあり、ウェイト制、ラウンド制、ポイント制になっているところもボクシングと同様である。

　1973年に世界テコンドー連盟（WTF）が創設された。

　オリンピックでは、第24回ソウル大会（1988）と第25回バルセロナ大会（1992）でデモンストレーション競技に採用され、第27回シドニー大会（2000）から正式競技となっている。

　第31回リオデジャネイロ大会（2016）で実施されたのは、男子が58kg級、68kg級、80kg級、80kg超級、女子が49kg級、57kg級、67kg級、67kg超級の8種目。東京2020大会も同じ階級で行われる。

　日本ではまだ歴史が浅いが、第27回シドニー大会では岡本依子が女子67kg級で銅メダルを獲得した。

野球

　ボールとバットを用いて、2チームが攻撃と守備を交互に繰り返し勝敗を競う。野球の起源ははっきりしないが、イギリスの球技であるラウンダーズが移民によってアメリカに持ち込まれ、タウンボールとよばれるようになり、それが発展して野球として形成されるようになったという説がある。18世紀に野球の原型ができあがり、19世紀にアメリカ北部で盛んになった。統一ルールは、アレクサンダー・カートライトによって1845年に初めて文書化された。

　日本へは1872年、来日したアメリカ人教師のホーレス・ウィルソンが第一大学区第一番中学（のちの東京開成学校、現在の東京大学）で教えたのが最初。アメリカ伝来の「ベースボール」を「野球」という言葉で最初に記したのは1894年、当時、第一高等中学校（現在の東京大学教養学部）の野球部員だった中馬庚だった。その数年前に俳人の正岡子規は、自身の幼名「升（のぼる）」にちなんで、雅号を「野球」と書き、「のぼーる」と読ませていた。

　オリンピックにおける野球は、第3回セントルイス大会（1904）以降8回ほどデモンストレーション競技として、第25回バルセロナ大会（1992）から第29回北京大会（2008）まで正式競技として行われた。その後除外されたが、東京2020大会で12年ぶりに復活する。

　日本の成績は、デモンストレーション競技だった第23回ロサンゼルス大会（1984）で金メダル、続く第24回ソウル大会（1988）では銀メダルを獲得している。正式競技となった第25回バルセロナ大会では銅、第26回アトランタ大会（1996）では銀。第27回シドニー大会（2000）からプロ野球選手の出場が解禁となり、アマとプロの混成チームとなったが、4位とメダルを逃したことから、第28回アテネ大会（2004）では全員プロ選手で臨み3位に入った。しかし同様に全員プロ選手だった第29回北京大会では再び4位に終わった。

ソフトボール

　野球から派生した競技。野球より投・捕間や塁間の距離が短く、ボールは大きい。野球は9イニング制で行うが、ソフトボールは7イニング制などの違いがある。日本にソフトボールが登場したのは1921年。アメリカ留学から帰国した東京高等師範学校（現在の筑波大学）の大谷武一が紹介した。

　オリンピックに採用されたのは第26回アトランタ大会（1996）で、女子のみが正式競技になり、第29回北京大会（2008）まで実施された。

　ソフトボールの大会では、トーナメント方式ともリーグ戦方式とも異なるページシステム方式がとられている。予選の1位と2位（A）、3位と4位（B）がそれぞれ対戦する。Aの勝者は決勝進出、Bの敗者は4位となる。次にAの敗者とBの勝者が対戦し、勝者が決勝へ進出する。

　日本は第27回シドニー大会（2000）で銀メダル、第28回アテネ大会（2004）で銅メダル、そして第29回北京大会ではエース上野由岐子の活躍もあり、決勝で宿敵のアメリカを破って、ついに金メダルに輝いた。

　北京大会を最後に、ソフトボールは野球とともにオリンピックから除外された。しかしオリンピックへの復帰を目指し、2013年、国際野球連盟（IBAF）と国際ソフトボール連盟（ISF）は統合し、野球とソフトボールの国際組織である「世界野球ソフトボール連盟（WBSC）」を設立した。その成果もあり、野球・ソフトボールは東京2020大会では正式競技として復活することになった。野球は男子、ソフトボールは女子によって競われる。

空手

　東京2020大会の新競技。琉球王朝時代の沖縄で生まれた武術・格闘技で、かつては武器を使わずに体だけで相手の攻撃から身を守ることが目的だった。1920年代に全国に伝わり、第二次世界大戦後、世界に広まった。

　空手の競技には、大きく分けて「組手」と「形」の2種目があり、いずれもトーナメント方式で行われる。組手は3階級に分かれる。

　組手は8m四方のマットの上で、2人の選手が1対1で手や足を使って戦う。もともとは素手や素足で戦う格闘技だが、現在は帯と同じ赤や青のグローブやシューズをつけて競技する。勝敗は、「突き」「蹴り」「打ち」の3種類の技によって得られるポイントで決まる。「一本」が3ポイント、「技あり」が2ポイント、「有効」が1ポイント。どの技も相手に当てずに直前で止める「寸止め」が特徴だ。

　形は、仮想の敵に対する攻撃技と防御技を一連の流れとして組み合わせた演武。世界空手連盟（WKF）が認定している98種類の演舞から選んで行う。試合は1対1の勝負となるが、演武は1人ずつ行い、リズムやバランス、スピード、勢いなどの観点から審判が採点し、勝敗が決まる。

　世界空手連盟（WKF）の加盟国・地域は192を数える。強豪はフランス、スペイン、イタリア、ドイツ、トルコなどのヨーロッパと、イラン、エジプトなどの中東諸国。空手発祥国の日本は、数年前まで上位に入る選手が少なかったが、数年前からメダル圏内に位置する選手が増えてきている。2016年の世界選手権では、組手で男子84kg級の荒賀龍太郎が金メダルを獲得。形では男子の喜友名諒と、女子の清水希容がいずれも2連覇を果たした。喜友名諒は2018年の世界選手権でも優勝、清水希容は準優勝だった。

　東京2020大会では、すべての種目での金メダルを目指す。

スポーツクライミング

　東京2020大会ではじめてオリンピックの追加競技として行われる。「ホールド」と呼ばれる突起物を使って高くそり立つ壁を登り、スピードやいくつ登れるか、どの高さまで登れるかを競う。

　東京2020大会で行われるスポーツクライミングは複合種目で、各選手がスピード、ボルダリング、リードの3つの種目を行い、その合計点で順位が決まる。

　スピードは、同じ条件で設置された高さ15m、傾斜95度の壁を2人の選手が同時に登り速さを競う。安全確保のためロープをつける。優勝タイムは男子が5～6秒、女子が7～8秒という速さだ。

　ボルダリングは、高さ4mほどの壁に設けられた、ホールドの数や位置の異なる4～5本のコース（課題）を順にトライし、4分の制限時間内にいくつ登れるかを競う。トップ（最上部）のホールドを両手で保持することができればそのコースはクリア。選手はロープなしで臨み、途中で落下しても再度トライできる。

　リードは、ホールドのつけられた高さ約15mの壁を6分の制限時間内にどの地点まで登れるかを競う。クイックドローと呼ばれる器具にロープを掛けながら登り、一番上のクイックドローにロープを掛ければ「完登」となる。途中で落ちた場合はそこが記録となり、再トライはない。

　日本が得意とするのは、身体能力だけでなく知力や空間把握能力も問われるボルダリング。2018年の世界選手権では、男子ボルダリングで原田海が金メダル、女子ボルダリングで野口啓代が銀メダルを獲得している。

　ただし、これまではスピード、ボルダリング、リードで、それぞれ別に競技が行われてきた。3種目の総合ポイントで競う経験をしてきた選手は少なく、勝敗の予測は極めて難しい。

サーフィン

　サーフボードという板を使って波に乗り、テクニックを競う。東京2020大会ではじめて実施される競技。古代ポリネシア人によって始められ、ハワイで育った。世界に紹介したのはストックホルム1912大会とアントワープ1920大会の競泳で金メダルを獲得した、ハワイ出身のデューク・カハナモク（アメリカ）。カハナモクは「近代サーフィンの父」と呼ばれた。

　サーフボードのサイズは大きく2つに分けられる。古くから親しまれた、長さ9フィート（約274cm）以上のロングボードと、1970年前後に登場した長さ6フィート（約183cm）前後のショートボード。東京大会のサーフィンは、重量が軽く、スピードを出しやすく細かいターンがしやすいショートボードで行う。

　オリンピックに出場するのは、世界ランキングなどにもとづいて選ばれた男女20人ずつの選手。

　同時に4人ずつ、定められた時間内に10本前後のライディング（波に乗ること）を行う。審査員が1本1本のライディングを、技の種類や難易度、オリジナリティ、スピード、パワーなどの観点から採点。点数の高かった2本の合計点が高い順に2人が勝ち抜け、トーナメント方式で勝ち進む。

　一つの波に乗れるのは1人のみ。崩れる直前の波の頂上をピークというが、ピークに最も近い人にその波に乗る「優先権」がある。つまり、いい波をつかむには、まずは優先権をとれる位置を確保することが必要となる。

　アメリカ、オーストラリアが強いが、ブラジルも急成長。南アフリカやフランスも強い選手を輩出している。日本でも約80名の強化指定選手を選び、定期的な合宿を行うなど強化策を実施している。

スケートボード

　東京2020大会で、初めて正式競技となったスケートボード。そのルーツには諸説あるが、1940年代にアメリカのカリフォルニアで、木の板に鉄製の車輪をつけて滑った遊びが始まりとされる。とくに若者に人気で、現在も10代の選手が多い。

　オリンピックで行われる種目は2つ。街の中を滑るようなコースで技を競う「ストリート」と、複雑な形のコースで技を競う「パーク」だ。それぞれ男女別に行われる。

　ストリートは、街中にあるような階段、手すり、縁石、ベンチ、壁や坂道などを模したセクション（構造物）が設置されたコースで、1人ずつ競技を行う。セクションを使いながら繰り出すトリックの難易度や高さ、スピード、オリジナリティ、完成度、全体の流れなどを審査員が総合的に判断して採点する。

　パークは、大きなお皿やお椀を組み合わせたような複雑な形の窪地状のコースで、1人ずつ行う競技。お椀の上部はほぼ垂直で、そこから空中に飛び出すと、空中で板（デッキ）をつかんだり、デッキを回転させたり、選手自身が回転したりなど、さまざまなトリックが披露される。高さや難しさ、スピード、オリジナリティ、成功率、全体の流れなどを競う。

　発祥地のアメリカが男女ともに強豪。近年、スペインやフランス、ドイツ、スウェーデン、チェコなどを中心としたヨーロッパ、さらにブラジル、オーストラリアも力をつけている。

　日本人では、堀米雄斗に期待がかかる。スケートボードの世界大会ストリートリーグの、2018年プロオープンロンドン大会で日本人として初めての優勝。続くロサンゼルス大会、ハンティントンビーチ大会でも勝ち、3連覇を果たしたのだ。ストリートを得意とするが、パークもこなすオールラウンダーだ。

冬季大会の競技

アルペンスキー

　雪の斜面に旗門(ポール)を設置、ターンしながら旗門を通過してタイムを競うアルペンスキー。オリンピック競技名としてのアルペンスキーは、以下に示す各種目の総称となっている。

　種目は、旗門と旗門の間隔が長いスピード系の「滑降」「スーパー大回転」と、旗門と旗門の間隔が狭くターンテクニックが重要な技術系の「大回転」「回転」があり、ほかに「アルペン複合(通常、滑降1本を1日、回転2本を1日の2日間で実施し総合タイムを競う)」がある。

　アルペンスキーは、第4回ガルミッシュ・パルテンキルヘン冬季大会(1936)で初めて実施(男女の複合)。第5回サン・モリッツ冬季大会(1948)では男女の滑降と回転が追加され、第6回オスロ冬季大会(1952)から男女複合に代わり男女大回転が追加された。

　第7回コルチナ・ダンペッツォ冬季大会(1956)の男子回転では、猪谷千春が日本の冬季オリンピック史上初のメダル(銀)を獲得した。この大会では、トニー・ザイラー(オーストリア)が滑降、大回転、回転で金メダルを獲得し、三冠を達成した。第10回グルノーブル冬季大会(1968)では、ジャン・クロード・キリー(フランス)が2人目の三冠達成者となった。第15回カルガリー冬季大会(1988)から男女複合が復活し、男女スーパー大回転が追加された。

　第23回平昌冬季大会(2018)では、男女回転、男女大回転、男女スーパーG、男女滑降、男女複合(滑降1本、回転1本の合計タイム)の10種目と、新種目として男女2人ずつ、4人のチームで構成される混合団体も実施された。

クロスカントリースキー

かかとが固定されていないスキーを使用して、なだらかな場所を歩くように滑るスキースタイルは、発祥地の名前を付けられ、「ノルディック（北欧の）スキー」といわれる。クロスカントリースキーはその一種で、起伏のある長いコースをスキーで滑走してタイムを競う。オリンピックでは、第1回シャモニー・モンブラン冬季大会（1924）から実施されている。

第23回平昌冬季大会では、男子が15kmフリー、50kmクラシカル、4×10kmリレー、スプリント、チームスプリント、スキーアスロン30km（クラシカル15km＋フリー15km）の6種目、女子は10kmフリー、30kmクラシカル、4×5kmリレー、スプリント、チームスプリント、スキーアスロン15km（クラシカル7.5km＋フリー7.5km）の6種目、合計12種目が実施された。

クラシカル走法は左右のスキーを平行に保ちながら交互に前後に動かす。フリー走法では、スキーの先端を開きスケートのような要領で滑るスケーティング走法が認められる。1.5kmの短距離を3〜4人で競争して上位2人が勝ち上がるスプリント種目がオリンピックに追加されたのは、第19回ソルトレークシティ冬季大会（2002）から。第20回トリノ冬季大会（2006）から、チームスプリントも加わった。クラシカル走法とフリー走法の2つを連続して行うスキーアスロンは、第22回ソチ冬季大会（2014）から、パシュート（距離複合／前半はクラシカル走法で、後半はフリー走法でと異なる走法を分割して行う）に代わって採用されたもの。選手は一斉にスタートし、中継地点でスキーを履き替え、フィニッシュを目指す。

これまでの最多メダル獲得選手は、男子はビョルン・ダーリ（ノルウェー）で金8、銀4、計12個。女子はマリット・ビョルゲン（ノルウェー）の金8、銀4、銅3の計15個となっている。

スキー・ジャンプ

　スキー・ジャンプもかかとが固定されていないスキーを使用するノルディックスキーの一種。ジャンプ時の空中姿勢や着地姿勢の美しさや正確さを採点する飛型点と、飛距離を得点に換算した飛距離点の合計で競われる。ジャンプ台助走路の傾斜は35度を超え、踏み切り時の速度は時速約90kmにもなる。空中に飛び出した後、放物線を描いて落下し、着地するときの速度は100kmを超える。

　ジャンプ台の大きさを表すヒルサイズ（HS）は、踏み切り台の先端から安全に着地できるとされる限界点までの距離を指す。ノーマルヒルはHS85～109m、ラージヒルがHS110～184m。

　オリンピックでは、第1回シャモニー冬季大会（1924）からノーマルヒル（旧70m級）が実施されている。第9回インスブルック冬季大会（1964）から、ラージヒル（旧90m級）が正式種目となった。第15回カルガリー冬季大会より団体種目が追加され、第22回ソチ冬季大会（2014）から女子種目が正式に採用された。これにより、ソチ大会のスキー・ジャンプは、男子ラージヒル個人、男子ラージヒル団体、男女ノーマルヒル個人の4種目となった。

　日本人では、第11回札幌冬季大会（1972）の70m級（現ノーマルヒル）で、笠谷幸生が金、金野昭次が銀、青地清二が銅と表彰台を独占し「日の丸飛行隊」と称えられた。第18回長野冬季大会（1998）のラージヒル団体では、日本チーム（岡部孝信、斎藤浩哉、原田雅彦、船木和喜）が感動的な逆転優勝を飾り、ラージヒル個人でも船木が金メダルを獲得した。第22回ソチ冬季大会の男子ラージヒル団体では葛西紀明が銀メダル、団体で日本チーム（清水礼留飛、竹内択、伊東大貴、葛西紀明）が銅メダル。女子では第23回平昌冬季大会で高梨沙羅が銅メダルを獲得した。

ノルディック複合

ノルディック複合は、ノルディックスキーの「ジャンプ」と「距離」の2種目の総合成績で順位を決める競技で、オリンピックでは男子だけが行われている。瞬発力と持久力の両方を必要とするため、勝者は「キング・オブ・スキー」と称えられる。

オリンピックではまず「ジャンプ」を行う。ジャンプの得点はタイムに換算され、次の「距離」はジャンプの成績が良かった選手から、換算されたタイムにしたがって時間差をつけてスタートする。この方式を「グンダーセン方式」と呼び、「距離」の着順は、そのままこの種目の順位となる。

ノルディック複合は、第1回シャモニー・モンブラン冬季大会（1924）からノーマルヒルを使用した個人戦が実施されている。第15回カルガリー冬季大会（1988）から団体戦が加わり、第21回バンクーバー冬季大会（2010）から個人のラージヒルも採用されるようになった。第23回平昌冬季大会（2018）では、ノーマルヒル個人、ラージヒル個人（ともにジャンプ1本＋距離10km）、ラージヒル団体（各チーム4人で、ジャンプ1人1本＋距離1人5kmのリレー）の3種目が実施された。ジャンプの得点のタイムへの換算は個人と団体では異なり、個人は15点を1分、団体は45点を1分として換算される。

第16回アルベールビル冬季大会（1992）の団体で、日本（三ヶ田礼一、河野孝典、荻原健司）は初の金メダルに輝いた。続く第17回リレハンメル冬季大会（1994）でも、日本（河野孝典、阿部雅司、荻原健司）が連覇の快挙を遂げる。同大会では、個人でも河野孝典が銀メダルを獲得した。第23回平昌冬季大会では、個人ノーマルヒルで渡部暁斗がソチ冬季大会に続き銀メダリストになっている。

フリースタイルスキー

スキーでゲレンデを滑ったり飛んだりしながら、技の美しさや難易度などを競う、エンターテインメント性の強い「見せる」種目。

第15回カルガリー冬季大会（1988）で、モーグル、エアリアル、バレエがデモンストレーション種目として実施され、第16回アルベールビル冬季大会（1992）からはモーグルが、第17回リレハンメル冬季大会（1994）からはエアリアルが正式種目になった。

第21回バンクーバー冬季大会（2010）からはスキークロスが採用され、第22回ソチ冬季大会（2014）ではハーフパイプ（次ページのスノーボード参照）、スロープスタイルも始まった。第23回平昌冬季大会（2018）では男女モーグル、男女エアリアル、男女スキークロス、男女ハーフパイプ、男女スロープスタイルの10種目が実施された。

モーグルはコブが密集した急斜面をすばやく滑り降りながら、途中にある2つのエア台で空中演技（エア）を行う。採点配分は、コブをスムーズに滑るターンが50%、エアとスピードが25%ずつ。

スキークロスは、4〜6人が同時にスタートして同じコースを滑走し、コース上のジャンプ台、ウエーブ、バンク、キャニオンなどの障害をクリアし、競り合いながら先着を競う。

スロープスタイルは、斜面のコースに複数設置された階段の手すりのような障害物の上を滑り降りたり、ジャンプ台から自由な発想で繰り出す空中技を、審判の採点によって競う。

第18回長野冬季大会（1998）の女子モーグルで里谷多英が金メダル、第19回ソルトレークシティ冬季大会（2002）でも同選手が銅メダルを獲得している。第22回ソチ冬季大会では新種目の女子ハーフパイプで小野塚彩那が銅メダリストに、第23回平昌冬季大会の男子モーグルで原大智が銅メダリストになった。

スノーボード

1枚のボード上に横向きに乗って滑る種目。1960年代にアメリカで生まれたとされる。旗門で構成されたコースでスピード(タイム)を競う「アルペン系」と、専用コースでアクロバティックな演技(採点)を競う「フリースタイル系」に大別される。

第18回長野冬季大会(1998)から、男女ハーフパイプ(パイプを半分に切ったような溝状のコースで、リップと呼ばれるパイプの縁を利用して、ジャンプや回転のエアを行い、難易度、完成度、高さ、組み合わせなどを5人の審判で採点する)と、アルペン系の男女大回転が採用された。

第19回ソルトレークシティ冬季大会(2002)からは、男女大回転が男女パラレル大回転(並行した2つのコースで対戦形式で行う)に変更された。

第20回トリノ冬季大会(2006)からは、男女スノーボードクロス(4～6人が同時にスタートし、ジャンプ台や急カーブなど障害を設けたコースを滑り、上位選手が次ラウンドに進み順位を競う)が追加された。

第22回ソチ冬季大会(2014)からは、男女パラレル回転と男女スロープスタイルも追加されたが、パラレル回転は1回のみで終わった。第23回平昌冬季大会(2018)では代わりに、助走路を滑り降りてジャンプ台から飛び出し空中の技を競う、男女のビッグエアが行われ、男女パラレル大回転、男女ハーフパイプ、男女スノーボードクロス、男女スロープスタイルと合わせ、10種目が実施された。日本は男子ハーフパイプで、平野歩夢がソチ冬季大会に続いて銀メダルを獲得した。

スピードスケート

1周400mのトラックを、2人の選手がバックストレート（ゴールの反対側の直線）にクロッシングゾーン（入れ替わり区域）を設けてインとアウトのレーンを入れ替えながら滑走し、タイムを競う。

国際スケート連盟（ISU）は1892年に発足したが、スピードスケートの世界選手権は、その翌1893年に始まっている。

オリンピックでは、第1回シャモニー・モンブラン冬季大会（1924）からスピードスケートが実施されており、女子は第8回スコーバレー冬季大会（1960）から正式種目になった。

当初はアウトドアのリンクで行われていたが、第15回カルガリー冬季大会（1988）で初めてインドアのリンクが使用され、現在まで続いている。

第18回長野冬季大会（1998）のころから、靴のかかととブレードが固定されておらず、氷を蹴ったときに離れるスラップスケートが登場し、タイムが向上した。第20回トリノ大会（2006）からチームパシュート（1チーム3人で、男子はリンク8周3200m、女子は6周2400mで3人目のブレードの後ろがゴールした時点のタイムを競う。トーナメント方式で実施される）が男女の新種目に入った。第22回ソチ冬季大会（2014）では、男女500m、男女1000m、男女1500m、女子3000m、男女5000m、男子10000m、男女チームパシュートの12種目が行われた。第23回平昌冬季大会（2018）では、マススタート（一斉スタート）種目が追加された。

第11回札幌冬季大会（1972）で、男子1500m、5000m、10000mの3種目を制したのはアルト・シェンク（オランダ）。第13回レークプラシッド冬季大会（1980）では、エリック・ハイデン（アメリカ）がシェンクを上回る5冠（男子500m、1000m、1500m、5000m、10000m）を獲得するという快挙をなし遂げた。第17回リレハ

ンメル冬季大会（1994）では、ヨハン・オラフ・コス（ノルウェー）がシェンクと同様に3冠を達成している。

　女子では、ボニー・ブレア（アメリカ）が女子500 mで男女を通じてスピードスケート初の3連覇（1988年第15回カルガリー大会、1992年第16回アルベールビル大会、1994年第17回リレハンメル大会）を達成。クラウディア・ペヒシュタイン（ドイツ）も女子5000 mで3連覇（1994年第17回リレハンメル大会、1998年第18回長野大会、2002年第19回ソルトレークシティ大会）している。

　第20回トリノ冬季大会（2006）では、男子1000 mでシャニー・デービスが冬季オリンピック史上初の黒人金メダリストになった。

　日本の初メダリストは、第14回サラエボ冬季大会の男子500 mで銀メダルを獲得した北沢欣浩。橋本聖子は第15回カルガリー冬季大会（1988）で出場した全5種目で入賞を果たし、続く第16回アルベールビル冬季大会（1992年）の女子1500 mで悲願のメダル（銅）を獲得した。第18回長野冬季大会（1998）では、男子500 mで清水宏保が初の金メダル、女子500 mでは岡崎朋美が銅メダルを獲得。

　第21回バンクーバー冬季大会（2010）では、まだ新しい種目のチームパシュートで、日本女子（穂積雅子・小平奈緒・田畑真紀）が銀メダルを獲得した。

　第23回平昌冬季大会（2018）では、日本の女子がめざましい活躍をした。金メダルは3つ。女子500mで小平奈緒、新種目の女子マススタートで髙木菜那、女子チームパシュートで日本女子チーム（髙木美帆、菊池彩花、佐藤綾乃、髙木菜那）。銀メダルは女子1000mで小平奈緒、1500mで髙木美帆。また、女子1000mで髙木美帆が銅メダルを獲得した。

第4章　オリンピックの競技・種目

フィギュアスケート

　スケートは北欧を中心に運河のある地域で発達し、次第に娯楽へと発展していく。とくに貴族階級は、そのスケートに優雅さやエンターテインメント性を求め、独特の滑走術を創造していった。17世紀〜18世紀のオランダやイギリスでは、氷上で回転したり図形を描いたりするようになっていった。

　ヨーロッパの移民からスケートが伝わった北米では、19世紀中ごろ、バレエ教師だったジャクソン・ヘインズが音楽に合わせて滑走することを考案した。ヘインズはバレエのポーズやダンスのステップをスケートに取り入れ、非公式の大会で全米チャンピオンになった後、1865年ごろウィーンにスケート学校を設立するなど普及に努めた。その功績から彼は「近代フィギュアスケートの父」と呼ばれている。

　フィギュアスケートが初めてオリンピックで実施されたのは、冬季大会がはじまる前、夏季に開催された第4回ロンドン大会（1908）だった。第7回アントワープ大会（1920）でも実施され、1924年の第1回冬季大会（シャモニー・モンブラン）からは冬季オリンピックの競技として行われるようになった。

　種目は、男子シングル、女子シングル、ペアに加え、第12回インスブルック冬季大会（1976）からアイスダンスが種目に取り入れられた。

　フィギュアスケートの「フィギュア」とはもともと、リンクの上に図形（フィギュア）を描くように滑るところから名付けられている。男女シングルは、当初、コンパルソリー（氷上を滑走して規定図形を描く）とフリースケーティングで行われていたが、1973年からショートプログラムがシングルとペアに採用され、1991年以降、地味で観客やメディアから人気のなかったコンパルソリーは、廃止

になった。

第19回ソルトレークシティ冬季大会（2002）のペアで不正採点問題が起きたことから、国際スケート連盟（ISU）は従来の6点満点の採点システムを廃止し、技術点と演技構成点の総得点で競う新採点方式を導入した。

第22回ソチ冬季大会（2014）では団体戦も行われた。

日本のスケート発祥の地は、札幌農学校（現在の北海道大学）といわれている。1877年、アメリカ人教師ブルックスによってスケート用具が持ち込まれ、1891年には新渡戸稲造がアメリカ留学から帰国の際にスケート靴を持ち帰ったところから普及が進んだ。またフィギュアスケート発祥の地は、宮城県仙台市の五色沼という説がある。

日本は、第3回レークプラシッド冬季大会（1932）からオリンピックのフィギュアスケートに参加している。第16回アルベールビル冬季大会（1992）では、伊藤みどりがオリンピック女子初となるトリプルアクセル（3回転半）ジャンプを決め、銀メダルを獲得した。第20回トリノ冬季大会（2006）では荒川静香が金メダル、第21回バンクーバー冬季大会（2010）では浅田真央が銀メダルを獲得している。男子は、第21回バンクーバー冬季大会で高橋大輔が日本初のメダリスト（銅）になり、第22回ソチ冬季大会では、羽生結弦が金メダルに輝いた。第23回平昌冬季大会では、羽生結弦が2連覇を果たし、宇野昌磨が銀メダルを獲得した。

トリノ大会（2006）、荒川静香のフリー演技

ショートトラック

1周111.12mのトラック（直線28.85m、カーブの半径8m）で、横1列に選手が並び、一斉にスタートする。いつ追い越してもよく、隙間があれば内側から抜くことも認められている。トラック1周を8秒台で滑るが、タイムトライアルではなく順位を争う。そのため、相手とのかけひきの巧拙がポイントになる。

1981年に世界選手権で実施され、第15回カルガリー冬季大会（1988）でデモンストレーション競技として行われたあと、第16回アルベールビル冬季大会（1992）から正式種目となった。

次のレースに進出する規定順位に入れない場合でも、反則や妨害行為を受けたことが原因であれば救済措置があり、第20回トリノ冬季大会（2006）から、接触転倒事故の際はビデオ判定が取り入れられるようになった。

第23回平昌冬季大会（2018）では、男女500m、男女1000m、男女1500m、男子5000mリレー、女子3000mリレーの8種目が実施された。

日本ではショートトラックは伝統ある種目だった。デモンストレーションとして採用された第15回カルガリー冬季大会では、女子3000mで獅子井英子が金メダル、女子3000mリレーで銀メダル、男子500mで石原辰義が銅メダルと活躍を見せている。

正式種目となってからは、第16回アルベールビル冬季大会の男子5000mリレーで、日本（赤坂雄一、石原辰義、河合季信、川崎努）は銅メダルを獲得。

第11回長野冬季大会（1998）では、男子500mで西谷岳文が金、植松仁が銅メダルを同時に獲得した。

アイスホッケー

　スケートリンク上で行うホッケー。2チームのプレーヤーが、円盤状の硬質ゴム製パックをスティックで受け渡しながら運び、相手ゴールに入れ、得点を競う。たいへん激しくぶつかり合うことから、「氷上の格闘技」と呼ばれる。チーム構成はフォワード3人、ディフェンス2人、ゴールキーパー1人の計6人。体力の消耗が激しいので、試合中はいつでも何回でも選手交代をしてよい。試合は1ピリオド20分で、15分間の休憩を挟み、3ピリオド行う。

　1877年に、カナダのモントリオールにある大学の学生らがフィールドホッケーとラグビーを組み合わせて競技ルールを考案したとされる。学生たちはすぐにアイスホッケー部を設立。何度かルール改正を重ね、当初の9人制から6人制に落ち着いていった。アイスホッケーは北米で発達し、やがて、ヨーロッパに広がっていった。

　オリンピックで最初に採用されたのは、第7回アントワープ夏季大会（1920）。夏季大会の中で運営されたが、第1回シャモニー・モンブラン冬季大会（1924）以降は冬季大会の正式競技となっている。女子は第11回長野冬季大会（1998）から正式種目に採用された。

　日本で最初にアイスホッケーのプレーが行われたのは1915年、長野県の諏訪湖といわれている。日本男子が初めてオリンピックに出場したのは、第4回ガルミッシュ・パルテンキルヘン冬季大会（1936）だった。

　日本女子代表は第11回長野冬季大会に初出場を果たした。その後、本大会から遠ざかっていたが、2013年に「スマイルジャパン」とネーミングされ、第22回ソチ冬季大会（2014）で久しぶりに出場、第23回平昌冬季大会（2018）も出場した。

ボブスレー／スケルトン

【ボブスレー】

ハンドルとブレーキを備えた流線形のボディに、ランナーと呼ばれる鋼鉄製の刃を取り付けたそりでコースを滑走し、タイムを競う。スピードとスリルにあふれ「氷上のF1」とも称される。滑走距離は約1300〜1700m。2人乗りと4人乗りの2種目がある。各チームごとのタイムレースで、4回滑った合計タイムで順位を競う。一番前に乗りハンドルを操作するドライバーをパイロットと呼ぶ。

第1回シャモニー・モンブラン冬季大会(1924)では、男子4人乗りのみが実施された。第2回サン・モリッツ冬季大会(1928)では男子5人乗りとなり、第3回レークプラシッド冬季大会(1932)で再び男子4人乗りに戻り、男子2人乗りも採用された。第8回スコーバレー冬季大会(1960)以外は同競技が実施され、第19回ソルトレークシティ冬季大会(2002)から、女子2人乗りも正式種目になった。

日本の初参加は、第11回札幌冬季大会(1972)だった。

【スケルトン】

滑走部と台座だけのそりにうつぶせに乗って、頭を前にして氷のコースを滑り降り、タイムを競う競技。そのきわめてシンプルな形状から、「骨格・骨組み」を意味するこの名が付いたといわれる。

オリンピック冬季大会では、第2回サン・モリッツ冬季大会(1928)で男子種目が初めて実施され、第5回サン・モリッツ冬季大会(1948)で2度目が行われる。その後しばらく中断されていたが、第19回ソルトレークシティ冬季大会(2002)から復活し、女子種目も新設された。同大会で、越和宏が8位入賞を果たしている。

リュージュ

　リュージュは、フランス語で「木ぞり」を意味する。現在の競技では、下部にクーヘという金属製の刃を付けた強化プラスチック製のそりに仰向けに乗り、足首でクーヘの先端を挟んでコントロールしながらコースを滑り降り、その速さを競う。ブレーキやハンドルはない。最高時速は120km以上になり、1000分の1秒までタイムを計測する。

　ヨーロッパの積雪地帯では、1650年ごろから、重い荷物の運搬に用いるほか、冬の遊びとしてそりが親しまれていた。スポーツとしてのそりはスイスが発祥で、1881年の第1回スイス・そり競技会が始まりだったとされる。

　オリンピックでは、第9回インスブルック冬季大会（1964）から正式競技に加わった。男子1人乗り、女子1人乗り、2人乗り（性別問わず）の3種目に加え、第22回ソチ冬季大会（2014）からチームリレーが新種目になった。これは、女子1人乗り・男子1人乗り・2人乗りで1チームとなり、1台目の選手がフィニッシュ地点のタッチパッドに触れると、2台目のそりのスタートゲートが開く仕組みで行われる。

　第22回ソチ冬季大会では、ドイツがリュージュ全4種目を制した。ドイツは伝統的に強く、ゲオルク・ハックルは、男子1人乗りで3連覇（1992年アルベールビル大会、1994年リレハンメル大会、1998年長野大会）を達成している。

　日本にリュージュが伝えられたのは、1963年ごろとされる。オリンピックへの初参加となった第11回札幌冬季大会（1972）の男子2人乗りで、荒井理・小林政敏組が4位、女子1人乗りで大高優子が5位入賞と好成績をおさめた。

カーリング

2チームが対戦し、ストーンと呼ばれるハンドルの付いた約20kgの丸い石を長さ44.5m、幅4.75mのアイスシート（リンク）の上を滑らせるように投げ、約40m先の直径3.66mの円（ハウス）の中心に、より近づけたチームが得点する。発祥は15世紀ごろのスコットランドで、ストーンがゆっくり回転しながら滑っていくところから、「カーリング」と名付けられたとされる。

チームは「リード」「セカンド」「サード」と、各選手に指示しながらゲームを進める「スキップ」の4人編成で、2チームの対戦で行う。1人がストーンを投げ、ブルームと呼ばれるほうきのようなブラシで氷の表面をこするスイーパー2人が、ストーンの回転や速度を調節する。体力、気力だけでなく、頭脳やデリケートなテクニックを必要とすることから、「氷上のチェス」ともいわれる。

オリンピックでは、第1回シャモニー・モンブラン冬季大会（1924）、第3回レークプラシッド冬季大会（1932）、第4回ガルミッシュ・パルテンキルヘン冬季大会（1936）でデモンストレーション競技として行われた。この大会に参加した日本選手団が、1940年に予定されていた札幌冬季大会での競技採用を目指して、ストーンなどを持ち帰り日本に紹介したという。しかし大会が返上されたため、普及には至らなかった。

第16回アルベールビル冬季大会（1992）では女子のみデモンストレーション競技が実施され、第18回長野冬季大会（1998）からようやく男女の2種目が正式競技として採用された。

第23回年平昌冬季大会（2018）では、男女1人ずつの混合ダブルスも新種目として加わった。この大会の女子団体戦で、日本女子チームがカーリングで日本初メダルとなる銅メダルを獲得した。

バイアスロン

クロスカントリースキーとスモールボア・ライフル射撃を組み合わせた競技。北欧の人々が冬場に獲物を追って野山を走り回っていたことが競技となって発展したもの。競技はスキーを履き、銃を背負って、定められた距離のコースを滑走し、合間に22口径競技用ライフルで50mの距離の射撃を行う。競技名は、ギリシャ語の「バイ（2つ）」と「アスロン（競技）」を組み合わせてつくられた言葉。「動＝スキー」と「静＝ライフル」の相反する要素をバランスよく整えて両立させることが求められる。

オリンピックでは、男子が第8回スコーバレー大会（1960）、女子が第16回アルベールビル大会（1992）から採用された。

第23回平昌冬季大会（2018）では、男女スプリント、男女個人、男女パシュート、男女マススタート、男女リレー、男女ミックスリレーの11種目が実施された。

オーレ・アイナル・ビョルンダーレン（ノルウェー）は、第17回リレハンメル冬季大会（1994年）から第22回ソチ冬季大会にかけ、金8、銀4、銅1の計13個のメダルを獲得している。これは冬季オリンピックの選手では最多である。

日本は、男子が第9回インスブルック冬季大会（1964）、女子が第16回アルベールビル大会から参加している。これまでの最高成績は、第18回長野冬季大会の高橋涼子の女子個人6位。

当初、国際競技連盟は国際近代五種・バイアスロン連合として活動していたが、第18回長野冬季大会（1998）前に、バイアスロンが近代五種から独立した。それにともない、日本でも2011年、日本近代五種・バイアスロン連合が分離し、日本バイアスロン連盟が発足した。

第4章 オリンピックの競技・種目

実施されなくなった競技

　夏のオリンピックに一度は正式競技として採用されながら、消えていった競技はいくつもある。ジュ・ド・ポーム、ラケッツ、ロックなど、耳慣れない競技もあるが、有名どころでいえば、モーターボート、ラクロス、ポロ、ローラーホッケー、綱引き、芸術競技などがかつて行われていた。

　モーターボートが実施されたのはたった1度、第4回ロンドン大会（1908）だった。男子のみでオープンクラス（無差別）、8m級、60フィート級の3種目が行われた。オープンクラスはフランスが優勝、8m級と60フィート級では地元イギリスチームが2種目を制覇している。

　競技は残っているものの、消えていった種目もたくさんある。

　例えば第2回パリ大会（1900）では射撃の1種目として、「ライブ・ピジョン・シューティング」、つまり「生きた鳩撃ち」が実施されていた。クレー射撃のトラップ種目も、もともとは生きた鳥がターゲットであったが、残酷であることから禁止され、「クレー」と呼ばれる素焼きの皿になったという経緯がある。

　陸上競技でも、さまざまな珍種目が実施されていた。第5回ストックホルム大会（1912）で行われたのが砲丸投げと円盤投げとやり投だ。こう書くと珍しくもなんともないが、この3種目、現在のような片手投げのほか、「両手投げ」種目が存在していたのだ。

　冬季オリンピックでは、現在の7競技（スキー、スケート、アイスホッケー、バイアスロン、ボブスレー、リュージュ、カーリング）以外で実施された公式競技はないが、公開競技として、バイアスロンに似たミリタリー・パトロール、ドッグスレッド（犬ぞり）、冬季五種競技などが存在した。

第5章
パラリンピック

パラリンピック

パラリンピックとは

　パラリンピックは、4年に1度（夏季と冬季とが2年おき・交互に）行われるオリンピックと同じ年に同じ都市で開催される、障害者による世界最高峰のスポーツ大会。その名称は「もうひとつの（Parallel）」「オリンピック（Olympic）」という意味である。

　1948年にイギリスのストーク・マンデビル病院でルードウィッヒ・グットマンが開催した16人の車いす患者によるアーチェリー大会が、パラリンピックの起源となっている（次ページ以降参照）。

　「失われたものを数えるな、残された機能を最大限に活かせ」というグットマンの言葉は、大会理念として今も受けつがれている。障害があってもスポーツを通じて前向きに挑戦し続けるアスリートが活躍する場、それがパラリンピックだ。

3色の曲線からなるパラリンピック・シンボル

　パラリンピックのシンボルマークは、3色の曲線で描かれている。この赤、青、緑色は世界中の国旗で最も多く使われている色で、人間にとって重要な心、体、魂という3つの要素を示している。カーブのかかった線は、パラリンピック選手の活躍が世界中の人々を勇気づけることを表現したもの。現在のデザインは3代目で、2004年アテネ大会の閉会式から使用されているものである。1988年ソウル大会で作られた最初のシンボルマークは、オリンピックと同様に青、黄、黒、緑、赤の5色を使ったデザインであった。

パラリンピックの歴史

第二次大戦中のイギリスの病院からスタート

　第二次世界大戦中、戦争で負傷した兵士たちの治療とリハビリのため、1944年にイギリスのストーク・マンデビル病院内に設置された脊髄損傷科がパラリンピック誕生の舞台となる。初代科長のユダヤ系ドイツ人医師、ルードウィッヒ・グットマン卿は「車いすよりスポーツを」の方針により、車いすでのポロや卓球、バスケットボールなど、スポーツを使用したリハビリテーションを行い、成果を挙げていた。その延長として1948年ロンドンオリンピックと同じタイミングで開催したのが、16名の車いす患者によるアーチェリー大会であり、1952年には130名もの選手が参加する国際大会になった。

　1960年、グットマンを初代会長に、イギリス、オランダ、ベルギー、イタリア、フランスの5か国の協力によって国際ストーク・マンデビル大会委員会が設立された。そしてその年、ローマオリンピックの後に、同じローマで国際ストーク・マンデビル大会が実現。23か国、400名が参加する、大きな大会となった。このころから大会関係者はこの大会を「パラプレジック・オリンピック」（対麻痺者のオリンピック）と呼ぶようになった。のちにこの1960年の国際ストーク・マンデビル大会が第1回パラリンピックと呼ばれるようになる。

東京オリンピック後に第2回大会が東京で開催

　1964年に東京で開催される国際身体障害者スポーツ大会（第2回パラリンピック）に向けて、日本の準備委員会はそれまでの車いす選手だけでなく、すべての障害者に開かれた大会を目指した。そして実現したのが、第1部は従来どおりの国際ストーク・マンデビル大会、第2部は国内の全ての障害者と西ドイツの招待選手が参加す

第 5 章　パラリンピック

る大会、という 2 部制での開催だった。そして 1976 年のトロント大会（第 5 回パラリンピック）で初めて車いす選手と視覚障害者、切断の選手（腕や胴を切断した人）が同時に出場。またこの年、スウェーデンのエンシェルツヴィークで切断の選手による冬季大会（第 1 回冬季パラリンピック）が開催された。

「パラリンピック」が正式名称に

　1985 年、ついに「パラリンピック」が大会正式名称となる。このころには出場選手の障害の種類が多様になっていたため、これを機に「パラ」を「パラプレジック」（対麻痺者の）ではなく「パラレル」（類似した、もうひとつの）の意味とし、パラリンピックは「もうひとつのオリンピック」を意味することになった。1988 年、61 の国と地域から 3,057 人の選手が参加して行われたソウルパラリンピックは、オリンピックとパラリンピックが本格的に連動した初めての大会となり、オリンピックの会場を使ってパラリンピックの競技が行われた。

国際パラリンピック委員会創設、競技性の高い大会に

　1989 年、ドイツのデュッセルドルフに国際パラリンピック委員会（IPC）が創設された。1996 年のアトランタパラリンピックでは初めて参加国・地域が 100 を超え、知的障害の選手の出場が認められた。2000 年に IOC と IPC は「オリンピック開催地はオリンピック終了後、引き継いでパラリンピックを開催する」という合意に達した。2004 年アテネパラリンピックでは、競技性がより強まり、多くの種目で世界記録が続出。そのなかで日本選手団は金メダル 17 を含む合計 52 ものメダルを獲得し、これまでで最高のメダル獲得記録を打ち立てている。2008 年の北京パラリンピックからは、大会組織委員会がオリンピックとひとつになって運営されるようになった。そして、

2012年ロンドン大会からは「オリンピック・パラリンピック」と併記されるようになった。2016年リオ大会には、159の国と地域から、史上最多の4,333人もの選手が集まった。

このように、パラリンピックは大会ごとにその規模を拡大し、さまざまな障害をもつ選手に門戸を広げてきた。「リハビリのための大会」から「世界最高峰の障害者スポーツ大会」への変化も、パラリンピックの歴史を語るうえで欠かせないことである。

◆夏季大会

回	開催年	開催都市	参加国・地域数	参加選手
1回	1960年	ローマ	23	400人（日本不参加）
2回	1964年	東京	21	378人
3回	1968年	テルアビブ	29	750人
4回	1972年	ハイデルベルグ	43	984人
5回	1976年	トロント	40	1,657人
6回	1980年	アーネム（アルヘルム）	42	1,973人
7回	1984年	ニューヨーク　アイルズベリー（ストークマンデビル）	54	2,102人
8回	1988年	ソウル	61	3,057人
9回	1992年	バルセロナ	83	3,001人
10回	1996年	アトランタ	104	3,259人
11回	2000年	シドニー	122	3,881人
12回	2004年	アテネ	135	3,808人
13回	2008年	北京	146	3,951人
14回	2012年	ロンドン	164	4,237人
15回	2016年	リオデジャネイロ	159+難民	4,333人

◆冬季大会

回	開催年	開催都市	参加国・地域数	参加人数
1回	1976年	エンシェルツヴィーク	16	53人（日本不参加）
2回	1980年	ヤイロ	18	299人
3回	1984年	インスブルック	21	419人
4回	1988年	インスブルック	22	377人
5回	1992年	アルベールビル	24	365人
6回	1994年	リレハンメル	31	471人
7回	1998年	長野	31	571人
8回	2002年	ソルトレークシティ	36	416人
9回	2006年	トリノ	38	474人
10回	2010年	バンクーバー	44	502人
11回	2014年	ソチ	45	547人
12回	2018年	平昌	49	567人

パラリンピックで行われる競技

陸上競技

　健常者競技で行われている競歩と混成競技を除くトラック、フィールド、マラソンで構成される。トラック競技では、100m、200m、400m、800m、1500m、5000m、4 × 100m リレー、4 × 400m リレーなどが実施されてきた。さらに障害の種類により、視覚障害、知的障害、脳性麻痺、切断・機能障害に分かれる。

　基本的には、一般の陸上競技と同じルールが適用されるが、障害に応じて一部ルールが変更される場合がある。たとえば、車いすレースのフィニッシュは胴体ではなく前輪の車軸で判定する。腕や脚を切断した人は、義手や義足を装填しての競技が認められている。最近の義足は、板を曲げたような形状をしているカーボン製が用いられており、反発力があって記録が格段に伸びた。また、視覚障害の選手は、「ガイドランナー」と呼ばれる伴走者と共に走る。東京2020大会のリレーは、男女混合の 4 × 100m メドレーリレーが行われる。

　フィールド競技のクラス分けもほぼ同様であり、走り高跳び（男子のみ）、走り幅跳び、砲丸投げ、円盤投げ、やり投げ、こん棒投げ、の種目が行われる。走り幅跳びでは、通常の踏切板を使用せずに、1m × 1.22 mの長方形の踏切区域が設けられる。視覚障害の一部のクラスでは、「コーラー」と呼ばれる人が声掛けなどにより選手に競技の方向を教えるなどのサポートを行う。こん棒投げはパラリンピック独特の種目で、木と金属でできたふくらみのある棒を投げ、その距離を競う競技。

　マラソンの距離は42.195kmで一般と同じ。ガイドランナーが伴走する視覚障害者、上肢障害者、車いすの3レースが行われる。

水泳

　水泳（競泳）の実施種目は、自由形：50m、100m、200m、400m、背泳ぎ：50m、100m、バタフライ：50m、100m、平泳ぎ：50m、100m、個人メドレー：150m、200m、メドレーリレー：4×100m、自由形リレー：4×100m、男女混合4×50m自由形リレー。障害の種類により、身体障害、視覚障害、知的障害に分かれており、その中でまた障害の内容、程度により細分化されている。まず、身体障害（肢体不自由者）の分野では、切断、脊髄損傷、脳性麻痺等の原因にかかわらず水泳競技を行うのにどの程度の運動機能が使えるかをみてクラス分けを行うため、ベンチテスト、ウォーターテスト、競技観察が取り入れられている。それにより障害の程度で9～10（種目によって異なる）のクラスに分かれる。また視覚障害は視力や視野の程度により、3段階のクラスに分かれ、知的障害は一つのクラスとなっている。

　パラリンピックの水泳ルールの特徴のいくつかを紹介しよう。まずはスタート。健常者の場合は背泳ぎ以外はスタート台から飛び込まなければならないが、パラリンピックでは障害の程度により、水中スタートが許されている。入退水やスタート時に介助が許される場合もある。また視覚障害者には、競技中に壁にぶつかるという恐怖心を取り除いたり安全確保の目的で、ゴール直前やターン直前に、コーチ等が合図棒で選手の頭や肩を触って合図をすることが許可されている。この行為をタッピングと呼ぶ。150m個人メドレーは、背泳ぎ、平泳ぎ、自由形の順番に行われ、バタフライはない。

車いすテニス

車いすテニスは1988年ソウル大会で公開競技となり、1992年バルセロナ大会から正式競技となった。ツーバウンドでの返球が認められていること以外は、コートの広さやネットの高さも含め、基本的には一般のテニスと同じルールで行われる。回転性や敏捷性が得られるような特別仕様の車いすが使用される。

実施種目は、男女のシングルスとダブルスのほか、2004年アテネ大会から男女混合のクァードクラス（四肢麻痺者で車いす使用者が対象）のシングルスとダブルスが加わった。上肢にも障害のあるクァードクラスでは、ラケットと手首をテーピングで固定することも認められている。

テコンドー

テコンドーは蹴り技を特徴とする格闘技。パラリンピックでは東京2020大会から正式競技となる。障害者のテコンドー競技には上肢に障がいのある選手を対象とするキョルギ（組手）と、知的障害者対象のプムセ（型）があるが、東京2020大会ではキョルギのみが行われる。

障がいの程度により、重いほうから順にK41からK44まで4つのクラスに分けられ、男女それぞれ体重別に3階級で競う。コート（8角形）、試合時間（2分×3ラウンド）、有効な攻撃に対してポイント（2〜4点）が与えられ、時間内により多くの得点をとったほうが勝ちとなるなどはオリンピックと同じ。パラリンピックでは頭部への蹴りは禁止で、胴体への蹴り技だけが有効となる。ポイントは、有効な蹴りは1回2点、180度の回転が加わった後ろ蹴りは3点、後ろ蹴りから軸足を入れ替えて計360度の回転蹴りは4点となる。360度の回転蹴りはパラリンピックのみの大技。

アーチェリー

　アーチェリーは、50m、または70m離れた標的に向かって矢を放ち、その得点を競い合う競技。パラリンピック発祥のストーク・マンデビル病院の医師グットマン博士が1948年に初めて開催した競技会がアーチェリーであった。

　パラリンピックで使用する弓には、オリンピック競技で使用されている一般的な"リカーブ"と、先端に滑車のついた"コンパウンド"の2種類がある。クラスは、W1（四肢に障害のある車いす使用者）、W2（下肢に障害のある車いす使用者）、ST（立位またはいすに座って競技）の3つに分けられるが、競技はリカーブオープン、コンパウンドオープン、W1オープンの3つに分けられ、この組み合わせにより、男女の個人戦それぞれ3種目、混合の団体戦3種目が行われる。ルールは一般のアーチェリー競技規則に準じて行われる。

車いすフェンシング

　車いすフェンシングも、アーチェリー同様グットマン博士により発展した競技で、パラリンピックでは1960年ローマ大会から行われている伝統競技だ。「ピスト」と呼ばれる装置に、選手の腕の長さに応じて車いすを固定し、上半身のみで競技を行う。ユニフォーム、剣、マスクなどは一般のフェンシングと同じ。ルールも基本的には同じである。

　種目は、男女フルーレ（メタルジャケットを着た胴体のみの突き）、男女エペ（上半身の突き）、男女サーブル（上半身の突き、斬る）の3種類で、障害の程度によってカテゴリーA、Bに分けられる。エペとフルーレには、男女それぞれの団体戦がある。一般の競技と違ってフットワークが使えないので、剣さばきの技術、スピードが勝敗の重要なポイントとなる。

柔道

　柔道は1988年ソウル大会から正式競技として行われている。参加するのは視覚障害者で、障害の程度によるクラス分けではなく、健常者と同様体重別の階級制。階級は男子「7」、女子「6」で、男子はオリンピックと全く同じであるが、女子は最重の階級が78kg超級ではなく、70kg超級となっており、一つ少ない「6」である。ルールは「国際柔道連盟試合審判規定」に準ずるが、パラリンピックならではのルールがいくつか定められている。一番の違いは競技開始時で、お互いに組んだ状態で主審の「はじめ」の合図で始まる。試合中に選手が離れた場合は、主審が「まて」を宣告し、試合開始位置まで戻してから再開する。そのため中央の開始線の間隔は、オリンピックでは2mであるのに対し、パラリンピックは50cm。競技時間は2016年末より男女とも4分と、1分短くなった。4分で決着がつかなかった場合はゴールデンスコア方式の延長戦を行う。

卓球

　卓球は1960年の第1回から実施されている伝統競技で、一般の競技規則に準じて行われる。肢体不自由者の車いすと立位、そして知的障害の3つに分かれており、さらに傷害の程度によりクラス分けされている。特別なルールとしては、車いす部門では、サービスが相手コートにバウンドした後サイドラインを横切った場合はレット（やり直し）になる。また、正規なトスが困難な選手には、一度コートにボールを落としてからサービスすることなどが認められている。

　パラリンピックでは、男女それぞれ個人戦、団体戦が行われ、ダブルスは実施されない。

サッカー

　パラリンピックのサッカーは「視覚障害者5人制」と「脳性麻痺者7人制」の2競技がある。

　前者は国際サッカー連盟（FIFA）が定めたフットサルのルールを一部修正したものに沿っている。ピッチは、縦40m、横20mのフットサルコートを使う。1チームは、視覚障害のない健常者が務める（弱視者の場合もある）GKと、4人のフィールドプレイヤー（以下FP）の5人で構成される。FPは視覚障害者だが、障害の程度によるクラス分けはないため、視力の差を公平にするためのアイマスクの着用が義務づけられている。ボールは、FPがボールの位置を把握できるよう鉛入りのものを使用。蹴ると「シャカシャカ」という音がする。FPはボールを持った相手に近づく時に「ボイ！」という声を掛けるルールがある。GKは幅3.66mのゴールエリアしか動くことができないが、守備に関する情報を伝える役割もになう。チームには、コーラーと呼ばれるガイド役がいて、攻撃する側のゴール裏に立ち、オフェンスに対しゴールまでの距離や角度を声や音で知らせる役割をになう。試合時間は2017年より短くなり、前後半20分の計40分（ハーフタイム10分）。選手交代は自由。

　「脳性麻痺7人制」は、比較的軽度な脳性麻痺者がプレーできるように考案されたサッカーで、1チームはGKを含む7名で構成される。2017年から女性も参加できるようになった。ピッチは縦70m×横50m。試合時間は前後半30分の計60分（ハーフタイム15分）。選手交代は最大3回、3回の合計で最大5人まで認められる。ルールはFIFAの11人制サッカーに準じるが、オフサイドが適用されないことと、片手で下からののスローインが認められていることが特徴だ。この7人制サッカーは東京2020大会では実施されない。

ウィルチェアーラグビー

　ウィルチェアーラグビーは、四肢に障害のある車いすの選手が行う競技。カナダで考案され、2000年シドニー大会から正式競技。選手は障害の程度により、0.5〜3.5の7段階のクラスに分けられ、コート上でプレーする1チーム4名の選手の合計が8.0を超えないように編成しなければならない。男女混合の競技で、女子選手が出場するときは1人につき0.5点の追加点が与えられる（女子2名が含まれるチームの持ち点は合計9.0点で編成できる）。バスケット用のコート（28m×15m）を利用し、ボール（バレーボールの公式球と同じサイズの専用球）を、パスやドリブル、膝の上に乗せて運ぶなどして、両側に設けられた8mのゴールラインを通過すると得点になる。1ピリオド8分、4ピリオドで得点を競う。通常のラグビーと違って前方へのパスが認められている。また、車いすを相手にぶつけるタックルも可能で、激しい攻防が見どころになっている。

ボッチャ

　ボッチャは脳性麻痺者や四肢機能障害者のためにヨーロッパで考案されたパラリンピック独自のスポーツ。1988年ソウル大会から公式競技になっている。赤または青のボールをコート内のジャックと呼ばれる白い目標球にどれだけ近づけられるかで得点を競うボールゲームで、1対1の個人戦、2対2のペア、3対3の団体戦で行われる。ボールは皮革製か合皮製で、周囲が約270mm、重さは約275g。ジャックボール1個、赤と青のカラーボール各6個が使用される。コートの広さは長さ12.5m×幅6m。ゲーム終了後に高得点を上げた個人またはチームが勝ちとなる。ボールを投げることができない人は補助器具を使ったり、介助を受けることで競技に参加することができる。この場合、介助者はゲーム中コート内を見てはいけない。

シッティングバレーボール

シッティングバレーボールは座位(座った姿勢)で行うバレーボールで、選手は臀部の一部を床に付けたままプレーする。臀部とは通常はお尻のことだが、シッティングバレーボールでは、人体の肩の部分からお尻までの部位の総称。競技は国際バレーボール連盟のバレーボール競技規則に準じて行われる。6人制、1セット25点先取のラリーポイント制で3セット先取の5セットマッチ(第5セットのみ15点先取)、サイドアウトするごとにポジションがローテーションするところも変わらない。相違点としては、まずコートサイズで10m×6m。ネットの高さは、男子115cm、女子105cmとなっている。

ゴールボール

ゴールボールはパラリンピック独自の競技で、第二次世界大戦で視覚に障害を受けた傷痍軍人のためのリハビリテーションのプログラムとして考案されたもの。視覚障害者1チーム3名で構成され、中に鈴の入ったボール(1.25kg、バスケットボールとほぼ同じ大きさ)を転がして、相手ゴール(高さ1.3m×幅9m)に入れることにより得点を競うチームゲームである。選手は視力の程度に関係なく、アイシェード(目隠し)を装着してプレーする。攻守を交互に入れ替えて競技を進行するが、守備から攻撃に変わる際には、守備側がボールに最初に触れてから、返球されたボールがセンターラインを越えるまでの時間が10秒以内でなければ反則となる。これを10セカンズ(10秒)と呼ぶ。反則を犯した場合は相手チームにペナルティスローが与えられる。試合時間は12分ハーフ(ハーフタイム3分)、延長戦は3分ハーフのゴールデンゴール方式。延長戦でも決着がつかなかった場合は、1対1のエクストラスローで勝敗を決める。

射撃

　ライフルやピストルで規定の弾数を標的に向かって射撃し、得点を競い合う競技で、標的までの距離は10m、25m、50mの3種類がある。オリンピックで実施されているクレー射撃（飛んでいるクレーを撃つ）等は実施されない。1発での満点は10点で、例えば10mエアライフル種目で10点を狙うには、直径4.5mmの弾を標的の中心にある直径0.5mmのマークに命中させなければならない。クラス分けはまず、自分の腕で銃を保持して射撃を行うSH1と支持スタンドを用いて射撃を行うSH2に分けられている。さらに、使用する銃、距離、射撃姿勢等によって、東京2020大会では男女別3種目、男女混合7種目の計13種目が実施される。一般の競技との違う点は、立射では椅子や車椅子に座って射撃することが認められていることや、伏射ではテーブルに両肘をついて射撃することができるなどである。

馬術

　障害を持った人たちの馬術の歴史は古く、古代ギリシャ時代に遡る。当初はリハビリ目的で発展してきた。パラリンピックの馬術は人馬が一体となって演技の正確性と芸術性を競う馬場馬術のみが行われる。

　東京2020大会では、あらかじめ決められた規定演技を行う個人課目と、個人課目の結果が上位の選手だけが出場できる自由演技課目、3名で構成される団体課目の3つが実施される。いずれも男女混合。自由演技課目は「馬のバレエ」とも呼ばれ、自分で選んだ楽曲に合わせてオリジナルの演技を行う。グレードⅠ、Ⅱ、Ⅲ、Ⅳ、Ⅴの5つのクラスに分類され、Ⅰ～Ⅲは肢体不自由、ⅣとⅤは視覚障害。クラスによって求められる技術レベルが異なる。視覚障害の選手には「コーラー」と呼ばれるガイドが声でサポートする。

パワーリフティング

パワーリフティングは、下肢に障害のある選手が、上半身を使ってバーベルを持ち上げ、その重量の記録を競うスポーツ。柔道と同じく、障害の種類や程度によるクラス分けはなく、体重別に、男女各10階級で実施されている。ただし、切断の選手はその分体重が軽くなるため、切断の範囲に応じて自分の体重に一定の重量が加算される。1964年の東京大会では、脊髄損傷による下肢麻痺者のみを対象とし「ウエイトリフティング」として行われたが、その後、脳性麻痺者、下肢切断者、下肢機能障害者などに対象が広げられた。競技は、ラックからバーベルをはずした状態で静止し、審判の合図でいったん胸まで降ろし、再びバーベルを押し上げることで一回の試技となる。この試技を3回行うことができる。通常のベンチプレスでは、足が床に着いた状態で行われるが、下肢障害者の場合は、延長されたベンチプレス台の上に足を乗せた状態で行われる。

自転車

自転車競技には、屋外の一般道を使用する「ロード」と、屋内の競技場で行われる「トラック」の2種類がある。「ロード」では、男女共通の「タイムトライアル」、「ロードレース」と男女混合の「チームリレー」が行われる。「トラック」では、男女共通の「個人追い抜き」、「タイムトライアル」と男女混合の「チームスプリント」が行われる。この競技には、四肢障害、下半身付随、脳性麻痺、視覚障害などの選手が参加するが、障害の内容により、「二輪自転車」、「ハンドサイクル」、「三輪自転車」など使用される自転車が異なる。視覚障害者が使用する「タンデム（2人乗り）自転車は、前部座席に「パイロット」と呼ばれる健常者が乗る。

バドミントン

東京 2020 大会から正式競技になるバドミントン。車いす 2 クラス、立位 4 クラスで、男女シングルス、車いすの男女ダブルス、立位の女子ダブルスと混合ダブルスが行われる。

ルールはオリンピックのバドミントンとほぼ同じだが、コートの大きさは車いす 2 クラスと立位の 1 クラスのシングルスでは、通常の半面を使う。また、車いすクラスでは、ネット近くの一定の範囲に落ちたシャトルはアウトとなるなど、クラスに応じてルールが工夫されている。また、車いすクラスでは、シャトルを打つ瞬間に胴体の一部が車いすと接していなければならない。

立位の SL3 と SL4 は下肢障害、SU5 は上肢障害クラス、SS6 は遺伝子疾患などによる低身長クラス。

ボート（ローイング）

ボートも、2008 年北京大会から正式競技となったパラリンピックでは新しい競技。男女各 2 名計 4 名混成の漕ぎ手とコックスで 1 チームを編成する「舵手フォア（各選手が一本のオールを漕ぐ）」、男女各 1 名計 2 名混成の「ダブル・スカル（両手漕ぎ）」、男女別の 1 人乗り「シングル・スカル（両手漕ぎ）」の 3 種目 4 競技が行われる。東京 2020 大会では肢体不自由と視覚障害の選手が参加し、障害の内容、程度によって PR1、PR2、PR3 の 3 種類にクラス分けされる。ブイ（浮標）で仕切られた 6 つの直線レーンで行われる。レースの距離は、2016 年リオデジャネイロ大会まではいずれの種目も 1000m だったが、東京大会では 2000m で行われる。

車いすバスケットボール

コートの大きさやゴールの高さなど、基本的には一般のバスケットボールと同じルールが適用される。歴史は古く、1940年代にアメリカで考案された。パラリンピックでは1960年のローマ大会から行われている。障害者スポーツでは車いすテニスと並んで花形競技と言える。

試合時間も、1ピリオド10分を4ピリオド、計40分、得点もフリースロー1点、フィールドゴール、2点及び3点で、一般のバスケットボールと変わりがない。ファウルやバイオレーションについてもほぼ同様のルールが適用されている。異なる点は、車いすバスケットでは、ダブルドリブルの反則がない一方、1回のドリブルにつき2回以内のタイヤプッシュが認められており、3回以上プッシュするとトラベリングの反則となるところだ。使用される車いすは、競技の特性に合わせて開発されており、軽量、高強度、すばやいターンを可能にするための八の字形のタイヤなどが特徴である。転倒防止装置もつけられている。

一度にコート上でプレーできる選手に関しては、クラス分けによる一定の制限が設けられている。これは選手の障害の重度に応じて分類されたもので、最も重いものから、1.0、2.0、3.0、4.0の4クラスがあり、これにそれぞれのクラスの上位者（運動能力のある選手）には0.5ポイントが加算されるので、実際には8クラスとなる。競技に際しては、コート上の5人の選手のポイントが14.0以下でなければならない。なお、大会によっては健常者も5.0ポイントとして参加が許される場合がある。2016年リオデジャネイロ大会では、日本男子チームが出場したが、決勝トーナメントには進めず、9位に終わった。

トライアスロン

トライアスロンは、スイム（水泳）、バイク（自転車ロードレース）、ラン（長距離走）の3種目を連続して行う競技。パラリンピックでは2016年リオデジャネイロ大会から実施された。距離はオリンピックでは、スイム1.5km、バイク40km、ラン10kmだが、パラリンピックでは半分になり、それぞれ750m、20km、5kmでタイムを競う。障害の種類や程度によってクラス分けされる。両脚に障害のある選手が参加する座位クラスのバイクではハンドサイクルを、ランでは競技用車いすを使用。肢体不自由の選手が参加する立位クラスでは、義足などの装具やバイク改造等が許可される。また視覚障害クラスのバイクでは2人乗りのタンデムバイク（健常者が前に乗る）が使用され、レース全体を通して同性のガイド1名が伴走する。

カヌー

カヌーもリオデジャネイロ大会からの正式競技。パラリンピックでは、静水面のコースを複数の艇が一斉にスタートして一定の距離を漕ぎ着順を競うスプリントが、一人乗りのシングル200mで行われる。リオデジャネイロ大会では水をとらえるブレードが両側についているパドルを使うカヤックのみが行われたが、東京2020大会では、ヴァー種目も加わる。ヴァー種目の艇はカヤックよりも長く、左右どちらかにバランスをとるためのアウトリガーという浮き具がついている。パドルは片側にだけブレードがついたものを使う。障害の程度によって、L1（胴体が動かせず肩の機能だけで漕ぐ）、L2（胴体と腕を使って漕ぐ）、L3（足、胴体、腕を使うことができ、力を入れて踏ん張るまたは腰をかけて艇を操作できる）の3クラスがある。カヤックは男女L1、L2、L3のクラス、ヴァーは男女L2、男子のみL3のクラスで行われる。

アルペンスキー

1976年の第1回冬季大会から実施されている伝統競技。国際スキー連盟（FIS）の規則に準じて行われるが、障害特性を考慮し規則を一部変更している。競技は男女別に、立位、座位、視覚障害の3つのカテゴリーに分かれ、さらに障害の程度によりクラス分けされる。順位は、リアルタイムに選手のクラスごとに設定された係数を掛けた計算タイムで決定される。実施種目は滑降、スーパー大回転、大回転、回転に加え、スーパー大回転と回転を一本ずつ滑るスーパーコンバインド。

立位や座位の使用する道具についてはP.278参照。視覚障害の選手はガイドの声や音による誘導に従って滑る。選手がメダルを獲得すると、ガイドにもメダルが授与される。日本の大日方邦子は、1994年リレハンメル冬季大会から2010年バンクーバー冬季大会まで5大会連続出場し、10個のメダルを獲得した（金2個）。2018年平昌冬季大会では、村岡桃佳が金1、銀2、銅2、計5個のメダルを獲得。

スノーボード

スノーボードは2014年ソチ大会からアルペンスキーの1種目としてパラリンピックに登場し、2018年平昌冬季大会からは独立した競技となった。切断やまひなど下肢や上肢に障がいのある立位の選手が対象で、男子が3つ、女子が2つのクラスに分かれて順位を競う。

種目は、スノーボードクロスとバンクドスラロームの2つ。スノーボードクロスは、オリンピック同様、さまざまな障害物で構成されたコースを切り抜けながら滑る競技。バンクドスラロームは、旗門をクリアしながら滑降しタイムで順位を争う競技。2018年平昌冬季大会では、日本の成田緑夢がバンドスラローム下肢障害で金メダルを獲得した（スノーボードクロスでも銅メダル）。

第 5 章　パラリンピック

クロスカントリースキー

　クロスカントリーは「雪原のマラソン」とも呼ばれ、専用のスキー板とストックを使って滑走しタイムを競う。パラリンピックでは1976年の第1回大会から実施されている。アルペンスキーと同様に立位、座位、視覚障がいのカテゴリーがあり、障害の程度によってクラス分けされる。種目は、専用のカッターで掘られた2本の溝の中を交互または左右同時に滑って前進する「クラシカル」、走法が自由で、スキーを逆さ八の時に開いて左右交互に滑る"スケーティング走法"が主として用いられる「フリー」、それに「スプリント」、「リレー」がある。立位ではストックを使用する選手としない選手がいるが、スキー板は2本使用する。座位では、シットスキー（フレームとシートからなる本体）に2本のスキー板を装着し、短いストックを使って滑走する。視覚障害者のガイドは、声による誘導のみで選手との接触は認められていない。各競技者は30秒間隔でスタートする。障害の異なる複数の選手が同時に競技を行い、IPC（国際パラリンピック委員会）が設定した係数というハンデキャップを選手の記録に掛けて順位を決定する。

バイアスロン

　クロスカントリースキーと射撃を組み合わせた競技で、スキーの速さと射撃の正確性を競う。カテゴリーやクラス分けはクロスカントリースキーと同様である。距離別にショート、ミドル、ロングの3種類が行われる。選手はコース（種目により2km、2.5km、3km）を1周するごとに伏せ撃ちによる射撃を行い、ショートとミドルでは外した回数だけペナルティループを回り、ロングでは1発外すごとにタイムに1分加算される。立位と座位はエアライフル、視覚障害は音を使ったビームライフルが使用される。

アイスホッケー

　パラリンピックのアイスホッケー（旧アイススレッジホッケー）は、脊髄損傷や切断など下肢に障害のある選手が、スレッジと呼ばれる専用そりに乗り、グリップエンドに駆動用の刃を付けた短いスティックを用いて行う。1994年のリレハンメル大会から正式競技となった。GK2名を含む17人まで登録が可能で、実際にベンチ入りできるのは15名。GK1名、DF2名、FW3名1チーム6名で試合を行い、交代は随時認められている。試合は1ピリオド15分、インターバル15分で3ピリオドを行い得点を競う。同点の場合は延長戦を行い先に点を挙げたチームが勝者となる。延長でも決着がつかない場合には、シュートアウト（GKと1対1で行うシュート戦）により勝敗を決定する。アイスホッケーは「氷上の格闘技」と呼ばれるほどの激しいコンタクトが見どころとなっている。

車いすカーリング

　車いすカーリングは、車いす使用者によるカーリングで、2006年トリノ大会から正式競技となった。アイスホッケーと同様に下肢障害者でIPCに認定された選手が出場する。試合は2チームによる対戦形式で行われ、1チーム4名で必ず女子選手を入れなければいけないことになっている。1試合8エンドで、1エンドで各選手に2個ずつストーンが与えられ、交互にハウスと呼ばれる円に向かってストーンを滑らせる。1エンド終了時にハウスの中心に最も近いストーンを投げたチームがそのエンドの勝者となり、ハウスの中心に最も近くにある敗者のストーンの内側にある勝者のストーンの数が得点として勝者に与えられ、8エンド終了時点で得点の多いチームが勝者となる。健常者のカーリングのようなスウィーピング（ブラシでアイス面をこする動作）は行わない。

第4章 パラリンピック

パラリンピックで使用される用具

　障害者スポーツの実施にあたっては、その障害の内容や程度に合せた様々な用品・用具が使用されている。障害者スポーツやパラリンピックに対する注目度が高まるに連れ、素材の多様性や加工技術の進歩と相まって、用具は著しい進化を遂げている。障害者スポーツ用の用具には、特に安全性の確保や耐久性、操作のしやすさ等がもとめられる。ここでは、夏季、冬季のパラリンピックで使用される主な用具を紹介する。

夏季競技

　大きく分けて、車いす、義手・義足、自転車がある。
　車いすは、日常の生活で使用されている車いすとは異なり、各競技の特性に合わせた競技用車いすが開発されている。「レーサー」と呼ばれる陸上競技用車いすは、3つの車輪があり、マラソンの下り坂では、時速50kmに達することもある。このレーサーはトライアスロンのランにも使用される。車いすバスケットボール、ウィルチェアラグビー、車いすテニスに使用される車いすは、すばやいターンができることと安定性確保のため、タイヤが八の字になっている。また転倒防止用の補助輪が付けられている。車いすバスケットボールとウィルチェアラグビー用は、衝突時に足を保護するためのバンパーが

陸上競技用のレーサー

ウィルチェアラグビー用の強度のある車いす

前部に取りつけられている。ウィルチェアラグビーではタックルなどの激しい接触プレーが認められているため、タックルからの保護やひっかかる部分を減らす目的で、タイヤにスポークカバーが装着されている。車いすテニス用は急激な加速をするために、重心が前に置かれている。車いすフェンシングでは、車いすを地面と固定する「ピスト」と呼ばれる特別な器具を使ってそれぞれの車いすを固定し、上半身や腕の技術で競い合う。

フェンシングでは車いすを固定する

反発力のある陸上競技用の義足

　腕や脚を切断した人が装着する「義手・義足」は、通常は人間の腕や脚を模して作られるが、競技用は走る、跳ぶ、漕ぐなどの動きを可能にするために独特の形状をしている。陸上競技用の義足は、カーボン製で板を曲げたような形状をしていて反発力がある。接地部分には、スパイクと同じくピンが取りつけられている。最近では開発技術の進歩が加速しており、健常者の記録を超える種目も出てきている。また義手はスタート時の補助や走行中のバランスを取る役割もある。自転車では、選手の身体と自転車を義手・義足で固定させて競技を行っている。また卓球では、義足に靴を履かせて左右の身体のバランスを調整している。

　視覚障害者の自転車競技及びトライアスロンのバイクでは、「タンデム」と呼ばれる

卓球では義足にシューズが取り付けられている

第5章　パラリンピック

2人乗り自転車が使用される。またやはり自転車競技とトライアスロンのバイクでは、両脚に障害のある選手が使用する、「ハンドサイクル」と呼ばれる手で漕ぐ自転車がある。

2人乗り自転車、タンデム

冬季競技

まずアルペンスキーの座位で使用される「チェアスキー」。座席（シート）は選手一人ひとりの体型をコンピューターで測定し、オーダーメイドで作られる。素材はプラスチック製。シートとスキー板をつなぐ部分は、サスペンション機構と呼ばれ、スキー滑走時に衝撃を吸収する役割を果たすチェアスキーの心臓部分。スキー板は一本で、競技用の強度が高いものが使用されており、板の長さ、回転半径、幅に制限がある。このチェアスキーや立位で体勢が不安定の選手は、「アウトリガー」と呼ばれる、ストックの先が小さなスキー板のような形状になった用具を使用する。

チェアスキー。ストックの先にアウトリガーが付いている

クロスカントリーやバイアスロンでは、シートとフレーム、2本のスキー板で構成されるシンプルな作りの「シットスキー」が使用される。シンプルにできているのは、軽ければ軽いほどスピードが出しやすいという理由によるものである。バイアスロンでは、火薬

軽くできているシットスキー

銃を使用するが、パラリンピックでは、スタンディング及びシッティング部門では「エアライフル」が、ブラインド部門では音で的の位置を把握して射撃することができる「ビームライフル」が使用される。

アイスホッケー。スティックはパックを打つだけでなく反対側のピック部分で氷をとらえて漕いで進む

"氷上の格闘技"と呼ばれるほど激しいパフォーマンスを繰り広げるアイスホッケーでは、シートとフレーム、それに刃で構成される「スレッジ」が使用される。ぶつかり合いの際に足を怪我しないように、フットベルトで足をフレームに固定することが義務付けられている。またその固定した足を守る役割で、フットガードが取りつけられている。刃は 5mm 〜 5cm 間隔で2枚装着される。競技で使用される「スティック」は、シュートやパスだけではなく、氷を押して進むためにも使用される。カーボン製と木製があり、カーボン製は軽くて硬く、木製は柔らかくしなやかという特性がある。

車いすカーリングは、一般のカーリングとは異なり、助走することなくストーンをリリースすることから、「キュー」というスティックを使用することが認められている。ストーンの取手にキューの先端部をはめて、押し出すように投球する。スウィーピングができないため、このキューによる投球が重要な役割を果たす。

車いすカーリングではキューというスティックが使用できる

そのほかの障害者スポーツ大会

　国際オリンピック委員会（IOC）が「オリンピック」という名称の使用を許可している大会には、「パラリンピック」のほかに「スペシャルオリンピックス」と「デフリンピック」がある。
　「スペシャルオリンピックス（Special Olympics/SO）」とは、スポーツによる知的障害者の自立や社会参加を目的とした活動や競技会のこと。1962年に第35代アメリカ大統領ジョン・F・ケネディの妹のユーニス・シュライバーが自宅の庭で知的障害者を招いて行ったキャンプがその始まりで、その後活動の輪が全米に広がった。1968年には第1回の夏季世界大会がシカゴで開催され、その年に運営の主体となる組織としてSpecial Olympics Inc.（SOI）が設立された。競技は夏冬合わせて26に及んでおり、全世界で約170万人の知的障害者と多くのボランティアが活動に参加している。世界大会は2年おきに夏冬の大会が交互に開催される。その中間年には国内大会がやはり夏冬交互に行われ、運営には「スペシャルオリンピックス日本（SON）」があたっている。近年、パラリンピックでも知的障害者を対象とした競技・種目が一部実施されている。
　「デフリンピック」は、「ろう者（Deaf）＋オリンピック（Olympics）」の合成語で、聴覚障害者のための総合スポーツ大会。夏季大会は1924年にフランスで、冬季大会は1949年にオーストリアで始まった。現在夏季は20競技、冬季は5競技が公式競技となっている。
　国内では、毎年国民体育大会（国体）秋季大会の後に、国体と同じ施設を使って3日間にわたり開催される「全国障害者スポーツ大会」が最大の大会で、身体障害者、知的障害者の両方が参加している。

第6章
記憶にのこる
オリンピック・パラリンピック
の選手たち

第6章 記憶にのこるオリンピック・パラリンピックの選手たち

日本人選手（夏季）

日本マラソンの父・箱根駅伝の生みの親
金栗四三（かなくり・しそう 1891-1983）

　熊本県で生まれた金栗四三は、東京高等師範学校（現・筑波大学）在学中に初のマラソン・オリンピック代表国内選考会で優勝。ストックホルム大会（1912）に初のマラソン日本代表選手として出場した。マラソン当日のストックホルムは気温が32度もあり、約半数の選手が脱落するほどの過酷な条件。金栗も中盤で熱中症のために意識を失って倒れてしまう。地元の農家に助けられ、意識が回復したのは翌日だった。後日、金栗はアスファルトを布製の足袋で走ったことも疲労の一因であったと考え、ゴム底の「金栗足袋」を完成させる。金栗は1920年に第1回が行われた箱根駅伝の創設にも尽力している。

　1967年、金栗はスウェーデンオリンピック委員会（SOC）からストックホルム大会55周年記念式典に招待された。金栗は55年前の大会では棄権の意思が伝わっていなかったため、行方不明とされていたのである。そして75歳の金栗は競技場を走りフィニッシュテープを切った。地元のメディアはこの様子を次のように報じた。

　「タイムは54年8カ月6日5時間32分20秒3。これで第5回ストックホルム大会の全日程が終了しました」

日本初のメダリスト
熊谷一弥（くまがい・いちや／ 1890-1968）
アントワープ大会（1920）銀メダル2

　日本の2回目の参加となったアントワープ大会（1920）には、男子選手15名が参加し、日本は初のメダル獲得という歴史的快挙を達成した。テニスシングルスの熊谷一弥と、ダブルスの熊谷一弥・柏尾誠一郎組の、それぞれ銀メダルである。

　熊谷は、慶応大学の学生時代に、日本で最初に硬式テニスに挑戦した。卒業後は、三菱合資会社銀行部（現・三菱東京UFJ銀行）に入り、ニューヨーク駐在員として勤務しながら腕を磨いた。当時、全米ランキング3位の実力で、実力者のチルデンを決勝で破った大会もあり、メダル獲得を有力視されていた。「シングルスの決勝の相手、レイモンドは僕と同じ左利きだが、ストロークは大して冴えないから、九分どおり僕が勝てると思っていた。しかし、決勝の日は興奮して朝6時まで眠れなかった。試合が始まると霧雨が振り出して、メガネは曇るし、クレーコートは滑った。ゲームの延期を要求したが、セットカウント1対3で不覚の敗北を喫してしまった」。翌日のダブルスでもイギリスに苦杯をなめたが、世界のテニス界から注目される存在であった。

日本人選手（夏季）

日本初の金メダリスト
織田幹雄 （おだ・みきお／ 1905-1998）
アムステルダム大会（1928）金メダル

　織田幹雄は、1924年パリ大会に初出場し、三段跳びで日本陸上競技初の6位入賞。1928年、早稲田大学在学中に2回目となるアムステルダム大会に出場した。8月2日、雨を苦手としていた織田にとっては幸運にも、朝から降り続いていた雨が上がった。予選の第1回目で織田は、いきなり15m13cmを記録。さらに助走スピードを上げた2回目に15m21cmを出し、見事1位で予選を突破した。決勝では、3回跳んで3回ともファウルだったが、他の選手が15m21cmを越えられなかったため、金メダルを獲得した。

　「私が優勝できたのは（中略）、一に試合度胸によったものだと言えるでしょう。試合度胸とは試合に臨んだ時の落ち着きという意味です。（中略）そう悟ると、すっかり落ち着いて、ただ自分のベストを尽くそうとのみ願って勝敗は問題にしませんでした」（大会報告書より）

　三段跳びは、ロサンゼルス大会（1932）で南部忠平が、ベルリン大会（1936）で田島直人が金メダルを獲得。日本は3大会連続制覇し、「お家芸」といわれた。

日本女子アスリートのパイオニア
人見絹枝 （ひとみ・きぬえ／ 1907-1931）
アムステルダム大会（1928）銀メダル

　人見絹枝は1907年に現在の岡山市で生まれた。高等女学校時代に走り幅跳びで日本新記録を出したことによって、当時日本女性では考えられなかった陸上競技選手としての人生を歩み始めた。1926年にはスウェーデンで開催された国際女子競技大会に日本からただ1人参加し、走り幅跳び、立ち幅跳び、円盤投げ、100ヤード走の4種目に出場して個人総合優勝という目覚ましい活躍で世界を驚かせた。人見は、世界で注目された初の「日本女子アスリート」であった。オリンピックの陸上競技に女子の参加が初めて認められたアムステルダム大会（1928）にも、日本から唯一の女子選手として出場。狙いは100mでの金メダルであったが、この種目では決勝進出も逃してしまう。そこで練習もなしに急遽800mに挑戦し、日本女子初のメダルとなる銀メダルを獲得した。

　その後は、国際大会では日本女子のエースとして何種目もの競技をこなし、帰国すれば新聞記者と陸上選手、そして女性スポーツ普及のための活動家としてさまざまなことに力を尽くす日々。しかしその激務に体を病み、24歳という若さで肺結核により命を落とした。あまりに短い生涯であったが、その功績は未来にわたり輝き続ける。

男子競泳6種目中5種目で優勝の立役者
清川正二（きよかわ・まさじ／1913-1999）
ロサンゼルス大会（1932）金メダル　ベルリン大会（1936）銅メダル

　名古屋高商在学中に、ロサンゼルス大会（1932）男子競泳100m背泳ぎに出場して金メダルを獲得した。この時、2位には入江稔夫（早稲田大）、3位には河津憲太郎（明治大）が入り、日本は表彰台を独占する圧倒的な力を見せた。同大会ではこの金メダルを含めて、男子競泳陣は6種目中5種目で優勝して水泳王国、水泳ニッポンと呼ばれた。まさに、向かうところ敵なしの、世界最強の競泳陣であった。

　1936年兼松商店（現・兼松）に入社し、同年のベルリン大会では100m背泳ぎで銅メダルを獲得した。1969年には日本人オリンピアンとして初めてIOC委員に就任、1979年にはIOC副会長に選ばれ、世界のオリンピック・ムーブメントの啓発と浸透に大きな貢献をした。1988年のソウル大会では、同競技で日本人二人目の金メダリストとなった鈴木大地に、表彰式でメダルを授与した。

　オリンピックがアマチュアリズムからプロ容認、商業主義へと傾くことを危惧し、開催地選考での過剰な招致活動を諫めた。清廉潔白でジェントルマンであり、古き良きスポーツマンであり続けた。

南の島に散ったロサンゼルス大会のヒーロー
西竹一（にし・たけいち／1902 - 1945）
ロサンゼルス大会（1932）金メダル

　1902年、東京の麻布に生まれた西竹一は学習院初等科などを経て陸軍の軍人になり、イタリアで出会った大きい馬に「ウラヌス」と名付ける。西とウラヌスはロサンゼルス大会（1932）の馬術に出場。華麗な演技を行い、大賞典障害飛越で優勝する。世界は戦争に向かっている時代、だがアメリカの観客は敵国の軍人・西の美しい演技に大きな拍手をおくった。帰国した西はパレードで祝福された。西は次のベルリン大会（1936）にも出場するが、途中棄権。

　第二次世界大戦末期の1945年、西は硫黄島で陸軍中佐として指揮をとった。激しい戦いがくり広げられ、約2万人の日本軍兵士たちは、25万人といわれるアメリカ軍の圧倒的な兵力によって壊滅的な打撃を受け、そのほとんどが戦死した。西も例外ではなかった。

　西の最期は不明である。西がいると思われる場所に向けて、米兵が「オリンピックの英雄、バロン西、きみを失うのはあまりにも惜しい。出てきなさい」と言ったが、沈黙したまま死んでいったという話や、ピストルで自決したという話など数説あるが、本当のことはわからない。息を引き取った西の上着のポケットには、ウラヌスのたてがみが収められていた。6日後、ウラヌスも旅立った。

前畑ガンバレ！
前畑秀子（まえはた・ひでこ／1914-1995）
ロサンゼルス大会（1932）銀メダル　ベルリン大会（1936）金メダル

　前畑秀子は1914年に和歌山県で生まれた。小学校3年で始めた平泳ぎで小学生記録を次々と塗り替え、小学校6年生時には日本記録をも更新。貧しい境遇ながら多くの人々の尽力によって水泳人生を歩み、15歳で水泳界初の日本女子海外遠征選手団の一員として参加した国際大会では100m平泳ぎで優勝した。そして1932年ロサンゼルス大会では、自身の持つ日本記録を6秒も縮めて200m平泳ぎの銀メダルを手にした。前畑はここで競技引退を望んだが次回大会での金メダルを期待され、さらに4年間の苦しい鍛錬を続けることになる。その結果、ベルリン大会（1936）では200m平泳ぎで金メダルを獲得。決勝を実況したNHKの河西三省アナウンサーによる「前畑ガンバレ！」の連呼は、壮絶なデッドヒートをリアルに伝える名実況として今も知られている。選手引退ののちも前畑は後進の指導に力を注ぎ、その努力の人生とスポーツへの寄与によって、1981年には日本女性初のオリンピック・オーダー（功労賞）銀賞を受賞した。

友情のメダル
西田修平（にしだ・しゅうへい／1910-1997）
大江季雄（おおえ・すえお／1914-1941）
ベルリン大会（1936）銀メダル・銅メダル

　ベルリン大会（1936）、棒高跳びの決勝に残った選手は5人。そのうちの2人は日本の西田修平。もう1人は西田より4歳若い大江季雄だった。長時間におよんだ戦いは、セフトン（アメリカ）が4m35を跳んで優勝、4m25を跳んだ日本の西田と大江が続く。この大会では、2位と3位が同じ記録だった場合、2人とも2位とするルールだった。ところが大会組織委員会は、2位と3位が日本選手だったため、日本の監督と話し合い、4m25を1回でクリアした西田を2位、2回でクリアした大江を3位として発表した。ルールと異なる決定に西田は驚いたが、ロサンゼルス大会（1932）で銀メダルを獲得していたこともあり、このベルリンでは大江に2位を譲ろうと考えた。西田は大江を表彰台の2位の位置に立たせ、大江は銀メダルを受けとった。

　だが帰国後、大江が3位だったことが大江の家族に知られ、西田のメダルと交換すべきとなったため、西田は大江と話し合い、お互いのメダルを半分にして接着剤でつけ左右で色が異なるメダルを作った。大江は1941年12月、フィリピンのルソン島で戦死。西田は1997年に永眠した。西田と大江が作ったこのメダルは"友情のメダル"と呼ばれている。

第6章 記憶にのこるオリンピック・パラリンピックの選手たち

戦後の日本に元気を与えたフジヤマのトビウオ
古橋廣之進（ふるはし・ひろのしん／ 1928 - 2009）

　第二次大戦の敗戦国・日本は、ロンドン大会（1948）に招待されなかった。そこで日本水泳連盟は、ロンドン大会の競泳が行われる同じ日に日本水泳選手権大会を開催した。この大会で古橋は1500m自由形を18分37秒0、400m自由形を4分33秒0という世界記録で優勝。日本中がわいた。翌年、日本水泳連盟は国際水泳連盟への復帰を許されアメリカへ遠征。到着したロサンゼルスでは「日本の時計はゆっくり動く」「日本のプールは距離が短い」などと中傷される。だが古橋は400m4分33秒3、800m9分35秒5、1500m自由形18分19秒0と、すべて世界新記録で優勝。現地の新聞は大絶賛し、古橋を「フジヤマのトビウオ」と呼んだ。古橋は戦争に敗れて自信を喪失していた日本の人々に、大きな勇気と元気を与えたのだ。古橋はヘルシンキ大会（1952）では入賞を逃したが、メルボルン大会（1956）は水泳チームのマネージャーとして参加。それ以降、日本水泳連盟の競泳委員長〜副会長〜会長として日本競泳の発展につとめ、1990年には日本オリンピック委員会会長に就任。2008年に文化勲章を親授された。2009年、古橋は世界水泳選手権がおこなわれているローマで帰らぬ人となった。

鬼に金棒、小野に鉄棒
小野喬（おの・たかし／ 1931-）
ヘルシンキ大会（1952）銅メダル1　メルボルン大会（1956）金メダル1・銀メダル3・銅メダル1　ローマ大会（1960）金メダル3・銀メダル1・銅メダル2　東京大会（1964）金メダル1

　数多いオリンピックの日本体操メダリストの中で、初めて金メダルを獲得したのが小野喬だ（メルボルン大会鉄棒：1956年）。小野はオリンピック4大会に出場し、金メダル5、銀メダル4、銅メダル4個を獲得している。
　初めてのメダルは、ヘルシンキ大会（1952）の跳馬での銅だった。上迫忠夫と同点3位だったのだが、日本の競技規則と異なっていたため、小野は自分を4位と思い込み、自らの表彰式をスタンドから見守る羽目になった。このように体操ニッポンの黎明期には、選手たちがルールブックのドイツ語を必死で読み込んだり、遠征しながらヨーロッパの体操を8ミリで撮影し、どん欲に吸収するという努力があった。
　小野はローマ大会（1960）でも鉄棒で優勝し、2連覇を果たした。そのころからジャーナリストの間で「鬼に金棒、小野に鉄棒」と言われるようになった。日本チームは同大会で悲願の団体金メダルを獲得。ここから、オリンピック団体5連覇という体操ニッポンの栄光の歴史が続いていく。
　東京大会（1964）で、小野は日本選手団主将を務め、開会式で選手宣誓の大役を果たし、肩を傷めながらも団体金メダルに貢献した。夫人の清子も東京大会体操女子団体の銅メダリスト。

東京オリンピック金メダル第1号
三宅義信（みやけ・よしのぶ／ 1939-）
ローマ大会（1960）銀メダル　東京大会（1964）金メダル　メキシコシティー大会（1968）金メダル

　第18回東京大会（1964）でのメダル第1号は、大会2日目の10月11日、ウエイトリフティングのバンタム級、一ノ関史郎が獲得した銅だった。翌12日、金メダル第1号となったのがフェザー級の三宅義信である。
　当時は、プレス（腕の力だけで押し上げる＝1973年に廃止）、スナッチ（一気に頭上に引き上げて立つ）、クリーン＆ジャーク（足腰の反動を使い差し上げる）の3種類の上げ方のトータルで勝敗が決まっていた。スナッチはテクニックと器用さが必要なため、外国勢は苦手としていた。そこで三宅は、外国勢の得意なプレスであえて1位を目指すのをやめ、スナッチの強化を図った。もともと得意だったジャークは、スナッチの強化に伴い自然に伸びていったという。
　その戦略どおりに、三宅は397.5kgの世界記録（当時）で優勝した。
　1968年のメキシコ大会で三宅は連覇。弟の義行も銅メダルを獲得し、兄弟メダリストとなる。引退後は、自衛隊体育学校で後進の育成にあたった。
　シドニー大会（2000）から女子種目が採用され、弟・義行の長女である姪の宏実がロンドン大会（2012）で銀メダル、リオデジャネイロ大会（2016）で銅メダルを獲得した。

日本初の体操個人総合覇者
遠藤幸雄（えんどう・ゆきお／ 1937-2009）
ローマ大会（1960）金メダル1　東京大会（1964）金メダル3・銀メダル1　メキシコシティー大会（1968）金メダル1・銀メダル1

　ローマ大会（1960）からメキシコシティー大会（1968）までの体操団体3連覇の中心人物。3大会で金メダル5個、銀メダル2個を獲得した。
　小学校3年生で母親を亡くし、中学1年のときから養護施設で育った遠藤は、体操の才能を認められて周囲の協力のもとトレーニングを続け、大学在学中にローマ大会に出場。史上初のオリンピック団体優勝をとげた体操ニッポンの一員となった。絶対的エースであった小野喬の後継者として期待された東京大会では平行棒、個人総合、団体総合の3種目で金メダルを手にした。このうち個人総合での栄冠は小野喬がついに果たせなかった悲願であり、日本史上初の快挙でもあった。メキシコシティー大会では日本選手団の旗手をつとめ、競技においても若いチームをひっぱって団体3連覇を達成。選手引退後もトップ選手の指導・育成などで貢献を続け、1998年には国際体操殿堂入りを果たした。
　チェコスロバキアの女子体操選手・チャスラフスカとの体操を通じた親交、生涯養護施設への寄付を続けたことなど、遠藤にはその人柄を表すエピソードも数多い。

第6章　記憶にのこるオリンピック・パラリンピックの選手たち

圧倒的な強さに日本中が感激した
東洋の魔女（1964年東京大会日本女子バレーボールチーム）
東京大会（1964）金メダル

　バレーボール（男女）は東京大会（1964）から正式競技として採用された。当時のバレーボール界の勢力図は、日本とソ連（現・ロシア）の2強状態だった。日本選手よりはるかに身長が高いソ連に勝つためにはスピードが必要と考えた大松博文監督は、離れたところにくるボールをレシーブし、回転しながら即座に体を立て直す「回転レシーブ」を考案。だが回転レシーブは、すぐに体勢をもどせる反面、うまく転がらないと硬い床に体を強く打ちつけてしまうため、選手の体はあざだらけになった。しかし、過酷な練習の結果、日本女子バレーボールチームは1962年の世界選手権で優勝し、圧倒的な強さで世界から「東洋の魔女」と恐れられた。オリンピック東京大会では粘るソ連を振り切って3－0で優勝。オリンピックの団体競技で日本が金メダルを獲得したのは初めてだった。メンバーは大松博文（監督）、河西昌枝（コーチ兼主将）、宮本恵美子、谷田絹子、半田百合子、松村好子、磯辺サタ、藤本佑子、松村勝美、佐々木節子、篠崎洋子（以上、日紡貝塚）、渋木綾乃（ヤシカ）、近藤雅子（倉紡倉敷）。

栄光と悲劇を一身にまとって
円谷幸吉（つぶらや・こうきち／1940-1968）
東京大会（1964）銅メダル

　東京大会（1964）で日本陸上界に28年ぶりのメダルをもたらしたマラソンランナー、円谷幸吉。はだしの王者アベベ・ビキラ（エチオピア）に続いて競技場に姿を現し、トラック上で順位を落として銅メダルとなったものの、栄光の選手としてその名は歴史に刻まれている。

　しかし、この選手の人生はその後の悲劇なしに語られることはない。なかば使命と化した「メキシコでもメダルを」という目標によって縁談が破談となり、東京大会まで二人三脚で歩んだ畠野洋夫コーチとも引き離され、孤独のうちに無理なトレーニングを重ねた円谷は、腰痛を悪化させついには走ることもままならなくなった。メキシコシティー大会（1968）の年の正月、円谷は勤務先の宿舎で自ら命を絶つ。「父上様　母上様　三日とろろ美味しうございました」で始まり「幸吉は、もうすっかり疲れ切ってしまって走れません」と綴られた遺書はあまりに有名だ。

　円谷の死は、行き過ぎたナショナリズムの犠牲となった選手の例として、選手軽視を戒める後の風潮の発端となった。彼の名は現在も、故郷福島県須賀川で定期的に開催される「円谷幸吉メモリアルマラソン」にみることができる。

日本人最多8個の金メダル
加藤澤男（かとう・さわお／1946-）
メキシコシティー大会（1968）金メダル3・銅メダル1　ミュンヘン大会（1972）金メダル3・銀メダル2　モントリオール大会（1976）金メダル2・銀メダル1

　日本の男子体操は、ローマ大会（1960）からストラースブルク世界選手権大会（1978）までの約20年間にわたり、団体種目で世界の王座に就いていた。オリンピックだけを見ても、5連覇（ローマ大会、1964年東京大会、1968年メキシコシティー大会、1972年ミュンヘン大会、1976年モントリオール大会）という偉業を達成している。

　この間、日本のエースとして君臨していたのが、加藤澤男だ。現在の日本の体操の流れに通ずる「美しい体操」を体現する選手だった。

　加藤は、メキシコシティー大会、ミュンヘン大会、モントリオール大会の3大会に出場し、実に12個（金8個、銀3個、銅1個）のメダルを獲得している。金メダル8個というのは、日本人最多の数字だ。

　また、個人総合での2連覇（メキシコシティー大会、ミュンヘン大会）達成は特筆されるべき偉業だ。その功績を称え、1999年5月、世界スポーツ新聞記者連盟からアジアでただ一人「20世紀のベスト・アスリート20人」に選ばれている。2001年には国際体操殿堂入りを果たした。

永遠の名ランナー
君原健二（きみはら・けんじ／1941-）
メキシコシティー大会（1968）銀メダル

　日本選手としてマラソンで初めてメダルを獲得したのは、東京大会（1964）の円谷幸吉だった。ゴール直前、ベイシル・ヒートリー（イギリス）にかわされたものの、銅メダリストとなっている。同じレースに出場し、惜しくも8位で入賞を逃した（当時、入賞は6位まで）のが君原健二だった。

　メキシコシティー大会は、高地特有（標高2,259 m）の希薄な空気の中で壮絶な闘いとなったが、君原は粘り切って銀メダルを獲得した。

　君原といえば、首を左右にかしげながら走る独特のフォームが有名だ。あのフォームに走りの秘訣があると勘違いしてマネをする人がいたそうだが、あれは秘訣でもなんでもなく、苦しくなってからの最後のあがきなのだと本人は言う。

　木訥として実直な人柄そのままに、君原は32歳で一線を退いたあとも、月に150～200kmは走り、レースにも出場している。

　日本のマラソン界飛躍の原点といっていい君原と円谷は、同学年の良き友でありライバル、そして同志であった。円谷幸吉メモリアルマラソンは、円谷の偉業を称える目的で1983年から毎年10月に福島県須賀川市で開催されているが、君原はほぼ毎年出場している。

第6章 記憶にのこるオリンピック・パラリンピックの選手たち

日本サッカー黎明期の快挙
メキシコシティー大会サッカー日本代表
メキシコシティー大会（1968）銅メダル

　世界の舞台で初めて日本サッカーの存在感が示されたのが、メキシコシティー大会（1968）であろう。日本サッカー界は1964年の東京大会をにらみ、1960年に西ドイツからプロコーチのデットマール・クラマー氏を招聘して日本代表の強化につとめた。八重樫茂生、釜本邦茂、川淵三郎ら日本代表はクラマー氏より基本技術から指導を受けてみるみる力を伸ばし、東京大会ではベスト8入りを果たした。メキシコシティー大会では、長沼健監督、岡野俊一郎コーチのもと、釜本邦茂をトップに杉山隆一、松本育男を左右に配する攻撃的布陣で予選を突破。初戦のナイジェリア戦をエース・釜本のハットトリックによって3-1と快勝すると、強豪ブラジルに1-1、スペインに0-0と引き分け、グループ2位で決勝ラウンドに進出。準々決勝でもフランスを3-1と退けてベスト4に進出した。準決勝ではこの大会の優勝国ハンガリーに0-5と大敗を喫すも、3位決定戦では必死な戦いぶりで地元メキシコの観衆を味方につけて2-0で勝利し、みごと銅メダルを獲得。釜本邦茂は7ゴールで大会得点王となり、翌年には国際サッカー連盟より日本チームにフェアプレー賞が贈られた。

山下泰裕が一目置いた「生涯のライバル」
斉藤仁（さいとう・ひとし／1961-2015）
ロサンゼルス大会（1984）金メダル　ソウル大会（1988）金メダル

　国民栄誉賞を受賞した柔道の山下泰裕が、「生涯のライバル」として一目置いていたのが斉藤仁だ。

　斉藤は山下よりも3学年下で、「青森の怪童」と呼ばれていた。斉藤と山下が初対戦したのは、1979年の全日本学生選手権のことだった。山下は貫禄で押さえ込み、一本勝ちをおさめた。これ以降、両者は8戦して山下の8勝0敗に終わっているが、その内容は初戦以外は微妙な判定ばかりだった。とくに3度の全日本柔道選手権の決勝対決は「名勝負」として今も語り草になっている。

　1984年のロサンゼルス大会の柔道無差別で山下が涙の金メダルを獲得したとき、斉藤も95kg超級で金メダルを獲得した。山下は1985年に引退。次のソウル大会（1988）では、日本柔道は不振を極め、斉藤が登場する最終日まで、初の金メダルゼロの危機にあった。そんな中、最後の砦として95kg超級（無差別はロサンゼルス大会をもって廃止）に登場した斉藤は、重圧に打ち勝ち連覇。みごとに金メダルの伝統を死守したのだった。

　引退後は指導者として、アテネ大会（2004）と北京大会（2008）で男子監督を務めた。2012年には強化委員長に就任したが、2015年1月20日、惜しまれながら死去。

史上最強の柔道選手と呼ばれた柔道界のレジェンド
山下泰裕 (1957-)
ロサンゼルス大会（1984）金メダル

　1957年に熊本で生まれた山下泰裕は、9歳の頃から柔道を始める。小学生でありながら中学生を負かし、熊本市立藤園中学校入学後も全国中学校柔道大会で活躍するなど、地元では怪童として注目された。九州学院高等学校時代は高校1年生でインターハイ優勝。東海大学相模高等学校に転校後も高校生ながら全日本柔道選手権で3位になる。東海大学時代は、1977年の全日本柔道選手権を19歳で制し、さらに78年、79年と連覇を重ね、1980年のオリンピック・モスクワ大会の優勝候補として名前が挙がったが、ボイコットで涙を飲む。その後、1984年の全日本柔道選手権で8連覇を達成した山下は、ようやくロサンゼルス大会（1984）でオリンピックの畳に立つ。

　ロサンゼルス大会柔道無差別級では1回戦を27秒で制したが、続く2回戦で右足のふくらはぎが肉離れをおこす。しかし、その2回戦と準決勝を痛みに耐えながら勝ち、迎える決勝の相手はエジプトのラシュワンになった。激しい攻防のすえ、山下は必死に逃れようとするラシュワンを横四方固めで抑え、一本勝ち。ついにオリンピック柔道の頂点に立った。その年に国民栄誉賞を受賞。

　史上最強の柔道選手と呼ばれた山下だったが、1985年に引退。その後、2003年から2007年まで国際柔道連盟の理事を務め、いったん外れるが2015年に復帰。勤務先の東海大学では2011年より副学長に就任、全日本柔道連盟では2017年より会長。2013年、日本オリンピック委員会の理事に就任。2014年にNPO法人柔道教育ソリダリティーを設立。柔道発展途上国に対するリサイクル柔道衣の贈呈、柔道文献翻訳、柔道教材製作、指導者派遣、講演会開催など、柔道普及のための幅広い活動を展開。2016年からはナショナルトレーニングセンター（NTC）のセンター長を務める。

ロサンゼルス大会柔道無差別級で優勝し胴上げされる山下泰裕選手

第6章　記憶にのこるオリンピック・パラリンピックの選手たち

あきらめない走りでマラソン2大会連続メダリスト
有森裕子（ありもり・ゆうこ／1966-）
バルセロナ大会（1992）銀メダル　アトランタ大会（1996）銅メダル

　1984年のロサンゼルス大会から始まった女子マラソンで、日本女子初のメダルを獲得したのが有森裕子である。

　有森は決してエリートランナーではなかった。全国都道府県女子駅伝で高校3年間、岡山県の補欠メンバーで終わっている。日本体育大学時代の主な成績は、4年時の全日本大学選手権3000mでの5位入賞ぐらいだ。優れた指導者につきたいと考えた有森は、リクルートにねらいを定めた。小出義雄監督との対面にこぎつけた有森は、その"やる気"を認められ押しかけ入部を果たす。マラソンへの適性を見出され、選考レースを勝ち抜き、ついにバルセロナ大会（1992）の切符を手にした。

　エゴロワ（ロシア）とデッドヒートを演じて銀メダリストになった有森は、故障に苦しみながらもアトランタ大会（1996）にも出場。またもエゴロワとの争いに敗れたものの3位に入った。レース後、有森は名言を残している。「メダルの色は銅かもしれませんけど、終わってから、なんでもっとがんばれなかったのかと思うレースはしたくなかったし、今回はそう思ってないし、初めて自分で自分をほめたいと思います」

絶体絶命のけがを乗り越えてつかみ取った金メダル
古賀稔彦（こが・としひこ／1967-）
バルセロナ大会（1992）金メダル　アトランタ大会（1996）銀メダル

　身長169cm体重75kg前後と小柄ながら、常に一本を取りに行く積極的な柔道スタイルを追求し、切れ味の鋭い技と、豪快な一本背負いが得意なことから、「平成の三四郎」という異名を取った。バルセロナ大会（1992）には選手団の主将として乗り込んだ。

　しかし、後輩の吉田秀彦と乱取り中にひざを負傷し、出場が危ぶまれる緊急事態となった。10日間まったく練習できないまま、試合当日には抗炎症剤の注射を6本打ち、左ひざにテープを幾重にも巻いた痛々しい姿で畳に上がった。

　1回戦は不戦勝。2回戦は19秒、巴投げ。3回戦と4回戦は優勢勝ち。準決勝では、得意技の右一本背負いで豪快な一本勝ち。決勝では、お互いに決め手を欠いて判定となったが、3対0で古賀の優勢勝ちと判定された。奈落の底に落とされながら、崖っぷちに追い込まれても最後まで諦めない不撓不屈の精神力、極限まで高めた集中力で、悲願の金メダルをつかみ取ったのである。古賀のケガに責任を感じていた吉田秀彦と抱き合って号泣する姿に、そのスポーツマンシップに日本中が感動した。

　アトランタ大会（1996）では、決勝に進み銀メダルを獲得した。

オリンピック柔道史上初の3連覇
野村忠宏（のむら・ただひろ／1974 -）
**アトランタ大会（1996）金メダル　シドニー大会（2000）金メダル
アテネ大会（2004）金メダル**

　1974年奈良県に生まれ、6歳から柔道を始めた。祖父・彦忠の柔道場の指導方針は、「柔道を楽しめ、柔道を好きになれ」というもので、そのことが忠宏を柔道好きにさせた。忠宏の父・基次も柔道家で、忠宏を厳しく指導した。叔父・豊和はミュンヘン大会（1972）の金メダリスト。

　天理大学に入学した野村は、アトランタ大会最終選考会となる全日本選抜体重別選手権で優勝し、オリンピック出場を決める。アトランタ大会（1996）の柔道は、男子が古賀稔彦、吉田秀彦、小川直也、中村三兄弟（佳央、行成、兼三）、女子は田村亮子、恵本裕子、田辺陽子、阿武教子など、強力なメンバーが揃う中、野村は知名度が低く地味な存在だった。だが、重いクラスから始まったこの大会の柔道では、日本勢の金メダルが少なく、期待されていた女子48kg級の田村も2位に終わる。男子60kg級の野村は3回戦でピンチに立たされたものの勝ち進み、決勝では一本で勝って金メダルに輝いた。シドニー大会（2000）の決勝で野村は、開始わずか14秒でオリンピック2つ目の金メダルを獲得。アテネ大会（2004）でも圧倒的な強さを見せ、3連覇を果たした。2015年現役引退。

「最高で金、最低でも金」の有言実行
谷 亮子（たに・りょうこ／1975-）
**バルセロナ大会（1992）銀メダル　アトランタ大会（1996）銀メダル　シドニー大会（2000）金メダル　アテネ大会（2004）金メダル
北京大会（2008）銅メダル**

　5つの大会で5つのメダル。女子柔道48kg級の第一人者として長年世界に君臨したのが「ヤワラちゃん」こと谷（旧姓：田村）亮子だ。15歳で当時の世界女王を下して国際大会初優勝をとげた田村は、オリンピック初出場となる翌年のバルセロナ大会（1992）ではすでに金メダルを期待される存在であった。しかしこの大会では一歩及ばず銀メダル。世界選手権2連覇、公式戦84連勝の記録とともに満を持して乗り込んだアトランタ大会（1996）でもまさかの銀メダルという衝撃的な結果に終わった。限界説も流れるなか、不屈の闘志を燃やした田村は「シドニーでは最高で金メダル、最低でも金メダル」を宣言し、シドニー大会（2000）でみごと有言実行の金メダルを獲得する。結婚して谷姓となり、「谷でも金」と謳って臨んだアテネ大会（2004）で連覇を達成。翌2005年に長男を出産後、「ママでも金」の公約をかかげて育児と競技を両立させながら北京大会に臨み、金メダルはならなかったものの銅メダルという結果を残した。肉体面の卓越性はもちろん、有言実行の精神力、モチベーションの持続力など、精神面での並外れた強さもこの選手を語るに欠かせない。

陸上競技女子初の金メダリスト
髙橋尚子（たかはし・なおこ／1972 -)
シドニー大会（2000）金メダル

　岐阜県で生まれた髙橋尚子は大阪学院大学陸上競技部に入部。インカレでは中長距離で活躍した。大学卒業後は、当時、小出義雄氏が監督を務めるリクルートに入社、Qちゃんというニックネームで呼ばれるようになる。1997年に小出監督とともに積水化学に移籍。1998年の名古屋国際女子マラソンに出場し、2時間25分48秒の日本最高記録でマラソン初優勝を果たした。同年12月に行われたバンコク・アジア大会では、暑くて湿度も高い過酷な気候のもとで優勝。2位との差は13分もあった。1999年8月のセビリア世界陸上では女子マラソン代表に選ばれていたものの、レース直前のケガで欠場。2000年3月8日、シドニー大会女子マラソンの代表をかけた最後のチャンス、名古屋国際女子マラソンに出場した髙橋は圧倒的な強さで優勝し、代表に選ばれた。

　2000年9月24日、シドニー大会の女子マラソンでは、中盤以降、髙橋、市橋有里、そしてルーマニアのリディア・シモンの3人に絞られた。登り坂で髙橋が少しペースを上げると市橋が遅れ、髙橋とシモンが激しく競り合う。34キロ過ぎで、髙橋はサングラスを放り投げてスパート。一気にペースを上げ全力で走った。シモンを置き去りにしたままオリンピックスタジアムのゲートをくぐりぬける。髙橋は両手を大きくひろげて、笑顔で青いフィニッシュテープを切った。日本にとって、女子では陸上競技で初めての金メダル。そして、タイムは2時間23分14秒という、オリンピック最高記録。元気な笑顔でインタビューにこたえた。

　「すごく楽しい42キロでした。どうもありがとうございました！」

　2000年10月、国民栄誉賞を受賞。女子スポーツ選手としては初の受賞だった。

　2001年9月30日のベルリンマラソンでは2時間19分46秒で世界記録を更新。女子初の2時間20分突破を果たした。2004年のアテネ大会の代表には選出されず、2008年10月に現役引退。その後はスポーツキャスターとしてマラソンなどの解説を行う。日本オリンピック委員会理事、日本陸上競技連盟理事。

シドニー大会女子マラソン表彰式の髙橋尚子選手

美しい日本柔道を追究しつづけて
井上康生 (いのうえ・こうせい／1978-)
シドニー大会 (2000) 金メダル

　シドニー大会（2000）柔道男子100kg級で、5試合全てに一本勝ちという圧倒的な強さで金メダルを獲得した。表彰台では、亡くなった母の遺影をかかげた姿が多くの人々の感動を呼んだ。金メダル大本命と言われ、日本選手団主将として臨んだアテネ大会（2004）では準々決勝敗退を喫し、北京大会（2008）不選出を受けて選手を引退。自身のメダル獲得はシドニー大会の金メダル1つに留まった。

　井上は幼い頃より、柔道家であった父の教えのもと日本柔道の潔さ、美しさを体現することを信条に柔道をしてきた。その結果、重量級では決めるのが難しいとされる「内また」や「背負い投げ」といったダイナミックな技を得意とした。史上初めて日本男子柔道が金メダルゼロに終わったロンドン大会（2012）後、日本男子柔道監督に就任。練習法や指導態勢などさまざまな改革を行った。また武道としての柔道を大切にしながらも世界のスポーツとしての「JUDO」も研究し、よいものは取り入れた。その結果、日本男子柔道は、リオデジャネイロ大会（2016）で全階級でのメダル（金2、銀1、銅4）を獲得した。

小さな体で大きく跳ねるように走った
野口みずき (のぐち・みずき／1978-)
アテネ大会 (2004) 金メダル

　身長150cmと小柄な野口みずきは中学1年から陸上競技をはじめた。高校では3000mでインターハイに出場。高校駅伝でも活躍した。社会人としては、1999年2月の犬山ハーフマラソンで優勝。同年10月の世界ハーフマラソン選手権で銀メダルを獲得。さらに、2001年には全日本実業団ハーフマラソンで優勝し、ハーフの女王とよばれるようになる。走りの特徴は、体全体を使い跳ねるように走るダイナミックなストライド走法。

　野口は初マラソンとなる2002年の名古屋国際女子マラソンで優勝。2度目のマラソンの2003年1月の大阪国際女子マラソンでは、国内最高記録である2時間21分18秒で優勝。同年8月の世界陸上パリ大会ではケニアのヌデレバに19秒差の2位で、アテネ大会（2004）の代表に内定した。

　2004年8月22日、アテネ大会女子マラソンで、10人の先頭グループにいた野口は25km地点と27km地点でスパート。トップでゴールのパナシナイコ競技場に入り青いテープを切る。野口は4年前の髙橋尚子に続き、日本を女子マラソン連覇に導いた。

　野口は2005年のベルリンマラソンで優勝。そのときのタイム2時間19分12秒は、女子マラソンの日本記録である（2019年1月現在）。2016年に引退。

正々堂々と戦うことの素晴らしさ
室伏広治（むろふし・こうじ／1974-)
アテネ大会（2004）金メダル　ロンドン大会（2012）銅メダル

　2004年8月22日アテネ大会のハンマー投げ決勝で、室伏広治は6投目に82m91cmを記録して2位となった。1位はハンガリーのアヌシュで、83m19cm。しかし、アヌシュにドーピング疑惑がかけられて、再検査のための尿検体提出が求められた。同選手は提出を拒否し、また、競技前後に提出されていた2つの尿検体が同一人物のものでないことが判明した。これからドーピング違反が明らかになり、アヌシュ選手は失格となり、アテネ大会最終日の8月29日に室伏が金メダリストとなった。
　「オリンピック大会では、真実がどれだけ大切なことかを実感しました。オリンピックの精神は、金メダルよりも重要だと感じました」と話し、アスリートのあるべき姿を世界中に披露することとなった。
　北京大会（2008）では5位（80m71cm）、ロンドン大会（2012）では銅メダルを獲得した（78m71cm）。2016年、引退を表明。

28年ぶりの栄光への架け橋
アテネ大会 "体操ニッポン" メンバー
アテネ大会（2004）金メダル

　モントリオール大会（1976）以降途絶えていた体操団体金メダルが、アテネ大会（2004）で28年ぶりに日本にもたらされた。メンバーは米田功、冨田洋之、鹿島丈博、塚原直也、水鳥寿思、中野大輔。予選1位で決勝に進出した日本は、決勝第1種目（ゆか）で8チーム中7位と出遅れるも堅実に追い上げ、最終種目（鉄棒）を残した段階で、0.125ポイントのなかに1位ルーマニア、2位日本、3位アメリカがひしめく展開となった。ここに至って、日本と他の2国の演技に大きな違いが生じた。ルーマニアは追われるプレッシャーからか鉄棒で落下のミスをおかし、アメリカは萎縮した演技に終始。日本は米田、鹿島の堂々たる演技で順調に得点を伸ばし、最終演技者冨田がこの日の全144試技のうち最高となる9.850をマークして、最終的には大差での団体金メダル獲得となった。重圧に打ち勝って宙を舞い、着地に向かう冨田にかぶせられたNHKの実況「伸身の新月面が描く放物線は、栄光への架け橋だ！」は体操ニッポンの見事な復活劇を象徴する名言となった。

2日間3試合413球を投げた日本の絶対的エース
上野由岐子（うえの・ゆきこ／1982-）
アテネ大会（2004）銅メダル　北京大会（2008）金メダル

　1996年から2008年まで、オリンピックで4大会だけおこなわれたソフトボールで、日本はアトランタ大会（1996）4位、シドニー大会（2000）銀メダル、アテネ大会（2004）では銅メダルを獲得。福岡県出身のソフトボール投手・上野由岐子はアテネ大会と北京大会（2008）に出場した。アテネ大会の中国戦で上野はオリンピック史上初の完全試合を達成した。

　北京大会では、8月20日9時30分のアメリカ戦、同日夕刻からのオーストラリア戦、そして翌日の決勝アメリカ戦と、2日間3試合をエースピッチャー上野は1人で413球を投げ、みごとチームを優勝に導いた。この勝利は、オリンピックの球技としてはモントリオール大会（1976）の女子バレーボール以来となる日本の金メダルとなった。「上野の413球」は、2008年の新語・流行語大賞で審査員特別賞を受賞。その後、2010年広州アジア大会では決勝で中国を1安打完封で圧倒して優勝。2012年の世界選手権で上野は3日間4連投でチームの優勝に貢献し、アメリカの8連覇を阻止した。

2種目2大会連覇
北島康介（きたじま・こうすけ／1982-）
アテネ大会（2004）金メダル2・銅メダル1　北京大会（2008）金メダル2・銅メダル1　ロンドン大会（2012）銀メダル1

　5歳から水泳を始めた北島康介は、スイミングクラブで平井伯昌コーチの指導を受け、全国中学校水泳競技大会で優勝。高校1年で出場したインターハイ100m平泳ぎで優勝。そして2000年の4月、高校3年で100m平泳ぎを1分1秒41の日本新記録で優勝し、シドニー大会（2000）の出場を決めた。シドニーでは100m平泳ぎに出場し4位。2003年には100mを59秒78で泳ぎ、世界新記録を打ち立てた。

　アテネ大会（2004）では世界記録保持者・アメリカのハンセンとの戦いとなった。北島は男子100m平泳ぎの予選を1分0秒03のオリンピック新記録で通過し、決勝ではトップでタッチ板を叩く。インタビューで言った「ちょー気持ちいい！」は流行語になった。3日後の200mも2分9秒44のオリンピック新記録で優勝し、2つ目の金メダルを手にした。

　4年後の北京大会（2008）では、100m平泳ぎで後半にノルウェーのダーレオーエンを一気に抜き、58秒91の世界新記録で金メダルを獲得。さらに200m平泳ぎでも優勝し、2大会連続2種目制覇という偉業を達成した。

　2012年ロンドン大会では、100m 5位、200mは4位に終わった。しかしその後の400mメドレーリレーに出場した北島は、宿敵ハンセンを抜く泳ぎを見せる。そして日本チームは2位に入った。この種目の銀メダルは、日本競泳史上初の快挙だった。

陸上競技短距離技男子初のメダル
北京大会陸上競技 4 × 100m リレーチーム
北京大会（2008）銀メダル

　北京大会（2008）14日目、陸上競技 4 × 100m リレーの予選1組で異変が起きた。優勝候補の一角、アメリカがバトンを落とし、ナイジェリア、ポーランド、南アフリカもバトンパスに失敗。出場8チーム中4チームが、バトンがつながらず、途中棄権となった。日本は4走・朝原宣治が2位のままフィニッシュ。予選2組でもイギリスが失格した。その結果、決勝進出を決めた8チーム中、日本のタイムは3番目となった。日本のメンバーは1走・塚原直貴、2走・末續慎吾、3走・高平慎士、4走・朝原で、前年大阪で行われた世界陸上と同じ。このチームは練習を重ね、世界トップクラスのアンダーハンドパスの技術を身につけていた。

　翌日行われた決勝では1走・塚原が好スタートをきった。2走・末續が加速。3走・高平はウサイン・ボルト（ジャマイカ）には抜かれるものの得意なコーナリングでスピードを維持し、アンカーの朝原に2位でつなぐ。この大会の男子100m2位のトンプソン（トリニダード・トバゴ）には抜かれたが、迫るブラジルに競り勝ち3位でフィニッシュした。その後、ジャマイカのドーピング違反により、銀メダルに繰り上がった。

　陸上競技の短距離で日本がメダルを獲得したのは、人見絹枝以来80年ぶりであった。

姉妹で叶えた3連覇
伊調馨（いちょう・かおり）
アテネ大会（2004）金メダル　北京大会（2008）金メダル　ロンドン大会（2012）金メダル　リオデジャネイロ大会（2016）金メダル

　伊調馨は、レスリングの盛んな八戸で、3歳年上の伊調千春と幼いころからレスリングにはげんだ。千春と「2人で一緒にオリンピックの金メダルをとろう！」と誓い合って練習に励むと、2004年アテネ大会で揃って代表に。姉の千春が銀メダルに終わると「千春のためにも必ず勝つ」と奮起し63kg級で金メダルに輝いた。2008年北京大会で2連覇を達成。再び銀メダルを獲得した千春は大会後、引退を表明。馨も引退を主張したが、千春をはじめ周囲の説得によって現役を続行し、ロンドン大会（2012）では他の選手をまったく寄せ付けない圧勝で3連覇をものにした。

　2016年リオデジャネイロ大会、順当に勝ち進み、決勝戦の相手はロシアのコブロワゾロボワだった。伊調は相手の攻撃に苦しめられ、1ポイントをリードされたまま時間が経過。残り30秒となったところで相手に足をとられたが、組み合いながら背後に回り抑え込み伊調に2ポイントが入ったのは試合終了4秒前。劇的な逆転勝利となった。2か月後、女子個人種目で史上初のオリンピック4連覇を達成した伊調に国民栄誉賞が授与された。

日本人選手（夏季）

世界大会（オリンピック・世界選手権）16連覇の最強女子
吉田沙保里（よしだ・さおり 1982 -)
アテネ大会（2004）金メダル　北京大会（2008）金メダル
ロンドン大会（2012）金メダル　リオデジャネイロ大会（2016）銀メダル

　元レスリング選手の吉田栄勝を父として、吉田沙保里は三重県に生まれる。父は自宅に作ったレスリング教室で、娘に対して徹底的にタックルを教え込んだ。2001年、女子レスリングがアテネ大会（2004）からオリンピックの正式種目として採用されることが決まると、吉田はそこに目標を定める。女子レスリングの名門・中京女子大学（現・至学館大学）に入学すると、監督の栄和人に出会う。アテネ大会代表選考の女子55kg級で、吉田は山本聖子との激しい戦いを制して出場を決めた。

　アテネ大会では準決勝で苦しむも、決勝では圧倒的な強さを見せつけて金メダルを獲得。日の丸を広げた栄コーチを肩車して場内を一周した。さらにタックルを磨いた吉田は北京大会（2008）で順調に勝ち、オリンピック連覇を果たす。この大会では栄コーチが吉田を肩車した。ロンドン大会（2012）でも吉田はケタはずれの強さを見せつけ金メダルを獲得、3連覇を果たした。ロンドンではコーチだった父・栄勝を肩車。その父は2014年に他界した。吉田は2012年に国民栄誉賞を受賞。4連覇をかけたリオデジャネイロ大会（2016）では決勝でヘレン・マルーシス（アメリカ）に敗れ、銀メダルとなった。オリンピックと世界選手権を合わせた世界大会の連覇も16で止まった。

オリンピック卓球初のメダル獲得
2012年ロンドン大会日本卓球女子チーム
ロンドン大会（2012）銀メダル

　ロンドン大会（2012）卓球女子の日本代表は、平野早矢香、福原愛、石川佳純の3人が選ばれた。3人を率いる村上恭和監督は、団体戦のメダル獲得を目標にして作戦を立てた。卓球は世界ランキング1位の中国が圧倒的に強く、シングルスでは中国選手が複数のメダルをとる可能性がある。ところが団体戦のメダルは1チームに1つだけである。そこで、村上監督は団体戦の銀メダルを狙った。トーナメントの決勝までに中国と当たらない組み合わせになるよう、国際大会に数多く出場し好成績を挙げて日本のランキングを世界2位にした。ロンドン大会の団体戦準決勝の対戦相手はシンガポール。中国出身選手主体のシンガポールチームは、北京大会（2008）で銀メダルの強豪国。だが、第1戦のシングルスは福原が勝ち、第2戦のシングルスも石川が制した。そして第3戦のダブルスも平野・石川ペアが相手を圧倒し、銀メダル以上を確実にした。決勝は中国のパワーとスピードに圧倒され敗れる。しかし、村上監督の緻密な作戦と3選手のひたむきな戦いが、卓球史上初のメダルを日本にもたらした。

第 6 章　記憶にのこるオリンピック・パラリンピックの選手たち

つねに美しさを追求する
内村航平（うちむら・こうへい／1989 -）
北京大会（2008）銀メダル 2　ロンドン大会（2012）金メダル 1・銀メダル 2　リオデジャネイロ大会（2016）金メダル 2

　体操選手だったの両親が始めた体操教室のトランポリンで遊ぶことで、空中感覚を身につけた。アテネ大会（2004）をテレビ観戦した内村はロンドン大会（2012）出場を目標とし、団体金メダルにあこがれるようになる。高校から東京へ行き朝日生命体操クラブに入ると、高校 3 年で全日本ジュニア優勝。大学は父親と同じ日本体育大学に進んだ。ユニバーシアード・バンコク大会（2007）では団体と個人ゆかで優勝。2008 年のＮＨＫ杯ではアテネオリンピックの金メダリストの冨田と戦い 2 位に入り、ついに北京大会（2008）への出場をきめた。19 歳で出場した北京大会では個人総合と団体ともに銀メダル。個人総合でのメダル獲得は、ロサンゼルス大会（1984）以来 24 年ぶりだった。4 年後のロンドン大会には「金メダル確実」といわれて臨んだものの、団体ではあん馬の落下がひびいて銀メダル。だが個人総合では、6 種類すべて 15 点以上でまとめ、みごと金メダルに輝いた。リオデジャネイロ大会（2016）では個人総合で、日本人では 44 年ぶりの 2 連覇を果たし、念願の団体での金メダルも獲得した。世界選手権では、個人総合で 2009 年から 2015 年まで 6 連覇を果たしている。

日本を笑顔にする
なでしこジャパン
ロンドン大会（2012）銀メダル

　サッカー女子日本代表が初めてオリンピックに出場したアトランタ大会（1996）の成績は 3 戦全敗。シドニー大会（2000）は出場を逃したが、アテネ大会（2004）に出場。大会に先立ち、サッカー女子日本代表の愛称は「なでしこジャパン」に決まった。アテネではベスト 8。そして 4 年後の北京大会（2008）では、目標にしていたベスト 4 を達成。2011 年には FIFA 女子ワールドカップ・ドイツ大会に出場。地元ドイツや強豪スウェーデンを下して決勝に駒を進めた。相手は世界ランク 1 位のアメリカ。1 対 1 で延長に入り、延長前半 14 分、勝ちこしのゴールを奪われる。だが延長後半 12 分、コーナーキックで宮間あやが蹴った低いボールに、勢いよく澤穂希が飛び込む。右足のアウトサイドで合わせたボールは相手ゴールに突き刺さり 2 対 2 の同点。勝負は PK 戦に持ち込まれ、これを 3 対 1 で制し優勝。この年、なでしこジャパンは国民栄誉賞を受賞する。翌年のオリンピック・ロンドン大会（2012）の決勝の相手はまたアメリカだった。終始互角の戦いをしたが、1 対 2 で敗れ銀メダル。だが、オリンピックのサッカーで日本がメダルを獲得したのは、メキシコシティー大会（1968）以来 44 年ぶりの快挙。女子としては史上初だった。

競泳個人メドレーで史上初の金
萩野公介 (はぎの・こうすけ／1994-)
ロンドン大会（2012）銅メダル1　リオデジャネイロ大会（2016）金メダル1・銀メダル1・銅メダル1

　栃木県小山市生まれ。小学校1年のとき愛知県名古屋市に引っ越して通い始めたスイミングクラブの入校条件が「4泳法を泳げること」だった。それまでバタフライを泳げなかった萩野は必死に練習し、その結果、個人メドレーは萩野の得意種目になった。小学校時代は無敵だった。中学生になると、その後長きにわたりよきライバルとなる瀬戸大也が台頭してきて、お互い切磋琢磨しながら成長していく。

　2012年ロンドン大会で、高校生として出場した萩野は予選1位で決勝進出。決勝では日本新記録でマイケル・フェルプスに競り勝ち、銅メダルを獲得した。

　2016年リオデジャネイロ大会では男子400m個人メドレーで4分6秒05の日本記録を出し、この種目として日本選手初となる金メダルを獲得する。リオデジャネイロ大会が初出場となった瀬戸も銅メダルを獲得し、競泳で60年ぶりのダブル表彰台となった。萩野は200m個人メドレーで銀メダル、4×200mフリーリレーで銅メダルを獲得。3色のメダルを手にした。

日本が9秒台を超えた日
男子4×100mリレー日本チーム
リオデジャネイロ大会（2016）銀メダル

　2016年リオデジャネイロ大会、男子4×100mリレー決勝で、日本チームはウサイン・ボルトを擁するジャマイカに続いてゴール、銀メダルを獲得して世界を驚かせた。第1走者は数日前の100m準決勝で日本選手オリンピック歴代最速となる10秒05を出したばかりでスタートを得意とする山縣亮太。第2走者はオリンピック2大会連続出場の飯塚翔太。第3走者はその後日本で初めて100m9秒台の記録となる9.98で走った桐生祥秀。アンカーはジャマイカ人の父をもち、この年急成長したケンブリッジ飛鳥。この時点では100m9秒台の選手が一人もいなかった。個人種目で決勝に進出した選手さえ一人もいない。一方、最後に競り合ったアメリカは全員が9秒85以内のタイムを持つチームだった。

　決め手は世界一のバトンパスだった。アンダーハンドパスは受けるときにあまり減速せず、受けたあと加速しやすいが、受け渡しの失敗のリスクも高いとされる。このアンダーハンドパスを日本チームは長年研究し、精度を高めてきた。日本は37.60という記録で、37.62だったアメリカを破り、銀メダルに輝いたのだった（アメリカはバトンパスに違反があったため、失格となった）。

卓球シングルスで日本初のメダル
水谷隼（みずたに・じゅん）
リオデジャネイロ大会（2016）銀メダル1・銅メダル1

　当時、女子選手にばかり注目が集まっていた卓球界だったが、シングルスで日本初のメダリストとなったのは、男子の水谷隼だった。
　準決勝で世界ランキング1位の、中国の馬龍に負けたものの、3位決定戦でベラルーシのサムソノフとの接戦を制して4対1で勝利。銅メダルを手にした。オリンピックに初めて出場したのは2008年北京大会。ランキング21位での出場だったが、シングルスは3回戦で敗退した。次の2012年ロンドン大会のときにはランキングは5位に上がっていてメダルを狙える位置にいたが、4回戦で格下の相手に負けてしまった。2016年リオデジャネイロ大会では絶対にメダルを持ち帰りたいと努力を重ね、夢を実現したのだった。
　6日後には団体戦の準決勝でドイツを破るという快挙を成し遂げた。このときも水谷がシングルスで2勝を上げ、チームに貢献。決勝で中国に敗れたが銀メダルを獲得した。

日本バドミントン史上初の金メダル
髙橋礼華・松友美佐紀（たかはし・あやか　まつとも・みさき）
リオデジャネイロ大会（2016）金メダル

　2008年北京大会で4位、2012年ロンドン大会で銀メダルと、世界一に手が届くところまできていた女子バドミントン・ダブルス。2016年リオデジャネイロ大会では、髙橋礼華・松友美佐紀の「タカマツペア」が、崖っぷちからの大逆転で勝利し、金メダルを獲得した。1対1で迎えた第3ゲーム。16対16までは接戦が続いたが、そこから3連続ポイントを奪われ、16対19に。あと2ポイントで敗戦というところまで追い込まれた。ところがそこから5連続ポイント獲得という奇跡を起こしたのだ。
　2人は宮城県の高校のバドミントン部で出会い、ペアを組んだ。髙橋が1年先輩だった。髙橋が3年生、松友が2年生で出場したインターハイでは髙橋が試合前日に右足をねんざ。それでも優勝した。髙橋が日本ユニシスに就職すると、1年後に松友も後を追い、再びペアを組む。以来、全日本で優勝を重ね、2014年には日本勢として初めて世界ランキング1位に登りつめた。
　積極的なタイプの髙橋と、おとなしいが芯の強いタイプの松友。強気で攻める髙橋に対し、相手を見ながら冷静に攻撃を組み立てられる松友。性格もプレースタイルも異なる2人は相性抜群なのだ。

外国人選手(夏季)

陸上5冠「翔ぶフィンランド人」
パーボ・ヌルミ (1897-1973／フィンランド)
アントワープ大会(1920)金メダル3・銀メダル1　パリ大会(1924)金メダル5　アムステルダム大会(1928)金メダル1・銀メダル2

　パリ大会で1500m、5000m、個人・団体クロスカントリー、3000m団体の5種目で金メダルというかつてない偉業をなしとげ、「翔ぶフィンランド人(Flying Fin)」の異名をとどろかせた選手。さらに驚くべきは、2時間たらずの間に1500mと5000mという中・長距離種目を2つ制したこと。またこの大会のクロスカントリーでは酷暑で途中棄権者が続出し、この大会をもって同種目が廃止となったエピソードがある。それらをものともしなかったパワーと耐久力に全世界が舌を巻いたのだった。
　パーボ・ヌルミは、ストックホルム大会(1912)で長距離3冠を達成した元祖「翔ぶフィンランド人」ハンネス・コーレマイネンに憧れ、15歳で陸上選手を志した。23歳でアントワープ大会に出場すると、いきなり10000m、個人・団体クロスカントリーの3種目で金メダル、5000mで銀メダルを獲得。そしてアムステルダム大会でも10000mで金メダルに輝き、3大会で通算金メダル9個、銀メダル3個を獲得することとなった。
　ヘルシンキ大会(1952)の開会式では、パーボ・ヌルミからハンネス・コーレマイネンへと聖火がリレーされるという演出に観衆が沸いた。

人種差別を乗り超えた「黒い弾丸」
ジェシー・オーエンス (1913-1980／アメリカ)
ベルリン大会(1936)金メダル4

　「ヒトラーの大会」と呼ばれたベルリン大会(1936)で、色濃い人種差別主義の空気をはねのけて史上初の陸上競技4冠に輝いたアフリカ系アメリカ人。走り幅跳びと100mの世界記録保持者としてベルリンに乗り込んだオーエンスは、100mの一次予選から世界記録と並ぶタイムをたたき出して優勝。200m、4×100mリレーでも、「黒い弾丸」の異名にふさわしい美しいフォームとスピードで金メダルを手にした。走り幅跳びでは、予選落ちの危機から地元ドイツの優勝候補ルッツ・ロングのスポーツマンシップあるアドバイスによって本領を発揮し、金メダルに輝いた。この4冠を通してヒトラーがオーエンスを祝福することはなかったが、観衆は偉大なアスリートの誕生に惜しみなく拍手を送った。
　だが、本国アメリカに帰国したオーエンスを待っていたのは、自国のエースに対する人種差別だった。一度は人生に失望したオーエンスだったが、その後スポーツ環境に恵まれない黒人達のための指導者となり、数々の名選手を育て上げた。晩年の「人生こそ本当のオリンピックだ」という言葉は、生涯を通して戦い続けた彼ならではの名言である。

第6章　記憶にのこるオリンピック・パラリンピックの選手たち

タフな人間機関車
エミール・ザトペック（1922-2000／チェコスロバキア）
ロンドン大会（1948）金メダル・銀メダル　ヘルシンキ大会（1952）金メダル3

　ヘルシンキ大会（1952）で、陸上5000m、10000m、マラソンの3種目で金メダルを獲得するという快挙を成し遂げたチェコスロバキアの選手。1大会で5000mから42.195kmまでの距離を制覇したのは現在にいたるまで彼1人である。10000mはロンドン大会（1948）からの2連覇であり、マラソンの記録はそれまでの世界記録を5分以上も縮めるものだった。また、苦しげな表情で息を吐きながら首を傾げた前傾姿勢で走るその姿から「人間機関車」の異名をとった。常に苦しげでありながら、長距離～マラソンの3冠という並外れたタフさを見せる意外性も人々の記憶に残った所以だ。彼の練習法は、毎日30kmを走るという、考えられないようなハードなものだった。しかしこの練習によって、1948年から1954年まで5000mと10000mの記録を1人で塗りかえ続けたのである。
　ザトペックはまた、高負荷と低負荷のトレーニングを交互にくり返す「インターバル・トレーニング」をいち早く取り入れ、世界に普及させた選手としても知られている。ヘルシンキ大会では妻のダナ・ザトペコワもやり投げで優勝し、"夫婦金メダリスト"の誕生となった。

「はだしのランナー」から「走る哲学者」へ
アベベ・ビキラ（1932-1973／エチオピア）
ローマ大会（1960）金メダル　東京大会（1964）金メダル

　ローマ大会（1960）で石畳のアッピア街道をはだしで駆け抜け、なみいる優勝候補をかわして2時間15分16秒2の世界最高記録で優勝した無名の選手、それがアベベ・ビキラ（エチオピア）。一躍「はだしのランナー」と呼ばれて注目の的となったアベベは、東京大会（1964）には靴を履いて登場した。大会6週間前に盲腸の手術を終え、万全な体調ではないと思われたアベベだったが、試合が始まってみると序盤から独走状態に入り、そのまま2時間12分11秒2の世界最高記録でゴール。史上初のマラソン連覇者として新たな伝説をつくった。走っている間じゅうつねに何かを考え込んでいるかのような無表情で、ゴール時にさえも表情を崩さない淡々とした姿からは、「走る哲学者」の異名も生まれた。
　アベベはメキシコシティー大会（1968）では故障により途中棄権に終わり、その1年後には交通事故により下半身不随となる不運に見舞われる。いったん絶望に沈んだアベベだったが、その後車いすで卓球やアーチェリーなどの障害者スポーツに打ち込み、パラリンピックの前身となるストーク・マンデビル大会にも出場。再び世界の人々に勇気を与えた。

外国人選手(夏季)

オリンピック柔道初の無差別級金メダリスト
アントン・ヘーシンク (1934-2010／オランダ)
東京大会(1964)金メダル

　オランダ出身の柔道家。1934年に貧しい家庭に生まれたヘーシンクは、12歳から働き始めた。柔道は14歳から。1955年にはオランダを訪れた日本の柔道家・道上伯に才能を見込まれ、指導を受けるようになる。1956年に東京で行われた第1回世界柔道選手権大会では3位。5年後になる1961年の第3回大会では、日本人以外では初となる優勝を果たした。ヨーロッパ柔道選手権大会では1952年から1964年まで、ほぼ毎年金メダルを獲得した。

　柔道が初めてオリンピックの正式競技になった東京大会(1964)の階級は、軽量級、中量級、重量級、無差別級の4つ。試合は軽量級から開始された。日本の代表は中谷雄英。外国勢を圧倒し、余裕で優勝した。中量級には岡野功が登場。横四方固めで制し、一本勝ちで金メダルを獲得した。重量級の決勝は猪熊功が自分より30キロも体重が重い選手と対戦。優勢勝ちで優勝を果たした。

　残るは無差別級だけだった。ヘーシンクはこの無差別級に出場し、決勝で神永昭夫と戦った。身長1m98cm、体重120kgのヘーシンクに対して、神永の身長は1m79cm、体重102kg。体格でヘーシンクは神永を圧倒していた。試合は8分過ぎ、崩されて倒れた神永にヘーシンクがのしかかり、きれいな「けさ固め」にもちこむ。抑え込み一本で神永は負けた。そのとき、神永を抑えていたヘーシンクが顔を上げ、喜んで畳に上がろうとしたオランダ人の若者をきびしい顔で制止した。この行為は、柔道において大切な「礼」の精神を現すものとして称賛される。

　引退後は日本でプロレスにデビューしたが、数年で再び引退。その後は柔道の指導者として活動するとともに、国際柔道連盟理事、国際オリンピック委員会委員などを務めたが、2010年に76歳で生涯を閉じた。

東京大会柔道無差別級決勝にのぞむヘーシンク選手

第6章 記憶にのこるオリンピック・パラリンピックの選手たち

名ボクサーのドラマチックな人生
カシアス・クレイ（モハメド・アリ）(1942-2016／アメリカ)
ローマ大会（1960）金メダル

「蝶のように舞い、蜂のように刺す」で知られる華麗なスタイルと強烈なキャラクターでプロ・ボクシングの黄金時代を築いたモハメド・アリ（アメリカ）の原点はオリンピックにある。彼が初めて世界の頂点に立ったのは、ローマ大会（1960）のライトヘビー級。金メダルを首にかけた18歳の彼はそのとき、カシアス・クレイという名前であった。しかし、金メダルの快挙が自分に対する人種差別の改善に何の役にも立たないと知り、プロに転向。その際、メダルを川に投げ捨てたとする噂がある。そしてプロ・ボクサーとして1964年に世界タイトルを獲得し、名前をモハメド・アリに改めた。その後、ベトナム戦争への徴兵を拒否したことでボクシング界から追放という憂き目を見るが、3年半のブランクを経てリングに復帰すると、1974年に世界ヘビー級チャンピオンに返り咲いた。アリはパーキンソン病を患って38歳で引退したが、時を経てまた世界の表舞台に登場する。それがアトランタ大会（1996）の開会式であった。聖火の点火台に現れ、病のために震える手で点火を果たした彼の姿は、過ぎしローマ大会のライトヘビー級の表彰台上の姿よりも強く、深く人々の心に刻まれた。2016年、74歳で死去。

「東京の名花」、信念の演技
ベラ・チャスラフスカ（1942-2016／チェコスロバキア）
ローマ大会（1960）銀メダル1　東京大会（1964）金メダル3・銀メダル1　メキシコシティー大会（1968）金メダル4・銀メダル2

　東京大会（1964）の女子体操個人総合とほか2種目で金メダルを獲得し、大胆かつ優美な演技で「東京の名花」と謳われたチェコスロバキアの選手。チャスラフスカは18歳のときにローマ大会（1960）に出場し、団体金メダルを獲得した体操ニッポンの美しく正確無比な演技に強い憧れをもった。その後日本男子選手たちから教えを受けて研究を重ね、東京大会で女子選手として初めて成功させたのが「山下跳び」だ。
　世界のスターとなったチャスラフスカだったが、母国チェコスロバキアがソ連の軍事侵攻を受けたことによって突如人生は暗転する。母国の自由化に賛成したチャスラフスカは身を隠し、メキシコシティー大会（1968）直前には欠場説、死亡説すら流れた。しかしチャスラフスカは大会に出場。信念みなぎる演技で他を圧倒し、個人総合と種目別合わせて4個もの金メダルを獲得した。銀メダルに甘んじた種目別平均台の表彰台で、メインポールに揚がるソ連の国旗から目を背けてみせた姿は平和への願いを表した「静かな抵抗」として語られた。2016年、74歳で生涯を終えた。

20世紀スポーツ界のスーパースター
カール・ルイス（1961-／アメリカ）
ロサンゼルス大会（1984）金メダル4　ソウル大会（1988）金メダル2・銀メダル1　バルセロナ大会（1992）金メダル2　アトランタ大会（1996）金メダル1

　20世紀終盤のオリンピックでスターの輝きを放ったアメリカの陸上選手。ロサンゼルス大会（1984）での走り幅跳び、100m、200m、4×100mリレーの4冠に始まり、アトランタ大会（1996）までの4大会にわたって獲り続けた金メダル9個という数字は、現在にいたるまで陸上種目における最高記録である。印象に残るのは、ソウル大会男子100m決勝のベン・ジョンソン（カナダ）との対決であろう。大会前から世界中の注目の的になっていたこのレースはジョンソンが世界新記録で勝利したかに見えたが、ジョンソンのドーピングが発覚したことによって2位であったルイスに金メダルがおさまった。

　また走り幅跳びで見せた数々の名勝負も忘れてはいけない。1回目の跳躍でかるがると優勝記録をマークしたロサンゼルス大会、好敵手マイク・パウエル（アメリカ）との一騎打ちを制したバルセロナ大会、そして、35歳で迎えたアトランタ大会での、プライドをかけた大ジャンプ。史上2人目となる夏季オリンピック4連覇の表彰台で感極まった往年の大スターに、万雷の喝采と拍手が送られた。

オリンピックとの相性はよくなかった
セルゲイ・ブブカ（1963-／ソビエト連邦〜ウクライナ）
ソウル大会（1988）金メダル

　棒高跳びでのべ35回も世界記録を更新し、「ウクライナの鳥人」と呼ばれたセルゲイ・ブブカ。19歳だった1983年の第1回世界陸上選手権（ヘルシンキ）で優勝すると、1985年には「不可能」とされていた6mの壁をあっさりクリア。その後も世界記録を更新し続けながら世界選手権6連覇を達成した。1994年に樹立した室内6m15の世界記録は21年後の2014年にフランスの選手によって破られたが、屋外6m14の世界記録は今も破られていない。ただ、オリンピックとの相性は悪く、もっとも上り調子であった時代のロサンゼルス大会（1984）はソ連のボイコットにより出場がならず、ソウル大会（1988）からシドニー大会（2000）までの4大会に出場したもののメダルはソウル大会（1988）の金メダル1つにとどまっている。選手時代には選手委員会代表としてIOC委員をつとめ、引退後は国際陸連副会長、ウクライナ・オリンピック委員会会長、IOC理事などを歴任。後進の育成や陸上競技、オリンピックの発展につとめている。

第6章　記憶にのこるオリンピック・パラリンピックの選手たち

史上最多の1大会8冠「水の怪物」
マイケル・フェルプス（1985- ／アメリカ）
アテネ大会（2004）金メダル6・銅メダル2、北京大会（2008）金メダル8、ロンドン大会（2012）金メダル4・銀メダル2　リオデジャネイロ大会（2016）金メダル5・銀メダル1

　15歳9カ月の若さで200mバタフライの世界記録を塗り替え、男子競泳史上最年少世界記録保持者となった早熟の天才、マイケル・フェスプス。彼は19歳で臨んだアテネ大会でバタフライ、自由形、メドレー種目で合計6つもの金メダルを獲得し、193cmの長身を存分に活かして水中を制する圧倒的な存在感から「水の怪物」として競泳界に君臨することになった。続く北京大会では、出場8種目すべてで金メダルという前人未到の偉業を達成。リオデジャネイロ大会を終えた段階で、通算メダル獲得数は28個。これも歴代最多である。世界選手権での成績も、2001年から2011年までの通算メダル獲得数は33個、うち金メダルは26個。他の追随をゆるさないスピード、そして1大会で数多くの種目をこなしかつ金メダルを獲るというスタミナは、まさに史上最強のスイマーの呼び声にふさわしい。

　一番の得意種目はバタフライで、200mについては2001年から2018年10月現在まで一度も世界記録保持者の座を譲っていない。

　リオデジャネイロ大会をもって選手を引退した。

21世紀最初の「陸上界の怪物」
ウサイン・ボルト（1986- ／ジャマイカ）
北京大会（2008）金メダル2　ロンドン大会（2012）金メダル3　リオデジャネイロ大会（2016）金メダル3

　ロンドン大会（2012）リオデジャネイロ大会（2016）の2大会にわたって陸上100m、200m、4×100mリレーの3冠を達成している21世紀陸上界のスター。北京大会（2008）でも3冠に輝いたが、その後メンバーの薬物陽性反応によりリレーが失格となった。北京大会では100m、200mの2種目で世界記録を更新するという史上初の快挙を達成している。また2018年末時点で100m9秒58、200m19秒19の世界記録保持者である。世界ジュニア選手権に史上最年少（当時）の15歳で優勝するなどその才能は早くから発揮されており、2004年に17歳で記録した200m19秒93のジュニア世界記録も2018年現在破られていない。レース後に披露することの多い、空に向かって弓を引くような独特のポーズも有名だ。

　2018年末現在で、世界陸上選手権で獲得した金メダルはカール・ルイス（アメリカ）、マイケル・ジョンソン（アメリカ）、アリソン・フェリックス（アメリカ）の8個を大きく超える11個。

　陸上短距離選手としては並外れた196cmという長身をもち、また成長期からの持病である脊椎側彎症のために体のさまざまな箇所にかかる負担を軽減・克服して記録を伸ばしてきた努力の人で、スポーツ科学の申し子ともいえる。

日本人選手（冬季）

冬季大会初の日本人メダリスト
猪谷千春（いがや・ちはる／1931-）
コルチナ・ダンペッツォ冬季大会大会（1956）銀メダル

　コルチナ・ダンペッツォ冬季大会（1956）のスキー回転競技で、猪谷千春はヨーロッパの男子選手以外で初のメダリスト（銀）となった。この時の金メダリストが、アルペン競技で初めて3冠を取り、「黒い稲妻」と呼ばれたトニー・ザイラー（オーストリア）である。猪谷も常に黒いウエアを着用していたことから、「ブラックキャット」の愛称で呼ばれていた。

　猪谷はアメリカのダートマス大学に留学していたが、勉学に厳しい大学で、思うようにトレーニングに時間を割けないという環境にあった。その中で培ったのが、チャレンジとフロンティア精神だった。時間を有効に使い、試合に勝てなかったときには敗因を追求、競技を通して勝利する技術を学びながら、独自のトレーニング法を考案・実践し、ついにメダルを取ったのである。スキーのアルペン競技でメダルを獲得しているのは、未だにわが国においても、アジアにおいても猪谷ただ1人である。

　猪谷は1982年、IOC委員に選出された。理事を歴任し、2006年には副会長にもなった。2011年に定年によりIOC委員を退任後、名誉委員に就任。現在もオリンピック・ムーブメントの普及・発展に尽力している。

金・銀・銅独占の快挙
日の丸飛行隊（札幌）
札幌冬季大会（1972）金メダル（笠谷）・銀メダル（金野）・銅メダル（青地）

　日本は、第2回のサン・モリッツ冬季大会（1928）に初参加以来、スキー・ジャンプに毎回選手を送り出してきた。レークプラシッド冬季大会（1932）で安達五郎が8位、ガルミッシュ・パルテンキルヘン冬季大会（1936）で伊黒正次が7位になっている。

　1972年の札幌冬季大会では、70m級（現在のノーマルヒル）で笠谷幸生の金メダルを筆頭に、金野昭次が銀、青地清二が銅と表彰台独占の快挙を成し遂げ、「日の丸飛行隊」として一躍、世界の注目を浴びた。

　エースの笠谷は4歳ごろ、兄・昌生の影響でジャンプを始めた。高校のころから頭角を現し、明治大学在学中にインスブルック冬季大会（1964）に出場し70m級で23位、90m級で11位。グルノーブル冬季大会（1968）は70m級23位、90m級で20位だった。

　笠谷が金メダルの期待を集めるようになったのは、1971年のプレオリンピック大会（札幌）70m級で優勝してから。翌年2月6日の大会当日、笠谷は重圧に苦しみながらも、1本目に84mの最長不倒で首位に立つと、2本目に79mを飛んで金メダルを獲得。90m級では、2本目に横からの突風に煽られ7位とメダルを逃した。

1964年東京オリンピックの年に生まれて
橋本聖子（はしもと・せいこ／1964-）
アルベールビル冬季大会（1992）銅メダル

1964年10月10日に開幕した東京オリンピック。日本は高度経済成長期の真っただ中にあり、戦後の復興した姿を世界に披露する絶好のイベントとして、国民全体が高揚感に包まれていた。オリンピックの聖火に感動した父親は、開会式の5日前に誕生した娘を聖子と命名した。その願いを受けて、「オリンピック選手になるために生まれてきたんだ」という思いを抱いたという。しかし、小学3年の時に腎臓病に罹って入院し、2年間スポーツ禁止となった。スポーツをしたくてもできなかった辛さが、回復後の厳しい練習に耐え抜く精神力の源となった。

アルベールビル大会のスピードスケート1500mで叩きだしたタイムは2分6秒88。27歳のベテランとなった橋本が、4回目のオリンピックでつかんだ悲願の銅メダルは、冬季大会で日本女子選手初であった。1988年からは、自転車競技にも挑戦し、夏季大会に3回連続出場した（冬季大会出場4回：サラエボ、カルガリー、アルベールビル、リレハンメル。夏季大会出場3回：ソウル、バルセロナ、アトランタ）。1995年には参議院議員に当選し、2018年10月現在4期目。JOC副会長のほか、日本スケート連盟会長、日本自転車競技連盟会長も務めている。

ノルディックスキーで世界スターになった初めての日本人
荻原健司（おぎわら・けんじ／1969-）
アルベールビル冬季大会（1992）金メダル　リレハンメル冬季大会（1994）金メダル

荻原健司は、アルベールビル冬季大会（1992）で日本に20年ぶりとなる冬季大会での金メダルをもたらしたノルディック複合チームのリーダー。ジャンプでクロスカントリーの出発タイム差を稼いで逃げ切るという戦法通りにレースは進み、アンカーとして首位でスタートした荻原は、観衆から手渡された日の丸を振りながらゴールした。リレハンメル冬季大会（1994）でも、荻原はエースとしてチームをひっぱり、団体金メダルを獲得。前回大会に続きアンカーをつとめたが、前回にまさる独走状態となったゴール前では、前回よりもはるかに大きな日の丸の旗を渡されて大きく振りながら滑走。大会のハイライトシーンとなった。

また数々の世界大会でも優勝や連覇を果たし、1995年には日本人として初めてスキー界で権威のあるホルメンコーレン・メダルを受賞した。

長野冬季大会（1998）では、双子の弟次晴とともに出場し話題となったが、複合団体5位、個人4位。2002年のソルトレークシティ冬季大会（複合団体8位、個人11位）出場をもって選手を引退した。

銀盤の名ジャンパー
伊藤みどり（いとう・みどり／1969-）
アルベールビル冬季大会（1992）銀メダル

アルベールビル冬季大会（1992）で、フィギュアスケート日本女子として初めてメダルに輝いたのが伊藤みどりだ。伊藤は幼い頃から「ジャンプの天才」として注目を集め、大会前にはオリンピックではまだ女子が成功したことのないトリプルアクセル（3回転半）ジャンプという武器を完成。金メダルを期待されての同大会出場であったが、1日目の演技でジャンプを失敗した伊藤は、2日目に勝負をかけたトリプルアクセルにも失敗してしまう。メダルの夢がついえたかと思われたが、伊藤は疲れの出る演技後半で予定に組み込まれていなかったトリプルアクセルに挑戦し、みごとに成功。この歴史的快挙が銀メダルにつながった。2004年に日本初の世界フィギュアスケート殿堂入りを果たし、2007年には国際スケート連盟から「たった一人の力で女子フィギュアスケートを21世紀へと導いた」と評されるなど、スケート界への貢献度の高さは世界の認めるところである。伊藤は長野冬季大会（1998）でも聖火台への点火者を任され、能をイメージした衣装を身にまとって松明をかかげる姿が、人々の記憶に刻まれている。

日本スケート界初の金メダリスト
清水宏保（しみず・ひろやす／1974-）
長野冬季大会（1998）金メダル・銅メダル　ソルトレークシティ冬季大会（2002）銀メダル

長野冬季大会（1998）スピードスケート500mで、日本スケート史上初の金メダリストとなったのが清水宏保。清水はリレハンメル冬季大会（1994）5位入賞ののち独自のトレーニングで強靭な太ももの筋肉を鍛え抜き、低い姿勢から飛び出す「ロケットスタート」を完成させた。大会前に開発されたスケート靴「スラップスケート」をいち早く履きこなしたことも、次々と世界記録を塗り替えた要因の一つだ。その結果手にした長野大会での金メダルは同大会の日本勢の金メダル1号となり、冬季日本選手団史上最多メダルの引き金となった。

重心を下げたままの初速を最大に活かす清水の滑走法は、陸上の男子100mで9秒79の世界記録（1999年当時）を出したモーリス・グリーン（アメリカ）らに影響を与えたという。ソルトレークシティ冬季大会（2002）でも腰痛の注射を打ちながら銀メダルを獲得。トリノ冬季大会（2006）で4大会連続出場を果たした。気管支ぜんそくという持病をコントロールしながら大成したスポーツ選手としても知られる。

第6章　記憶にのこるオリンピック・パラリンピックの選手たち

日本中が感動の涙を流した
長野冬季大会ジャンプ団体チーム
長野冬季大会（1998）金メダル

　長野冬季大会（1998）、スキー・ジャンプの団体は2月17日、気温はマイナス1.9度、吹雪のため30分遅れて開始された。

　日本の1番手は、4年前のリレハンメル大会（1994）の団体メンバーで銀メダルを獲得した岡部孝信。不利な追い風をこらえた岡部はK点（120m）を超え、1番手としての役割を果たした。2番手は斎藤浩哉。斎藤も期待に応え130mの大ジャンプ。だが、3番手の原田雅彦が失速した。距離は79.5m。あと一歩のところで金メダルを逃した4年前のリレハンメルと同様の失敗ジャンプだった。この時点で日本は4位。吹雪がひどくなり競技が中断され、中止が検討されたが続行。ここから日本の4人による大逆転が始まる。2本目の開始。まずは岡部が137mの大ジャンプを決める。斉藤もK点を超えた。そして3番手、二度と失敗できない原田は、皆が祈るような気持ちで見つめる中、137mの豪快なジャンプで4年前のリベンジを果たした。最後は船木和喜がきっちりと125mを飛んで日本の優勝を決める。岡部、斎藤、原田が、降りてきた船木と抱き合って雪の上をころげまわり、日本中が大きな感動に包まれた。

冬季オリンピック日本女子選手初の金メダル
里谷多英（さとや・たえ／1976 -）
長野冬季大会（1998）金メダル　ソルトレークシティ冬季大会（2002）銅メダル

　札幌生まれの里谷多英は小学5年からモーグルを始める。小学6年で1989年全日本スキー選手権大会（フリースタイル）の女子モーグルで優勝。全日本では1991年から1996年まで6連覇を達成する。1994年にはリレハンメル冬季大会に出場し11位。だが4年後の長野冬季大会（1998）ではスピードとリズムのあるターンで急斜面のコブを攻め、エアでは豪快にコザックを決めるなど、終始シャープな滑りで優勝。冬季大会日本女子初の金メダルに輝いた。その後は成績低迷とケガで一線を離れるも復活し、ソルトレークシティ冬季大会（2002）に出場。銅メダルを獲得するとともに、日本女子選手としては史上初の冬季2大会連続メダル獲得という偉業を達成した。泥酔して事件を起こすなど問題行動も多かったが、トリノ冬季大会（2006）に出場し15位。2008年の全日本選手権で優勝。さらに4年後のバンクーバー冬季大会（2010）にも出場（19位）し、冬季オリンピック5大会連続出場を果たす。2013年に現役引退した。

フィギュアスケートで日本女子史上初の金メダル
荒川静香（あらかわ・しずか／1981-）
トリノ冬季大会（2006）金メダル

　トリノ冬季大会の日本選手は、終盤までメダルを獲得できずにいた。最後の期待は、フィギュアスケート女子シングルに託された。2月21日のショートプログラムで1位とわずか0.71点差の3位につけたのが、ほぼノーミスの演技を見せた荒川静香である。2日後の23日、序盤のコンビネーションジャンプを確実に決めると、続くすべてのジャンプを流れに乗ってスムーズに成功させていった。Y字スパイラル、体の柔らかさを活かして大きく上体を反らせた「レイバック・イナバウアー」を披露。最後の3連続コンビネーションジャンプを見事に決めてフィニッシュすると、会場はスタンディングオベーションに包まれた。ループジャンプがダブルになった以外は完璧な内容で、合計スコア191.34点で金メダルに輝いた。
　「イナバウアー」は、競技では加点されないが、荒川は「ルールに縛られて自分らしさを失うより、人々の記憶に残るスケーターになりたいと強く思った」と語った。オリンピック後はものまねが流行し、2006年の新語・流行語大賞を受賞した。2014年10月には、史上最年少の32歳で日本スケート連盟副会長に選出された。

世界を感動させた魂のスケーティング
浅田真央（あさだ・まお／1990 -）
バンクーバー大会（2010）銀メダル

　愛知県名古屋市生まれの浅田真央は5歳からフィギュアスケートを始める。小学生で3回転ジャンプを跳び、ノービスB（9～10歳）連覇。さらにノービスA（11～12歳）でも連覇を果たした。2004～2005シーズンはジュニアグランプリに出場。ファイナルも含め3試合すべてで優勝した。2004年の全日本選手権は2位になるが、トリプルアクセル（3回転半）を跳んでいる。2005年の世界ジュニア選手権優勝。2005～2006のシーズンはシニアのグランプリに出場しファイナルに進出、優勝した。全日本選手権は2006年から2009年まで4連覇。
　オリンピック初出場はバンクーバー大会（2010）。女子では史上初となるショート1度、フリー2度のトリプルアクセルに成功したが、フリーでは満足のいく演技ができず、キム・ヨナ（韓国）に次ぐ銀メダル。その年の世界選手権ではキム・ヨナを破って金メダルを獲得した。2012～2013シーズンのグランプリ2大会とファイナルで優勝。2012年全日本選手権優勝。2013～2014もグランプリ2大会とファイナルで優勝してソチ冬季大会（2014）に臨む。ソチではショート冒頭のトリプルアクセルで転倒、ジャンプの失敗が多く16位に沈むが、翌日のフリーでは冒頭のトリプルアクセルを決めるとともに、全6種類、計8度の3回転ジャンプを決め、最高の演技で世界を魅了した。2017年4月、競技選手を引退。

第6章　記憶にのこるオリンピック・パラリンピックの選手たち

メダルなきトップアスリートの輝き
上村愛子（うえむら・あいこ／1979-)

　長野冬季大会（1998）〜ソチ冬季大会（2014）の16年間にわたって世界の第一線で活躍した女子モーグル選手。高校3年生時の長野冬季大会で7位入賞を果たすと、2001年には世界ランキング2位を獲得しオリンピックでも優勝候補と目される選手に成長した。しかしソルトレークシティ冬季大会（2002）では6位入賞にとどまり、ワールドカップ等での優勝経験を重ねながら雪辱を期したトリノ冬季大会（2006）では世界で数人しかできない大技「コークスクリュー720」を成功させながらも5位。金メダル大本命と言われたバンクーバー冬季大会では4位。競技後にもらした「なんでこんな、一段一段なんだろう」という上村の言葉と涙には、多くの人々がもらい泣きした。そして34歳で立った5度目のオリンピックの舞台。誰よりも果敢にコースを攻めた上村は、最終競技者を残した時点で3位につけていたものの、結局メダルに届かず4位入賞に終わった。

　オリンピックの歴史においてメダルなき競技者が人々の記憶に残ることは少ないが、5大会にわたってトップレベルで挑戦し続けたひたむきな姿は、メダリスト達におとらぬ大きな存在感と輝きを放つ。

「レジェンド」が手に入れた16年越しの勲章
葛西紀明（かさい・のりあき／1972-)
リレハンメル冬季大会（1994）銀メダル　ソチ冬季大会（2014）銀メダル・銅メダル

　ソチ冬季大会（2014）で、日本ジャンプ陣に3大会ぶりのメダルをもたらした選手が葛西紀明。大会時の葛西の年齢は41歳。獲得したジャンプ・ラージヒルでの銀メダルは、7大会目の挑戦で個人種目初となるメダルだった。

　日本が団体金メダルに輝いた長野冬季大会（1998）でチームにいながら団体戦メンバーから外れ、ひとりだけ金メダルを手にすることができなかった悔しさが、その後長年にわたって挑戦し続ける力を葛西に与えた。いつしか葛西は「レジェンド」と呼ばれる存在となり、オリンピック7大会目でのメダル獲得は世界のニュースになった。

　金色のスーツに金色のヘルメットで大会に臨んだ葛西の目標は金メダル。それゆえ個人種目での銀メダルに葛西は悔しさを隠さなかったが、2日後に4選手で挑んだ団体戦で銅メダルを獲得したときには「メダルの色は関係ない」と喜びの涙を流した。28歳の伊東大貴、26歳の竹内択、20歳の清水礼留飛という、それぞれに病や負傷を抱えながら努力してきた若いチームメイトとメダルを分かち合えた喜びが、これまでの悔しさを洗い流した瞬間だった。45歳で出場した平昌冬季大会（2018）ではノーマルヒル21位、ラージヒル33位だった。

平成生まれ初の金メダリスト

羽生結弦（はにゅう・ゆづる／1994-）
ソチ冬季大会（2014）金メダル　平昌冬季大会（2018）金メダル

　荒川静香が2006年トリノ冬季大会フィギュアスケートで金メダルを獲得すると、閉鎖されていた地元のホームリンクが「アイスリンク仙台」として営業を再開した。荒川の子どもスケート教室に参加した羽生は、金メダリストと触れ合ってオリンピックへの意欲が高まったという。

　だが2011年3月11日、同リンクで練習していた羽生は、東日本大震災に遭い、スケート靴を履いたまま外へ避難した。自宅も大きな被害を受け、避難所で4日間を過ごす。津波と地震の被害の大きさに途方に暮れたが、復興支援目的のアイスショーに出演しながら練習を続けた。

　そしてソチ冬季大会（2014）に初出場。ショートプログラムの『パリの散歩道』で完璧な演技を決めて101.45点を叩きだし、史上初の100点超えでトップに立った。フリーでは、4回転サルコウで転倒、3回転フリップで着氷ミスなど、不本意な結果となった。しかし、2位につけていた優勝候補のパトリック・チャン（カナダ）もミスを重ねたため、金メダルを獲得することができた。

　2017年11月にNHK杯の公式練習中に転倒して右足靭帯を傷め、欠場。治療に専念する。12月の、平昌冬季大会（2018）代表選考を兼ねた全日本選手権も欠場したが、世界ランク1位の実績から代表に選出された。平昌冬季大会では、団体戦への出場をやめ個人戦に臨んだ。ショートプログラムでは4回転ループは回避するもジャンプを全て決め、自己ベストに近い111.68で首位に。フリーでは大きなミスは1つのみで206.17。合計317.85で2連覇を果たした。トータルスコア330.43という驚異の記録（2019年1月現在）を持つ。

平昌冬季大会フィギュアスケートで優勝した羽生結弦選手

第6章　記憶にのこるオリンピック・パラリンピックの選手たち

スピードスケート女子日本初の金メダル
小平奈緒（こだいら・なお）
バンクーバー大会（2010）銀メダル1　平昌大会（2018）金メダル1・銀メダル1

　2018年平昌冬季大会、スピードスケート女子500mで、小平奈緒はスピードスケート日本人女子初の金メダルを獲得した。その4日前には1000mで銀メダルにも輝いた。

　小平が注目されたのは、2つのメダルを手にしたからだけではない。500mで2位になった韓国・李相花との友情物語が世界の感動を呼んだのである。

　500mで、先に走った小平は36秒94というオリンピック新記録でゴール、会場を沸かせた。とくに日本の応援団からは大歓声があがった。そのとき、小平は口元に指を当て、次に走る選手のために静かにしてほしいとのジェスチャーをした。次の組には、小平の最大のライバルで、2010年バンクーバー大会、2014年ソチ大会を連覇、世界記録を持つ韓国の李がいた。李のタイムは小平には届かず2位に。涙を流し太極旗を手にリンクを1周した李を出迎え、抱きしめたのは小平だった。母国開催で重圧のなか努力してきた李に対し「チャレッソ（よく頑張ったね）」と韓国語で声をかけたあと、「今もリスペクトしているよ」と伝えたという。李も「あなたのことを誇りに思う」と返し、肩を抱き合った。韓国や日本だけでなく世界のメディアも、「スポーツマンシップ」の象徴として讃えたのだった。

　3歳からスケートを始めた小平は、全日本ジュニアで史上初の中学生王者になる。高校時代、大学時代も活躍、卒業後の2009年には全日本スピードスケート距離別選手権大会500m、1000m、1500mの3冠を達成している。オリンピックに初めて出場した2010年バンクーバー冬季大会では1000mと1500mで5位に入賞。女子団体パシュートでは、穂積雅子、田畑真紀とともに日本女子スピードスケート界史上初となる銀メダルを獲得した。

　2014年ソチ冬季大会の500mで5位、1000mは13位に終わった悔しさから、2年間オランダに留学、前のめりだったフォームを改善するとともにメンタルも強化。大きく飛躍し、31歳での快挙を達成したのだった。

2018年平昌大会で金銀銅の3つのメダル
高木美帆（たかぎ・みほ）
平昌大会（2018）金メダル1・銀メダル1・銅メダル1

　高木美帆は、2018年平昌冬季大会で1500mにて銀メダル獲得。スピードスケート日本女子選手個人としては初であった。続いて1000mにて銅メダル獲得。団体パシュートに高木菜那、佐藤綾乃、菊池彩花と出場。オリンピック記録となる2分53秒89で金メダルを獲得した。

　5歳からスケートを始め、14歳で出場した世界ジュニア選手権で総合4位となる。2010年バンクーバー冬季大会では日本スピードスケート史上最年少の15歳で1000m、1500m、チームパシュートの代表として出場。しかし成績は振るわなかった。2014年ソチ大会では代表選考に落ちてしまう。一方、バンクーバー冬季大会に落選した姉の菜那は1500mとチームパシュートに出場。美帆は姉のレースを日本で応援した。この挫折がバネになり、闘争心が目覚め、平昌冬季大会に向けて新たな挑戦を始めた。オランダ人コーチのもとで自転車トレーニングに取り組むなどして体を強化した。2015年からはチームパシュート、1000m、1500mなどで結果を出すようになり、平昌大会には姉と揃っての出場となった。

2018年平昌大会で2つの金メダル
高木菜那（たかぎ・なな）
平昌大会（2018）金メダル2

　2018年平昌冬季大会で、チームパシュートおよびマススタートでそれぞれ金メダルを獲得。夏季・冬季を通じて1大会における複数金メダルは女子では初。平昌冬季大会の新競技であるマススタートでは、初代女王としてオリンピック史上に名前を残した。妹は平昌で3つのメダルを獲得した、2歳違いの高木美帆。

　小学校入学後にスケートクラブに入る。小学校、中学校、高校時代にさまざまな大会で成績を残すも、2010年バンクーバー冬季大会では代表に選ばれなかった。天才少女と騒がれてバンクーバー冬季大会に出場した妹の美帆を、両親とともに現地で応援したときは、内心悔しさでいっぱいだったという。妹への嫉妬心に加え、オリンピックを現地で観たことで「オリンピックに出たい」という思いが芽生え、練習に励むようになる。4年後は姉妹の立場が逆転。菜那だけが代表に選ばれた。ソチでは菜那も結果を残せず、その後は2人で切磋琢磨しながら高め合っていった。特にチームパシュートでは息の合った滑走で、世界大会でなんども優勝を果たしている。平昌では、2人で5個のメダルという快挙を成し遂げた。

第5章 記憶にのこるオリンピック・パラリンピックの選手たち

外国人選手（冬季）

世界スキーブームの火付け役
トニー・ザイラー（1935-2009／オーストリア）
コルチナ・ダンペッツオ冬季大会（1956）金メダル3

　トニー・ザイラーは、スキーのアルペン競技で史上初の3冠を成し遂げた。16歳の若さで国際大会初優勝を果たし、4年後に臨んだコルチナ・ダンペッツォ冬季大会（1956）では周囲の予想をさらに上回る実力を見せつけて話題をさらった。滑降、大回転、回転の3種目すべてにおいて、2位以下の選手に大差をつけて余裕の表情でゴールしたのである。アルペン3冠達成者はのちにも生まれたが、このように圧倒的な実力を見せつけたザイラーの存在は現在でも異彩を放つ。

　ザイラーのスキーにおける功績はこれだけではない。歴史的快挙で世界の脚光を浴びた彼は、ハンサムな容姿を買われてハリウッド映画界に招き入れられた。出演作品の多くがスキーを題材としたもので、主演作『ザイラーの初恋物語』、『黒い稲妻』、『白銀は招くよ』などが世界中でヒット。日本でも、ザイラーを主演に『銀嶺の王者』が制作された。ザイラーは映画を通しても、全世界にスキーブームを巻き起こす立役者になったのである。ただ、映画出演がオリンピックのアマチュア規定に触れたため、ザイラーのオリンピック出場は1大会のみに終わった。

2人目のアルペン種目3冠達成者
ジャン・クロード・キリー（1943-／フランス）
グルノーブル冬季大会（1968）金メダル3

　グルノーブル冬季大会（1968）で、コルチナ・ダンペッツォ冬季大会（1956）のトニー・ザイラー以来となるアルペン種目3冠（滑降、大回転、回転）を達成したフランスの選手。3冠のうち大回転では、2位の選手に2秒以上差をつけて優勝し、喝采を浴びた。ただし3種目めの回転では、優勝を争っていたカール・シュランツ（オーストリア）が不可解な裁定で失格になる出来事があり、以後長年にわたって物議を醸すこととなった。アルペン種目3冠達成者は、キリー以降現在にいたるまで誕生していない。

　グルノーブル冬季大会での大活躍によってキリーは各業界から引っぱりだことなり、同冬に選手引退後、各有力企業の広告やテレビ、映画などで活躍した。そののち、国際スキー連盟やフランスの国会などで政治的手腕を発揮し、アルベールビル冬季大会（1992）の招致に尽力。組織委員長として大会を成功に導いた。キリーは1995年からはIOC委員となり、ソチ冬季大会（2014）にいたるまでの各オリンピックで調整委員長などの要職を歴任している。

平和を願って舞った金メダリスト
カタリナ・ビット（1965- ／東ドイツ）
サラエボ冬季大会（1984）金メダル　カルガリー冬季大会（1988）金メダル

　旧東ドイツ出身のフィギュアスケート選手。サラエボ冬季大会（1984）では2位と僅差であったが金メダルを獲得。世界選手権では同年のオタワ大会と翌1985年の東京大会で優勝。1986年のジュネーブ大会は2位だったものの、1987年のシンシナティ大会、1988年のブダペスト大会では優勝している。

　カルガリー冬季大会（1988）では宿敵デビ・トーマス（アメリカ）と対決。2人ともビゼー作曲の「カルメン」を使用したため、「カルメン対決」と言われた。結果はトーマスにミスが多くビットが優勝し、オリンピック連覇を果たす。その年にブダペストで行われた世界選手権を最後に現役選手を引退し、プロに転向してアイスショーなどで活躍した。

　リレハンメル冬季大会（1994）でプロの出場が認められることになると、再びオリンピックの舞台に復帰。ユーゴスラビア紛争によって破壊されたサラエボへの思いを込め、フリースケーティングを反戦歌「花はどこへ行った」の曲に乗せ華麗に演じた。結果は7位だったが、ビットの平和へのメッセージと美しい演技に、観客はひときわ大きな拍手を贈った。

「スポーツ」と「平和」を世界の子ども達に
ヨハン・オラフ・コス（1968- ／ノルウェー）
アルベールビル冬季大会（1992）金メダル1・銀メダル1　リレハンメル冬季大会（1994）金メダル3

　リレハンメル冬季大会のスピードスケートで1500m、5000m、10000mの3冠を全種目世界記録で達成し、ノルウェーで英雄的存在として知られるヨハン・オラフ・コス。だがコスが称賛を集めているのは競技成績によってのみではない。コスは大会時に医学生であったが、大会前年にアフリカのエリトリアを訪れて悲惨な状況にある子ども達の姿に衝撃を受け、後の人生を世界の恵まれない子ども達にささげることを決意。3冠達成後、大会の賞金や仲間からの募金を元手に「オリンピック・エイド」という活動を開始し、さまざまな国での病院や学校の建設、120万人もの子どもや女性達への予防接種などを実施した。2003年には、すべての子ども達にスポーツをする権利を提供することを目指すNGO団体「Right To Play」を設立。アテネ大会（2004）では「スポーツと平和」などをテーマにシンポジウムを開催し、スポーツが世界の子ども達を救い、平和を実現させる力をもつことをアピールした。アスリートが競技を超えて世界の人々に夢や勇気をあたえ、生活そのものの改善にも寄与できることを体現している好例である。

パラリンピック

パラリンピック 1 大会で 6 つの世界記録
成田真由美（なりた・まゆみ／ 1970-)
アトランタ大会（1996）金メダル 2・銀メダル 2・銅メダル 1　シドニー大会（2000）金メダル 6・銀メダル 1　アテネ大会（2004）金メダル 7・銅メダル 1

　13 歳のときに脊髄炎を患い、車いすでの生活となった。1994 年に 24 歳で水泳を始めると、1 カ月後に行われた身体障害者水泳大会で 2 種目において大会新記録で優勝。しかし、その帰り道で交通事故に見舞われ頸椎損傷、手指の麻痺というさらなるハンディを負うことになる。不屈の成田はその後トレーニングを重ね、アトランタ大会（1996）、シドニー大会（2000）、アテネ大会（2004）と 3 大会連続でパラリンピック大会に出場。金メダル 15 個、銀メダル 3 個、銅メダル 2 個を獲得した。とくにアテネ大会では 6 つの世界記録を樹立し、金メダル 7 個、銅メダル 1 個を獲得。それが評価され、2005 年 11 月に「パラリンピック・スポーツ大賞 2005 最優秀女性選手賞」を受賞した。

　現在は、小中学校を中心に精力的に講演活動を行い、34 歳の若さで亡くなった好敵手カイ・エスペンハイン（ドイツ）との思い出や、自分のこれまでの人生についての語りを通して「目標を持つこと」「仲間を思いやる気持ち」「多くの人の支えによって自分が存在すること」の大切さを伝えている。北京大会（2008）、リオデジャネイロ大会（2016）にも出場した。

冬季大会初の日本人金メダリスト
大日方邦子（おびなた・くにこ／ 1972-)
長野冬季大会（1998）金メダル 1・銀メダル 1・銅メダル 1　ソルトレークシティ冬季大会（2002）銅メダル 2　トリノ冬季大会（2006）金メダル 1・銀メダル 2　バンクーバー冬季大会（2010）銅メダル 2

　大日方は、3 歳のときに交通事故で右足を切断し、左足にも重い障害を負ってしまった。だが、活発な性格でさまざまなスポーツに挑戦し、高校 2 年のときにチェアスキーに出会ってからはスキーの世界にのめりこんだ。パラリンピック初出場となったリレハンメル冬季大会では、滑降で 5 位、ほか 2 種目ではコースアウトや棄権に終わり、その結果が大日方の闘志にさらに火をつけることになる。そして NHK のディレクターと選手という二足のわらじを履きながら臨んだ長野冬季大会で、滑降で金メダル、スーパー大回転で銀メダル、大回転で銅メダルを獲得。冬のパラリンピックでの日本人初の金メダリストとなった。トリノ冬季大会でも大回転で金メダルに輝き、バンクーバー冬季大会でパラリンピックから退くまでの 5 大会で計 10 個のメダルに輝いた。平昌冬季大会（2018）では選手団長を務めた。

　選手引退後は、日本パラリンピック委員会の中核を担いながら選手、競技団体、省庁、企業などをスポーツを通じて結びつける活動を行っている。

日本パラリンピック選手初の夏冬金メダル
土田和歌子（つちだ・わかこ／1974-）
長野冬季大会（1998）金メダル2・銀メダル2　シドニー大会（2000）銅メダル1　アテネ大会（2004）金メダル1・銀メダル1

　土田和歌子は高校2年のときに、交通事故によって車いす生活になった。しかし持ち前の前向きな性格でさまざまなリハビリスポーツに励み、1993年、アイススレッジスピードスケートの講習会に参加したことがきっかけでリレハンメル冬季大会（1994）に出場。惨敗した悔しさをバネに長野冬季大会（1998）では、金メダル2個、銀メダル2個を獲得する。その後陸上競技に転向し、シドニー大会（2000）で4種目に出場。車いすマラソンで銅メダルを獲得した。アテネ大会（2004）では、車いすマラソンで銀メダル、5000mでは念願の金メダルを獲得し、日本のパラリンピックアスリートとしては初めての「夏冬金メダリスト」になった。

　結婚・出産を経たのちも第一線で活躍を続けたが、北京大会（2008）では5000mのレース中にアクシデントで大ケガを負い棄権。しかし現役を続行し、ロンドン大会（2012）の車いすマラソンでは転倒の不運に見舞われながら5位入賞した。2013年には1時間38分07秒で車いすマラソン女子の世界最高記録を更新。また、2017年ホノルルマラソン車いす部門女子の部で11度目の優勝を果たす。

金メダルと教員、2つの夢をかなえる
河合純一（かわい・じゅんいち／1975-）
バルセロナ大会（1992）銀メダル2・銅メダル3　アトランタ大会（1996）金メダル2・銀メダル1・銅メダル1　シドニー大会（2000）金メダル2・銀メダル3　アテネ大会（2004）金メダル1・銀メダル3・銅メダル1　北京大会（2008）銀メダル1・銅メダル1

　先天性ブドウ膜欠損症のため生まれつき左目の視力がほぼなく、15歳で右目の視力も失った。だが、幼少期から得意であった水泳を続け、高校2年で初めて出場したバルセロナ大会（1992）で同競技日本人選手初となるメダルを5つ（銀2、銅3）獲得。アトランタ大会（1996）では50m自由形と100m自由形で自身初となる金メダルに輝いた。その後はもう一つの念願であった教師になるという夢も実現。そのチャレンジ精神旺盛な姿は「夢追いかけて」という映画作品（本人出演）になった。

　全国初の全盲の中学校教師と水泳選手という二足のわらじをはきながら出場したシドニー大会（2000）でも5つのメダル（金2、銀3）を獲得。ロンドン大会（2012）までの6大会連続出場で、自由形、背泳ぎ、バタフライ、個人メドレー、メドレーリレー各種目で獲得したメダルの合計は金5、銀9、銅7個。セルフコーチングで長年活躍し続けた知性と粘り強さは、現役を退いてからも障害者スポーツの環境改善や競技の発展において存在感を発揮している。

第6章　記憶にのこるオリンピック・パラリンピックの選手たち

日本車いすテニス界の開拓者
国枝慎吾（くにえだ・しんご／1984-）
アテネ大会（2004）金メダル1　北京大会（2008）金メダル1・銅メダル1　ロンドン大会（2012）金メダル1　リオデジャネイロ大会（2016）銅メダル1

　9歳のときに脊髄腫瘍によって下半身不随になり、小学6年生で車いすテニスを始めた。17歳で初めて海外遠征を体験すると、2003年にはワールドチームカップで日本初優勝の原動力になった。パラリンピック初出場となったアテネ大会（2004）では、斎田悟司と組んだ男子ダブルスで19歳にして金メダルを獲得。2007年には、史上初となる車いすテニス男子シングルスのグランドスラム（全豪オープン、ジャパンオープン、ブリティッシュオープン、全米ウィールチェアの4大会制覇）を達成した。北京大会（2008）では、男子シングルスで金メダル、斎田との男子ダブルスで銅メダルを獲得。ロンドン大会（2012）でも男子シングルスで優勝し、3大会連続金メダリストとなった。リオデジャネイロ大会（2016）では、5か月前に受けた右ひじ手術の影響もあってシングルスでは準々決勝で敗退。しかし、斎田悟司と組んだダブルスで銅メダルを獲得した。
　2009年には日本で最初の車いすプロテニスプレーヤーとなって車いすテニス界に新風をもたらし、2015年には全米オープンで男子シングルス2連覇を達成。障害者アスリートの道を切り開きながら、世界のトップで息の長い活躍を続けている。

2020年東京大会招致の立役者
谷 真海（たに・まみ／1982-）

　谷（旧姓：佐藤）真海は、チアリーダーとして活躍していた大学2年の秋、突如骨肉腫にかかって右足の膝から下を切断し、義足となった。その後しばらく失意の生活を送ったが、スポーツに希望を見出して陸上競技を始め、走り幅跳びでアテネ大会（2004）で9位、北京大会（2008）で6位の成績を残した。2011年には生まれ故郷の宮城県気仙沼市が東日本大震災に見舞われ、被災地を訪問しスポーツイベントをする活動を通して、スポーツの持つ力を改めて認識する。そして、故郷への思いを背負って臨んだロンドン大会（2012）では自己ベストを更新する4m70を跳んで9位に入った。2013年4月に記録した5m02は2016年現在の日本記録である。結婚、出産を経て2016年、トライアスロンに転向。2017年、パラトライアスロン世界選手権で、初出場で優勝した。
　2020年東京オリンピック・パラリンピック招致決定の舞台となった第125回IOC総会（2013）では、高円宮妃久子殿下や安倍晋三首相らとともに最終プレゼンテーションのスピーカーに名を連ねた。スポーツは夢や希望を育み、人々を結びつける力を持っているというメッセージを自らの経験を通して伝えたスピーチは、委員を始め世界中の人々の心を打ち、東京招致決定に大きく貢献した。

第 7 章
資 料

オリンピック・パラリンピック年表

古代オリンピック

年	オリンピアード	古代オリンピック	東アジア（中国、日本）
前1100			殷が滅び周がおこる（中国）。
前1000頃		オリンピア、ゼウス崇拝の地になる。	
前900~800		都市国家（ポリス）の発展。	
前776	1	オリンピアでの競技祭開始（復活）。	
前770			周が衰え春秋時代に入る（前403まで）。
前750頃		ホメロス「イリアス」「オデュッセイア」完成。	
前748	8	ピサがオリンピア競技祭を主催するが、後に無効とされる。	
前724	14	ディアウロス走（往復走）加わる。	
前720	15	ドリコス走（長距離）加わる。スパルタ人アカントスが勝利。裸体で競技を行う風習始まる。	
前708	18	五種競技とレスリング加わる。	
前696	21	アテネ初勝利（スタディオン走）。	
前688	23	ボクシング加わる。	
前680	25	4頭立て戦車競走加わる。	
前648	33	競馬とパンクラチオン加わる。	
前644	34	ピサにより主催される（無効のオリンピック）。	
前632	37	少年レスリング、少年競走加わる。	
前628	38	少年五種競技加わる。	
前616	41	少年ボクシング加わる。	
前586		ピュティア競技祭始まる（4年毎）。	
前582		イストミア競技祭始まる（2年毎）。	
前573		ネメア競技祭始まる（2年毎）。（四大競技祭そろう）	
前570		エリスがピサを破り、オリンピアの領有権をほぼ確保。	
前556	56	哲学者ヘイロン、息子の勝利に興奮しすぎて死ぬ。	
前551			孔子（前551～前479年）。
前520	65	武装競走加わる。	
前500		ペルシャ戦争始まる（前449まで）。	
前498		詩人ピンダロス、競技勝利歌の作成始める。	
前490		マラトンの戦い（アテネ、プラタイア軍がペルシャに勝利）。	
前480	75	ペルシャ軍とテルモピレー、サラミスの戦い。アスリートの肉食広まる。	

オリンピック・パラリンピック年表

前479		プラテイアの戦いでペルシャ軍撤退。	
前476		サラミスの海戦で勝利したテミストクレスがオリンピア訪問。ゼウスの像がフェイディアスにより制作始まる。競技場の改築も始まる。	
前472	77	この頃、古代オリンピックの会期が5日間になる。	
前448	83	ディアゴラスの2人の息子、勝利する。	
前444	84	ヘロドトス、「歴史」をオリンピアで発表。	
前431		ペロポネソス戦争始まる（前404まで）。	
前408	93	2頭立て戦車競走加わる。	
前403			中国、戦国時代に入る（前221まで）。
前400	95	審判（ヘラノディカイ）9人になる。この頃、エリスのヒッピアスが勝利者リストを作成。	
前399		ソクラテスの死。	
前396	96	トランペット、通告競技加わる。スパルタのキュニスカ、4頭立て戦車競走に勝利（女性の初勝利）。	
前388	98	テッサリア出身のボクサー、エウポロス対戦相手5人に賄賂し、全員罰金刑に。	
前380	100	クレタ出身のランナー、ソタディス、エフェソス市より出場したため、故郷より追放される。	
前368	103	審判（ヘラノディカイ）12人になる。	
前364	104	ピサがアルカディア人と一緒に競技会を管理(無効のオリンピック)。	
前338		マケドニアのフィリッポス2世、ギリシャを支配する。	
前332	112	アテネのカリッポス、五種競技の相手に賄賂し、罰金を科せられる。	
前328	113	アレクサンダー大王、追放者の解放をオリンピアで宣言。	
前300頃			
前221			秦の始皇帝が中国を統一。
前202			漢（前漢）がおこる。
前200	145	少年パンクラチオン加わる。	
前146		ローマがギリシャを支配する。	

前141			武帝即位、匈奴を討つ。
前97			司馬遷「史記」完成。
前80	175	スラが全競技者をローマに呼ぶ。オリンピアでは少年スタディオン走のみ行う。	
前72	177	ローマ市民初勝利（ドリコス走にロマイオス）。	
前12	192	エリスのダモニコス、息子を勝たせるために相手選手に賄賂。	
25			光武帝が中国を統一（後漢）。
57			倭奴国王が後漢に使いを送り、金印を授かる。
64			仏教が中国に伝わる。
67	211	ネロ帝の命令で2年後に行われる悲劇、音楽競技が行われる。	
100頃		ハドリアノス帝、オリンピアの建築物を寄贈。	
153	233	ヘロデス・アッティコス、オリンピアに水道を引く。	
165	236	哲学者ペレグリノス、大観衆の前で競技終了後に焼身自殺。	
189			卑弥呼が邪馬台国の女王になる。
220			魏、呉、蜀の三国時代に（中国）。
280			晋が中国を統一。
304			中国、五胡十六国時代に（439まで）。
313		ミラノ勅令でキリスト教公認される。	
369	287	異民族出身者が初勝利。	
373	288	レスリングのフィルメノス、歴史上記された最後の勝利者。	
392		キリスト教ローマの国教になる。	
393	293	最後の古代オリンピック。	
394		テオドシウス帝により異教の祭典は禁止される。ゼウス像はコンスタンチノーブルに移送。	
395		ローマ帝国東西に分裂。	
420			江南に宋成立（南朝）。
426		テオドシウス2世により、ゼウスの神殿燃やされる。	
439			北魏、華北を統一する（南朝）。
475		コンスタンチノーブルのゼウス像、火災で破壊される。	
476		西ローマ帝国滅亡。	
6、7世紀		地震や河川の氾濫により、オリンピアが埋もれる。	6世紀半ば、仏教が日本に伝わる。
581			隋が中国を統一する。

近代オリンピック・パラリンピック

年	オリンピアード	近代オリンピック	日本とオリンピック
1850		イギリスでマッチ・ウェンロック・オリンピアン・ゲームズ競技祭創始。	
1859		第1回オリンピア競技祭（アテネ）。	
1860			嘉納治五郎生誕。
1863		ピエール・ド・クーベルタン生誕。	
1870		第2回オリンピア競技祭（アテネ）。ドイツ人シュリーマン、トロイアやミュケーナイを発掘（1890年まで）。	
1875		ドイツ人クルティウスらオリンピア発掘作業開始（1881年まで）。第3回オリンピア競技祭（アテネ）。	
1882			嘉納、講道館柔道創設。
1883		クーベルタン、イギリスのパブリックスクール、オックスフォード、ケンブリッジ大学訪問（1887年まで）。	
1888		第4回オリンピア競技祭（アテネ）芸術競技も実施（88-1889年）。	
1889		第4回オリンピア競技祭（アテネ）。	嘉納、欧州出張（91年帰国）。
1890		クーベルタン、ウェンロック・オリンピックを見学。	
1892		クーベルタン、オリンピックの復興に言及。	
1893			嘉納、高等師範校長に就任（1920年まで）。
1894		パリ大学ソルボンヌ校におけるパリ・アスレチック会議でオリンピック復興が決議（第1回オリンピック・コングレス）。国際オリンピック委員会（IOC）創立、初代IOC会長にディミトリウス・ビケラスが就任。	
1895			小泉八雲"Jiujutsu"を著し、嘉納の柔道を欧米に紹介。嘉納、高師に運動部を統括する「運動会」を設立し、学生の運動遊戯参加を奨励。
1896	1	第1回大会（アテネ）。8競技43種目、参加14カ国、参加選手241人、男性選手のみ。第2代IOC会長にクーベルタン就任。	嘉納、中国からの政府留学生を受け入れる。
1897		第2回オリンピック・コングレス。	

1898			嘉納、東京高師の学生に長距離走大会を実施。
1900	2	第2回大会(パリ)。パリ万国博覧会の付属競技会として開催。女性選手が初参加。シャーロット・クーパー(テニス)が女性初の金メダル。	
1901			嘉納、東京高師で全員参加の陸上運動会を開催。
1902			嘉納、中国留学生のための弘文学院を設立し、体育や柔道を教える。東京高師で遊泳実習始まる。
1904	3	第3回大会(セントルイス)。セントルイス万国博覧会の付属競技会として開催。金、銀、銅メダルが初めて授与される。	アイヌ男性4人が人類学競技に出場。嘉納の弘文学院で大運動会開催。
1905		第3回オリンピック・コングレス。	
1906		第4回オリンピック・コングレス。中間オリンピック開催(アテネ)。	日本体育会に参加要請が来るも断る。
1908	4	第4回大会(ロンドン)。個人やチームでの参加から、国内オリンピック委員会(NOC)が選出する選手が参加資格を得ることになる。競技における英米間の小競り合いを受けて、タルボット主教が「参加することに意義がある」と選手らを前に説教。	
1909			嘉納治五郎が、駐日フランス大使ジェラール及び外務省の斡旋によりアジア初のIOC委員に就任。
1911			大日本体育協会創立、初代会長に嘉納治五郎就任。日本初のオリンピック派遣選手予選会。代表に三島弥彦(短距離)と金栗四三(マラソン)を選出。
1912	5	第5回大会(ストックホルム)。この大会から芸術競技が正式に採用される。ジム・ソープ(陸上)が2種目で優勝するも「アマチュア規定違反」で金メダルはく奪(1983年に名誉回復)。	ストックホルム大会に日本選手団(男性のみ)が初参加。

1913		第5回オリンピック・コングレス。	第1回極東オリンピック大会(マニラ)。フィリピン、日本、中国が参加(第2回以降極東選手権競技大会に改称)。大日本体育協会が、日本の体育の中心的統括団体である旨を規約に明示。日本オリンピック委員会としての性格を規定。
1914		第6回オリンピック・コングレス。	
1915			第2回極東選手権競技大会（上海）。21ヵ条の要求による排日運動の激化で日本選手は出発が遅れ、途中から出場。
1916	6	第6回大会（ベルリン）第一次大戦で中止。	
1917			第3回極東選手権競技大会（東京）。
1919			第4回極東選手権競技大会(マニラ)。日本は日本青年運動倶楽部名義で選手を16人派遣。
1920	7	第7回大会（アントワープ）。ドイツ、オーストリア、ハンガリー、トルコなどは招待されず。オリンピック旗の掲揚、開会式での選手宣誓が開始。「より速く、より高く、より強く」が標語として採用される。	アントワープ大会で、熊谷一弥（テニス・シングルス）、熊谷・柏尾誠一郎（テニス・ダブルス）が日本初のメダルを獲得（銀）。
1921		第7回オリンピック・コングレス。国際女子スポーツ連盟（FSFI）設立。会長にアリス・ミリア就任。	第5回極東選手権競技大会（上海）。
1922		第1回国際女子オリンピック大会（パリ）。	女性のための初の総合的競技会とされる第1回府下女子連合競技会開催。
1923			第6回極東選手権競技大会（大阪）。女子の水泳・テニス・バレーボールが初めてオープン種目として採用される。日本女子選手の国際大会初参加。
1924	8	第1回冬季大会（シャモニー・モンブラン）。第8回大会（パリ）。ドイツ招待されず。初の選手村が登場。国際ろう者スポーツ連盟設立。第1回国際ろう者スポーツ競技大会（現デフリンピック）。	女性のための初の全国的・総合的競技会、第1回日本女子オリンピック大会。岸清一、IOC委員就任。
1925		第8回オリンピック・コングレス、IOC総会開催。「オリンピック憲章」が定められる。第3代IOC会長にアンリ・ド・バイエ・ラツール就任。	第7回極東選手権競技大会(マニラ)。

1926		第2回国際女子競技大会（世界女子オリンピック大会から改称、ヨーデボリ）。	日本初の女性スポーツ組織、日本女子スポーツ連盟（JWSF）設立。
1927			第8回極東選手権競技大会（上海）。
1928	9	第2回冬季大会（サンモリッツ）。第9回大会（アムステルダム）。聖火台が競技場に設けられる。メダルのデザイン統一。パーボ・ヌルミ（陸上）3大会連続出場。	冬季大会、日本人選手団初参加。アムステルダム大会で、織田幹雄（陸上・三段跳び）、鶴田義行（競泳・平泳）が日本初の金メダル。人見絹枝が日本人女性初のオリンピック出場。人見、陸上800mで銀メダル。
1930		第9回オリンピック・コングレス。第1回FIFAワールドカップ（ウルグアイ）。第3回国際女子競技大会（プラハ）。	第9回極東選手権競技大会（東京）。
1931			人見絹枝逝去。
1932	10	第3回冬季大会（レークプラシッド）。第10回大会（ロサンゼルス）。陸上競技に写真判定を導入。競技場内で聖火リレーを行う。選手村が初めて建設される。	ロサンゼルス大会に、日本選手団131人参加。金メダル7個。芸術競技に初参加。
1933			杉村陽太郎、IOC委員就任。
1934		第4回国際女子競技大会（ロンドン）。	第10回極東選手権競技大会（マニラ）。満州国の入会問題で大会は解体。副島道正、IOC委員就任。
1935			第12回オリンピック大会招致委員会発足。
1936	11	第4回冬季大会（ガルミッシュ・パルテンキルヘン）。バルセロナで「人民オリンピック」が計画されるが、スペイン内戦のため中止。IOC総会で、第12回大会の開催地に東京を選出。第11回大会（ベルリン）。レニ・リーフェンシュタールが記録映画「民族の祭典」「美の祭典」制作。聖火リレーの実施。ジェシー・オーエンスが陸上競技5種目で世界新記録を樹立し、金メダル。国際陸上競技連盟の総会で、女子の陸上競技の統括を決議。FSFIが実質的に消滅。	徳川家達、IOC委員就任。ベルリン大会で、「前畑がんばれ」の実況中継がなされる。当時日本代表の孫基禎（マラソン）、田島直人（陸上）、前畑秀子（競泳）らが活躍。大江と西田、棒高跳びで「友情のメダル」制作。東京オリンピック組織委員会設立。
1937		クーベルタン逝去。	JWSF消滅。

1938		IOC総会で、第5回冬季大会の開催地に札幌を選出。 IOC、東京返上に伴い代替地にヘルシンキを選出。	嘉納治五郎、IOC総会からの帰路に逝去。 日本、第12回東京大会、第5回札幌冬季大会を返上。
1939		IOC、第5回冬季大会の開催地をサン・モリッツからガルミッシュ・パルテンキルヘンに変更。 IOC総会で、冬季大会の開催地を夏季大会の開催地に優先的に与える規定を廃止。	永井松三、高石真五郎IOC委員就任。
1940	12	第12回大会、第5回冬季大会、第二次世界大戦のため中止。	東亜競技大会開催。
1944	13	第13回大会(ロンドン)、第5回冬季大会、第二次世界大戦のため中止。 兵士の治療と社会復帰を目的に、イギリスのストーク・マンデビル病院内に脊髄損傷科が開設。初代科長にルードウィッヒ・グットマン就任。	
1945		IOC総会で、第14回大会の開催地にロンドン、第5回冬季大会の開催地にサン・モリッツを選出(後、郵便投票により正式決定)。	
1946		戦後初のIOC総会開催。副会長ジークフリード・エドストロームが第4代IOC会長に就任。	第1回国民体育大会。
1948	14	第5回冬季大会(サン・モリッツ)。 グットマン、ロンドン大会に合わせてストーク・マンデビル病院内で車いす患者によるアーチェリー大会を開催。 第14回大会(ロンドン)。聖火リレー実施。	冬季、夏季(オリンピック)ともに日本とドイツは招待されず。 古橋廣之進、日本選手権で活躍。
1950			東龍太郎、IOC委員就任。
1951		IOC、JOCの再加盟を認める。	第1回アジア競技大会(ニューデリー)。日本から選手65名が派遣される。
1952	15	第6回冬季大会(オスロ)。日本とドイツがオリンピックに戦後初参加。 第15回大会(ヘルシンキ)。ソ連が初参加。エミール・ザトペックが陸上3種目で金メダル。副会長アベリー・ブランデージが第5代IOC会長に就任。 第1回国際ストーク・マンデビル競技大会。	ヘルシンキ大会、石井庄八(レスリング)活躍。 東京都議会、オリンピック大会開催地への立候補を決議。

1954		第2回アジア競技大会（マニラ）。	
1955		IOC総会で、第17回大会の開催地にローマを選出。同時に立候補した東京は落選。	都議会、引き続き大会開催地への立候補を決議。
1956	16	第7回冬季大会（コルチナ・ダンペッツォ）。ソ連が冬季大会に初参加。東西ドイツが統一選手団を編成して参加。 第16回大会（メルボルン）。南半球初開催。馬術のみストックホルムで開催。ハンガリー動乱によりオランダ、スペイン、スイスが、スエズ動乱によりエジプト、イラク、レバノンがボイコット。台湾の参加問題で中国ボイコット。閉会式で各国の選手らが入り混じって入場。	冬季大会で、猪谷千春（スキー・回転種目）が銀メダル。冬季大会では初メダリストとなる。 メルボルン大会で、笹原正三、池田三男（レスリング）、古川勝（競泳）ら活躍。
1958		中国オリンピック委員会がIOCとの関係断絶を宣言。国際競技連盟から脱退。	第3回アジア競技大会（東京）。
1959		IOC総会で、第18回大会の開催地に東京を選出。 第1回ユニバーシアード競技大会（トリノ）。	東京オリンピック大会組織委員会発足。
1960	17	第8回冬季大会（スコーバレー）。 第17回大会（ローマ）。自転車競技でドーピングによる死者。 国際ストーク・マンデビル大会委員会設立。初代会長にグットマン就任。第9回国際ストーク・マンデビル競技大会（ローマ）。IPC設立後、第1回パラリンピックとして位置付けられる。23カ国、400人。	ローマ大会で、相原信行、小野喬（体操）らが活躍し、体操男子団体で日本初優勝。 パラリンピック、日本不参加。
1961		第1回オリンピック・アカデミー開催。	スポーツ振興法公布。
1963		スカルノ・インドネシア大統領が、帝国主義の大会に対抗して新興国競技大会（GANEFO）の誕生を宣言。IOCを脱退し、中国などIOC非加盟国と大会を開催。 第1回新興国競技大会（ジャカルタ）。	新興国競技大会、日本不参加。

オリンピック・パラリンピック年表

年	回	オリンピック関連事項	日本関連・その他
1964	18	IOC総会で、第9回冬季大会の開催地にグルノーブルを選出。札幌落選。 第9回冬季大会（インスブルック）。 第18回大会（東京）。アジア初のオリンピック開催。東京大会の標語は「世界はひとつ・東京オリンピック」。柔道、バレーボールが正式競技になる。東西ドイツが統一選手団。オリンピック史上初のテレビの衛星中継が行われる。 第2回パラリンピック（東京）。	東京大会で、日本女子バレーボールチーム（「東洋の魔女」）が金メダル。柔道の4階級のうち3階級で金メダル。桜井孝雄（ボクシング）、三宅義信（重量挙げ）らも活躍。東京大会に向けて新幹線、高速道路などインフラ整備が進む。 パラリンピック、日本から53人の選手が参加。
1965			全国身体障害者スポーツ大会。
1966		IOC総会で、第11回冬季大会の開催地に札幌を選出。	札幌オリンピック組織委員会発足。 第1回体育の日（10月10日）。
1967		第5回ユニバーシアード競技大会（東京）。	竹田恒徳、IOC委員就任。
1968	19	第10回冬季大会（グルノーブル）。アルペンスキー選手のアマチュア問題表面化。ドイツが統一選手団を解消し、東西に分かれて参加。 第19回大会（メキシコシティー）。標高2240mの高地での開催となり、陸上短距離・跳躍で好記録続出。黒人選手が表彰台で人種差別を抗議。初の女性最終聖火ランナー。 第1回スペシャルオリンピックス国際大会（シカゴ）。知的発達障害者約1000人が集う。 第3回パラリンピック（テルアビブ）。 非営利団体スペシャルオリンピックスが国際本部としてワシントンに設立。	メキシコシティー大会で、三宅義信（重量挙げ）、加藤澤男、中山彰規（体操）ら活躍。日本サッカー銅メダル。
1969			清川正二、IOC委員就任。
1972	20	第11回冬季大会（札幌）。アジア初の冬季大会開催。アルペンスキー選手のアマチュア問題が再燃し、シュランツが招待を取り消される。 第20回大会（ミュンヘン）。パレスチナ・ゲリラによるイスラエル選手団襲撃事件により、選手、ゲリラ、警官合わせて17人が犠牲となる。初めて女子選手が選手宣誓を行う。 第6代IOC会長に、マイケル・キラニンが就任。 第4回パラリンピック（ハイデルベルク）。	冬季大会で、笠谷幸生ら3人が70m級ジャンプでメダル独占。 ミュンヘン大会で、田口信教、青木まゆみ（競泳）、加藤澤男、塚原光男、堅物永三（体操）らが活躍。男子バレーボール金メダル。

333

1973		第10回オリンピック・コングレス。西ドイツで初の女子マラソン大会開催。	
1974		10月21日、オリンピック憲章の「アマチュア規則」が改訂され、プロ選手にも参加の道が開かれる。	
1975		米国で男女の体育・スポーツにおける機会均等など性的差別を禁止する法律（タイトルⅨ）公布。	
1976	21	第12回冬季大会（インスブルック）。第1回国際身体障害者冬季競技大会。IPC設立後、第1回冬季パラリンピックとして位置付けられる。16カ国、53人。 第21回大会（モントリオール）。人種隔離政策（アパルトヘイト）に端を発したアフリカ諸国のボイコット。ナディア・コマネチ（体操）活躍。 第5回パラリンピック（トロント）。切断者と視覚障害者の参加が認められる。	モントリオール大会、体操男子団体で日本が史上初の5連覇達成。冬季パラリンピック、深沢定美が個人参加。
1978			日本初の女性だけのフルマラソン大会。日本オリンピック・アカデミー（JOA）設立。
1979		IOC理事会、中国のIOC加盟を承認。台湾は「チャイニーズ・タイペイオリンピック委員会」名称で残留。	清川正二がアジア初のIOC副会長就任。
1980	22	カーターアメリカ大統領がソ連軍のアフガニスタン侵攻に抗議し、モスクワ大会ボイコットを表明。 第2回冬季パラリンピック（ヤイロ）。 第13回冬季大会（レークプラシッド）。 アメリカオリンピック委員会がモスクワ大会不参加を決定。 グットマン逝去。 第6回パラリンピック（アーネム）。脳性まひ者の参加が認められる。 第22回大会（モスクワ）。アメリカをはじめとする西側諸国のボイコット。イギリス、フランスなど10カ国の選手が入場行進を拒否。 第7代IOC会長にファン・アントニオ・サマランチ就任。	モスクワ大会、JOC不参加。幻のオリンピック大会代表選手団を承認。

1981		第11回オリンピック・コングレス。IOC総会で、第24回開催地にソウルを選出。名古屋落選。初の女性IOC委員が選出。 第1回ワールドゲームズ（サンタクララ）。	第1回日本スペシャルオリンピックス全国大会。
1982		IOC医事委員会が筋肉増強剤の一種テストステロンを禁止薬物リストに加えると発表。	小野清子が初の女性JOC委員に就任。 猪谷千春、IOC委員就任。
1983		第1回世界陸上競技選手権（ヘルシンキ）。	第6回夏季スペシャルオリンピックス大会に日本初参加。
1984	23	第3回冬季パラリンピック（インスブルック）。第14回冬季大会(サラエボ)。 第7回パラリンピック(ニューヨーク・アイルズベリー)。ニューヨーク大会より先天性奇形や小人症等、機能障害者の参加が認められる。 第23回大会（ロサンゼルス）。ソ連をはじめとする東欧圏諸国の報復ボイコット。中国がオリンピックに復帰。民間資金導入により、大幅な黒字決算となる。大会が商業化へ向かうことに。	ロサンゼルス大会で、山下泰裕（柔道）、具志堅幸司（体操）ら活躍。
1985		IOC理事会がオリンピックマーク（シンボル）の使用をIOCが一括管理することを決定。	第13回ユニバーシアード競技大会（神戸）。
1986		IOC総会で、第17回冬季大会は1994年に開催することを決定。第15回カルガリー冬季大会からアイスホッケー、第24回ソウル大会からサッカー、馬術、陸上（条件付き）でプロ選手の参加容認を決定。デフランツが黒人女性として初のIOC委員に選出。	第1回アジア冬季競技大会（札幌）。 日体協、「アマチュア規定」廃止し、「スポーツ憲章」制定。

1988	24	第4回冬季パラリンピック（インスブルック）。 IOCとスペシャルオリンピックス国際本部、「オリンピック」の名称使用や相互の活動を認め合う議定書を交わす。 第15回冬季大会(カルガリー)。大会期間が夏季大会と同じ16日に延長され、実施種目も大幅に増加。 第24回大会（ソウル）。12年ぶりに東西両陣営が参加。ユベロス方式をIOCが採択し、IOCの財政基盤確立。北朝鮮との共同・分散開催が検討されたが合意に達せず。 ソウル大会陸上男子100m優勝のベン・ジョンソンがドーピングテストの結果、金メダル剥奪。 第8回パラリンピック（ソウル）。「パラリンピック」が初めて大会の正式名称として使用される。車いすテニスが公開競技として実施。	冬季大会で、黒岩彰、橋本聖子（スピードスケート）活躍。 ソウル大会で、鈴木大地（競泳）、斉藤仁（柔道）、小林孝至、佐藤満（レスリング）ら活躍。
1989		国際パラリンピック委員会（IPC）創設。初代会長に、ロバート・D・ステッドワード就任。	JOCが財団法人となる。
1990			岡野俊一郎、IOC委員就任。
1991		IOC総会で、第18回冬季大会の開催地に長野を選出。 IOCアパルトヘイト委員会が南アのオリンピック復帰を認める勧告を採択。	第3回世界陸上競技選手権（東京）。 長野オリンピック冬季競技大会組織委員会発足。
1992	25	第16回冬季大会(アルベールビル)。 第5回冬季パラリンピック(ティーニュ・アルベールビル)。 第25回大会（バルセロナ）。野球、バドミントンが正式競技になる。バスケットボールがプロ解禁で米「ドリームチーム」を派遣。 IOC総会で、"オリンピック休戦"を支持するIOCのアピール」を決議。 第9回パラリンピック（バルセロナ）。車いすテニスが正式競技になる。トゥリシア・ゾーン（視覚障害者）が水泳で10個の金メダル、2個の銀メダル。	バルセロナ大会で、吉田秀彦、古賀稔彦（柔道）、有森裕子（マラソン）、岩崎恭子（競泳）ら活躍。 第1回全国知的障害者スポーツ大会（東京）。後に、全国身体障害者スポーツ大会と統合し、2001年から国民体育大会終了後に、全国障害者スポーツ大会として同じ開催地で行われる。
1993		国連総会で「オリンピック休戦」決議採択。以降、夏季・冬季大会の前年毎にオリンピック休戦を支持する決議が国連総会で行われる。	第1回東アジア競技大会（上海）。 日本プロ・サッカーリーグ（Jリーグ）開催。

オリンピック・パラリンピック年表

年	回		
1994		第17回冬季大会（リレハンメル）。北緯61度の最北の地での開催になる。冬季大会の開催年が独立。環境問題に配慮した大会運営が特徴となる。 第6回冬季パラリンピック（リレハンメル）。 第12回オリンピック・コングレス。	冬季大会、荻原健司ら、ノルディック複合団体日本チームが金メダル。 第12回アジア競技大会（広島）。スペシャルオリンピックス日本が、国際本部より認証を受けて発足。
1995		第1回世界女性スポーツ会議（イギリス）。「ブライトン宣言」採択。	第18回ユニバーシアード競技大会（福岡）。
1996	26	第26回大会（アトランタ）。オリンピック100年。女子選手数が3分の1を超える。カール・ルイス（陸上）4連覇を達成。 第10回パラリンピック（アトランタ）。 第1回IOC世界女性スポーツ会議開催。	アトランタ大会で、有森裕子（マラソン）が銅メダル。
1998		第18回冬季大会（長野）。カーリングが正式競技となる。 第7回冬季パラリンピック（長野）。ヨーロッパ以外で初めて開催された冬季大会となる。 ソルトレークシティ冬季大会招致IOCスキャンダル発覚。	長野市内の小中学校で「一校一国運動」行われる。 冬季大会、清水宏保（スピードスケート）、西谷岳文（ショートトラック）、里谷多英（モーグル）、船木和喜（ジャンプ）ら活躍。スキー・ジャンプ団体で日本金メダル。
1999		IOC、スポーツにおけるドーピングに関する世界会議で「ローザンヌ宣言」を採択。 世界アンチ・ドーピング機構設立。	日本パラリンピック委員会が、日本障がい者スポーツ協会の内部組織として発足。
2000	27	第2回IOC世界女性スポーツ会議。IOC、国際オリンピック休戦財団、国際オリンピック休戦センター設立。 第27回大会（シドニー）。「女性のオリンピック100年」をテーマに聖火の最終ランナー全員が女性に。先住民のキャシー・フリーマンが聖火を点火する等、民族融和を強調。 第11回パラリンピック（シドニー）。知的障害者の競技が正式種目として実施される。	シドニー大会、高橋尚子（マラソン）、田村亮子（柔道）が金メダル。 パラリンピック、日本代表は金13、銀17、銅11のメダルを獲得。
2001		第8代IOC会長にジャック・ロゲ就任。大会規模の適正化目指す。	第3回東アジア競技大会（大阪）。サッカーくじ始まる。 日本アンチ・ドーピング機構設立。
2002		第19回冬季大会（ソルトレークシティ）。 第8回冬季パラリンピック（ソルトレークシティ）。中国、クロアチア、ギリシャが冬季大会初参加。	ソルトレークシティ大会、清水宏保が銀メダル。里谷多英が銅メダル獲得。 FIFAワールドカップ（日本・韓国）。
2003			日本スポーツ仲裁機構設立。 日本オリンピアンズ協会設立。

2004	28	第28回大会(アテネ)。聖火リレー全大陸をまわる。メダルデザイン改訂。 第12回パラリンピック（アテネ）。視覚障害者を対象とした5人制サッカー、女子柔道、シッティングバレーボール女子、車いすテニス・クアードクラスが加わる。公開競技として知的障害者選手のバスケットボール、卓球が実施。	アテネ大会で、日本男子体操、団体24年ぶり金メダル。野村忠宏（柔道）3連覇、野口みずき（女子マラソン）金メダル。 パラリンピック、成田真由美が金7個、銀メダル1個を獲得し、1大会で1人の選手が獲得した最多メダル数となる。
2006		第20回冬季大会(トリノ)。 第9回冬季パラリンピック（トリノ）。メキシコ、モンゴルが初参加。車いすカーリングが加わる。	トリノ大会で、荒川静香（フィギュア）が金メダル。 東京オリンピック・パラリンピック招致委員会設立。
2007		IOC会長ジャック・ロゲがユース・オリンピック競技大会を提案。	
2008	29	第29回大会（北京）。 第13回パラリンピック（北京）。ボートが正式競技になる。	北京大会で、北島康介（競泳）、レスリング、ソフトボール、柔道で金メダル。 パラリンピック、ボッチャ、ボート、シッティングバレーボール女子に日本初参加。
2009		IOC総会で、第31回開催地にリオデジャネイロを選出。東京落選。 第13回オリンピック・コングレス。	広島市と長崎市が広島・長崎オリンピック構想を表明するが、IOCにより却下される。
2010		第21回冬季大会（バンクーバー）。 第10回冬季パラリンピック（バンクーバー）。オリンピックと同様の規則、エントリー関係、ドーピング、メディア、マーケティング等が適用される。 第1回ユース・オリンピック競技大会（シンガポール）。14歳から18歳までのアスリートを対象とした国際総合競技大会。オリンピックと同様に夏季・冬季4年ごとに開催。若い選手を対象にした文化プログラム等を実施。 サマランチ逝去。	バンクーバー大会で、加藤条治、長島圭一郎（スピードスケート）、浅田真央、髙橋大輔（フィギュア）ら活躍。 パラリンピックで、狩野亮が金、銅、森井大輝が銀、銅メダル（アルペンスキー）。鈴木猛史、大日方邦子がジャイアントスラロームで銅メダル。新田佳浩が金、太田渉子が銀メダル(クロスカントリー)。日本チーム（アイススレッジホッケー）で銀メダル。 「スポーツ立国戦略」策定。
2011		第11回オリンピック・コングレス30周年記念式典。	スポーツ基本法公布。 東京2020オリンピック・パラリンピック招致委員会設立。 FIFA女子ワールドカップ、日本優勝。

オリンピック・パラリンピック年表

2012	30	第1回ユース・オリンピック冬季競技大会（インスブルック）。 第30回大会（ロンドン）。オリンピック史上初めてすべての国・地域から女性選手が参加。 第14回パラリンピック（ロンドン）。参加国・地域が増加。	スペシャルオリンピックス日本、財団法人となる。 竹田恒和、IOC委員就任。 ロンドン大会で、吉田沙保里、伊調馨、小原日登美、米満達弘（レスリング）、松本薫（柔道）、内村航平（体操）、村田諒太（ボクシング）金メダル。
2013		IOC総会で、第32回開催地に東京選出。 第9代IOC会長に、トーマス・バッハ就任。	
2014		第22回冬季大会（ソチ）。 第11回冬季パラリンピック（ソチ）。アルペン競技にスノーボードが加わる。 第2回ユース・オリンピック競技大会（南京）。 IOC総会で、「オリンピック・アジェンダ2020」採択。	ソチ大会で、羽生結弦（フィギュア）金メダル。 東京オリンピック・パラリンピック競技大会組織委員会設立。
2015		IOC総会で、第24回冬季大会開催地に北京を選出。3大会連続で東アジアの開催が決まる。	FIFA女子ワールドカップ、日本準優勝。 スポーツ庁発足、初代長官は鈴木大地。 ラグビーワールドカップで日本代表が南アなどを破りグループリーグ3勝。
2016	31	第2回ユースオリンピック冬季大会（リレハンメル）。 第31回大会（リオデジャネイロ）。 第15回パラリンピック（リオデジャネイロ）	リオデジャネイロ大会で、伊調馨、土性沙羅、川井梨紗子、登坂絵莉（レスリング）、ベイカー茉秋、大野将平、田知本遥（柔道）、萩野公介、金藤理絵（水泳）、内村航平（体操）、体操男子団体、髙橋礼華・松友美佐紀組（バドミントン）金メダル。
2017		IOC総会で、第33回開催地にパリ、第34回開催地にロサンゼルスを選出。初めて一度に2大会の開催地が決定される。	
2018		第23回冬季大会（平昌）。 第12回冬季パラリンピック（平昌）。 第3回ユースオリンピック競技大会（ブエノスアイレス）。	平昌大会で羽生結弦（フィギュア）2連覇。小平奈緒、高木菜那、女子チームパシュート金メダル。 渡辺守成、IOC委員就任。

オリンピック競技大会開催地 MAP

〈文献〉

- 阿部生雄『近代スポーツマンシップの誕生と成長』筑波大学出版会（2009）
- 新井博・榊原浩晃（編著）『スポーツの歴史と文化』道和書院（2012）
- 荒牧亜衣『第30回オリンピック競技大会関連資料からみるオリンピック・レガシー』体育学研究, 58・1, 1-17(2013)
- 池井優『オリンピックの政治学』丸善（1992）
- 石塚創也『1972年第11回オリンピック冬季競技大会（札幌大会）の開催準備期における滑降競技会場移転論争: IOC理事会・総会議事録およびIOCと大会組織委員会の往復文書の検討を中心に』体育史研究, 32(2015)
- 井谷恵子, 田原淳子, 來田享子編著『目で見る 女性スポーツ白書』大修館書店（2001）
- J・パリー, V・ギルギノフ, 舛本直文（訳著）『オリンピックのすべて』大修館書店（2008）
- カールディーム（編）大島鎌吉（訳）『ピエール・ド・クベルタン オリンピックの回想』ベースボール・マガジン社 1976
- 川本信正（監修）『オリンピックの事典』三省堂（1984）
- 清川正二『スポーツと政治』ベースボール・マガジン社（1987）
- 国際オリンピック委員会『オリンピック憲章』（1972）（1979）（1991）（1999）（2004）（2013）（2014）
- 国際自然保護連合・国連環境計画・世界自然保護基金（財団法人 世界自然保護基金日本委員会訳）『新・世界環境保全戦略 かけがえのない地球を大切に』小学館（1992）
- 楠戸一彦先生退職記念論集刊行会編『体育・スポーツ史の世界：大地と人と歴史との対話』渓水社（2012）
- 舛本直文, 本間恵子『無形のオリンピック・レガシーとしてのオリンピックの精神文化』体育・スポーツ哲学研究, 36・2, 97－107(2014)
- 舛本直文（監修）『写真で見るオリンピック大百科：別巻パラリンピックってなに？』ポプラ社（2014）
- 舛本直文（監修）『写真で見るオリンピック大百科：第1巻～第5巻』ポプラ社（2013）・財団法人日本オリンピック委員会企画・監修『近代オリンピック100年の歩み』ベースボール・マガジン社（1994）
- 永井松三編『報告書, 第十二回オリンピック東京大会組織委員会』（1939）
- 日本オリンピックアカデミー編『ポケット版オリンピック事典』楽（2008）
- 日本スポーツ芸術協会（編）『広報誌 SPORT ART』日本スポーツ芸術協会（2012）
- 日本スポーツ振興センター広報室（編）『国立競技場 Vol.600』日本スポーツ振興センター(2013)
- 大野益弘『オリンピック ヒーローたちの物語』ポプラ社（2012）
- 大野益弘（監修）『心にのこるオリンピック・パラリンピックの読みもの：第1巻～第3巻』学校図書（2016）
- オリンピッククイズ研究会（編）『オリンピッククイズ』ポプラ社（2012）
- オリンピック東京大会組織委員会 (編集)『第18回オリンピック競技大会公式報告書』オリンピック東京大会組織委員会 (1966)
- 坂上康博『スポーツと政治』山川出版社（2001）
- 真田久『19世紀のオリンピア競技祭』明和出版（2011）
- 笹川スポーツ財団（編）『スポーツ歴史の検証Vol.1』笹川スポーツ財団（2013）
- 清水諭（編著）『オリンピック・スタディーズ—複数の経験・複数の政治』せりか書房（2004）
- 清水重勇『スポーツと近代教育：フランス体育思想史』下巻, 紫峰図書（1999）
- 田原淳子『オリンピックと政治』池田勝・守能信次編『スポーツの政治学』杏林書院（1999）
- 田原淳子『第12回オリンピック東京大会の開催中止をめぐる諸外国の反応について：外務省外交史料館文書の分析を通して』体育学研究 第38巻第2号（1993）
- 武田薫『オリンピック全大会 —人と時代と夢の物語』朝日新聞出版（2008）
- 東京市役所『第十二回オリンピック東京大会東京市報告書』（1939）
- 映画／レニ・リーフェンシュタール監督『オリンピア 民族の祭典 美の祭典』（1938）
- 映画／市川崑監督『東京オリンピック』（1965）
- 映画／篠田正浩監督『札幌オリンピック』（1972）

- BERGVALL. ERIK. THE SWEDISH OLYMPIC COMMITTEE. THE OFFICIAL REPORT OF THE OLYMPIC GAMES OF STOCKHOLM 1912, WAHLSTRÖM & WIDSTRAND STOCKHOLM（1913）

- CONCOURS INTERNATIONAUX D'EXERCICES PHYSIQUES ET DE SPORTS RAPPORTS, EXPOSITION UNIVERSELLE INTERNATIONALE DE 1900 À PARIS, PARIS IMPRIMERIE NATIONALE(1900)
- Coubertin, Pierre de. << Le Néo-olympisme >>, Le Messager d'Athènes, no. 42, novembre(1894)
- Coubertin, Pierre de. << Les assises de la doctrine nouvelle >>, Union Pédagogique Universelle IV, année(1928-1929)
- Coubertin, Pierre de. << Les Congrès olympiques >>, Revue Olympique, février(1913)
- Coubertin, Pierre de. L'Evolution Fran[caise sous la Troisième République, Plon-Nourri(1896)
- Coubertin, Pierre de. Mémoires olympiques, Bureau International de Pédagogie Sportive(1931)
- Coubertin, Pierre de. TIMOLEON J. PHILEMON, N.G.POLITIS AND CHARALAMBOS ANNINOS, THE OLYMPIC GAMES B.C. 776. — A. D. I896. SECOND PART(1897)
- Coubertin, Pierre de. Une campagne de vingt-et-un ans (1887-1908), Education Physique(1909)
- IOC, Olympic Agenda 2020, International Oliympic Committee(2014)
- IOC, Olympic Charter 1991, International Olympic Committee(1991)
- IOC, Olympic Charter 2014, International Olympic Committee(2014)
- IOC, Olympic legacy、International Olympic Committee(2013)
- IV OLYMPISCH WINTERSPIELE 1936 GARMISCH PARTENKIRCHEN, Herausgegeben vom Organisationskomitee für die IV. Olympischen Winterspiele 1936 Garmisch-Partenkirchen E. V. (1936)
- LAMBROS, SP. P. AND POLITES, N. G., THE OLYMPIC GAMES B.C. 776. — A. D. I896. PART FIRST(1896)
- Lennartz, K. The 2nd International Olympic Games in Athens 1906. Journal of Olympic History (2002)
- N・Muller(Ed.)Pierre de Coubertin Olympism:Selected writings, IOC(2000)
- OLYMPIC GAMES ANTWERP 1920 OFFICIAL REPORT, the Belgium Olympic Committee (1921)
- ORGANISATIONSKOMITEE FÜR DIE XI. OLYMPIADE BERLIN 1936 E. V., THE XIth OLYMPICGAMES BERLIN, 1936 OFFICIAL REPORT, WILHELMLIMPERT(1937)
- Research and Reference Olympic Studies Centre, Olympic Summer Games Medals from Athens 1896 to London 2012, International Olympic Committee(2011)
- ROSSEM, G. VAN. THE NETHERLANDS OLYMPIC COMMITTEE, THE NINTH OLYMPIAD BEING THE OFFICIAL REPORT OF THE OLYMPIC GAMES OF 1928 CELEBRATED AT AMSTERDAM, AMSTERDAM J. H. DE BUSSY(1928)
- SPALDING'S OFFICIAL ATHLETIC ALMANAC FOR 1905, SPECIAL OLYMPIC NUMBER Containing the Official Report of the Olympic Games of 1904, THE AMERICAN PUBLISHING COMPANY(1905)
- Stanton, Richard. The Forgotten Olympic Art Competitions, TRAFFORD(2000)
- SULLIVAN, JAMES E. SPECIAL OLYMPIC NUMBER Containing the Official Report of the Olympic Games of 1904, THE AMERICAN PUBLISHING COMPANY(1905)
- THE OLYMPIC IMAGE The First 100 years, Quon Editions(1996)
- The Fourth Olympiad, THE OFFICIAL REPORT The Olympic Games of 1908 CELEBRATED IN LONDON, THE BRITISH OLYMPIC COUNCIL, THE BRITISH OLYMPIC ASSOCIATION(1908)
- The Games of the Xth OLYMPIAD Los Angeles 1932 Official Report, XTH OLYMPIADE COMMITTEE(1933)
- THE GAMES OF THE XVII OLYMPIAD ROME 1960, The Official Report of the Organizing Committee, the Organizing Committee of the Games of the XVII Olympiad(1960)
- THE OFFICIAL REPORT OF THE ORGANISING COMMITTEE FOR THE XVI OLYMPIAD MELBOURNE 1956, The Organizing Committee of the XVI Olympiad, Melbourne 1956(1958)
- THE OFFICIAL REPORT OF THE ORGANISING COMMITTEE FOR THE GAMES OF THE XV OLYMPIAD HELSINKI 1952(1955)
- THE OFFICIAL REPORT OF THE ORGANISING COMMITTEE FOR THE XIV OLYMPIAD, THE ORGANISING COMMITTEE FOR THE XIV OLYMPIAD(1948)
- THE OLYMPIC GAMES 1904, CHARLES J. P. LUCAS.ST. LOUIS, MO. Woodward & Tiernan Printing Co.(1905)
- THE OLYMPIC GAMES B.C.776. — A.D.I896. Published with the sanction and under the patronage of the Central Committee in Athens, presided over by HIS ROYAL HIGHNESS THE CROWN PRINCE CONSTANTINE(1896)

索引 INDEX

【あ】

アーチェリー　228
アーチェリー（パラリンピック）　263
アーティスティックスイミング　200、203
IF（国際競技連盟）　56-57、61、90
IOC（国際オリンピック委員会）　46、50-51、54、56-57、61、62、68、76、77、79、80-81、83、84、85、88、91、91、96、98-99、102-103、104、106-107、116-117、120、122、126
アイスホッケー　132、249
アイスホッケー（パラリンピック）　275
相原俊子　211
相原信行　140、141、211
IPC（国際パラリンピック委員会）　88、258
青木まゆみ　147
青地清二　179、240、309
青柳徹　183
赤坂雄一　248
秋元正博　181
浅田真央　190、191、247、313
朝原宣治　157、162、199、298
アジェンダ2020　19、61、63、91、98-99
東龍太郎　76
アソシエーション・フットボール　204
安達五郎　170
アベベ・ビキラ　141、144、198、304
阿部雅司　185、241
荒井理　179、251
新井信男　200
荒川静香　189、247、313
有森裕子　155、157、292
アルト・シェンク　179、244
アルペンスキー　238
アルペンスキー（パラリンピック）　273、278
淡路卓　221
アンチ・ドーピング　51、92
阿武教子　161
アンリ・ディドン神父　47

【い】

イアン・ソープ　93、158
飯塚翔太　167、199、301
猪谷千春　56、59、174、238、309
伊黒正次　171
池田敬子　211
池田三男　140
池谷幸雄　155
石井彗　163
石井庄八　139、214
石川佳純　165、219、299
石原省三　171
石原辰義　248
石本隆　140
イストミア　70、72-73
イストモス　70
市川崑　118
市口政光　143
伊調馨　161、163、164、166、214、298
伊調千春　161、163、298
伊東浩司　157
伊東大貴　191、240
伊藤正樹　212
伊藤みどり　183、184、186、247、311
稲田悦子　171
井上康生　158、295
井上純一　184
猪熊功　143
岩倉具清　221
岩崎恭子　154、201
インゲマル・ステンマルク　181

【う】

ウィルチェアーラグビー　266、276
ウエイトリフティング　141、143、146、165、216、287
上迫忠夫　139、210
上武洋次郎　143、146
上野雅恵　161、163
上野由岐子　163、233、297
植松仁　187、248
上村愛子　189、190、314
ウォルト・ディズニー　175
ウサイン・ボルト　93、162、308
内村航平　163、164、300
宇野昌磨　192、247
ウラヌス　220、284

【え】

エアリアル　242
エケケイリア　52-53、70
エディ・イーガン　170
エディ・ハート　147
エドストローム（ジークフリード）　59
NF（国内競技連盟）　57
NOC（国内オリンピック委員会）　56-57、58、61、62-63、80-81、90、102、149
エフゲニー・プルシェンコ　189、190
恵本裕子　157
エリック・ハイデン　181
遠藤幸雄　141、143、144、211、287
エンブレム　口絵1、17、114

【お】

及川佑　189
老松一吉　170
大江季雄　118、136、198、285

大崎剛彦　141
太田章　151
大高優子　179、251
大谷武一　217、233
太田雄貴　163、221
大野将平　166
オーレ・アイナル・ビョルンダーレン　188、253
岡崎朋美　187、189、245
岡野功　143
岡野俊一郎　56、59
岡部孝信　187、240、312
岡本依子　158、231
小川直也　155
荻村伊智朗　219
荻原健司　184、185、187、241、310
荻原次晴　187
奥野史子　155
織田幹雄　100、134、198、283
小野清子　211
小野喬　139、140、141、143、144、210、211、286
小野塚彩那　191、242
小原日登美　211
大日方邦子　273、320
オリンピア（遺跡・競技祭・古代）　44、52、60、70、73、74、107
オリンピアード　48、77、104
オリンピズム　46、50-51、54-55、58、60、97、116、118、120
オリンピック憲章　50、54-55、58、60、62、82、84、90、91、96、104-105、116、118、180
オリンピック讃歌　75、76
オリンピック・ソリダリティ　90
オリンピックのモットー　47
オリンピック・ミュージアム　54、95、107
オリンピック・ムーブメント　47、49、50-51、54-55、58、60、66-67、77、96、97、107

【か】
カーリング　168、186、252
カール・ディーム　106、118
カール・ルイス　150、153、156、199、307
垣岩令佳　165、223
河西三省　101、200
葛西紀明　171、240、314
河西昌枝　288
笠原茂　140
笠谷幸生　119、309
カシアス・クレイ（モハメド・アリ）　84、306
柏尾誠一郎　132、205、282
鹿島丈博　160、204
カタリナ・ビット　183、319
勝呂裕司　179
加藤澤男　146、211、289

加藤条治　190
加藤武司　146
加藤凌平　211
金栗四三　131、198、282
蟹江美貴　228
カヌー　227
カヌー（パラリンピック）　272
金子正明　146
金藤理絵　167
嘉納治五郎　59、64、66-67、68、222
ガブリエラ・アンデルセン　150
蒲池猛夫　151、224
釜本邦茂　146、290
神永昭夫　143
空手　234
カレリン（アレクサンドル）　214
河合純一　321
川井梨紗子　166
河合季信　248
川崎努　248
川中香緒里　228

【き】
菊池彩花　193、245
岸清一　59
北沢欣浩　182、245
北島康介　160、162、165、201、297
北野祐秀　139
北村久寿雄　135
木下（ユリエ）アリーシア　157、215
君原健二　146、289
キム・ヨナ　190
木村さえ子　151、203
清川正二　59、135、200、284
キラニン（マイケル・モリス・キラニン）　59、79
ギリシャ・オリンピック　74-75
ギリシャ・グレーフストレーム　169、170
桐生祥秀　167、199、301
近代五種　225

【く】
クーベルタン（ピエール・ド・クーベルタン）　44-45、47、49、50、52、54、56、59、66、74、77、78、79、82、106、116、120、123、126-127、225
具志堅幸司　151
国枝慎吾　322
久保田正躬　140
熊谷一弥　132、167、205、282
クラス・ツンベルク　168、169
クリスティン・オットー　152
クリストファー・ディーン　182
車いすカーリング　275
車いすテニス　262、276-277、322
車いすバスケットボール　271、276
車いすフェンシング　263、277

クレー射撃　224、254
グレコローマン　143、146、151、214
黒岩彰　182、183
黒岩敏幸　184
クロスカントリースキー　239、253
クロスカントリースキー（パラリンピック）　274

【け】
芸術競技　74-75、116-117、131、134、137、254
芸術展示　116-117
ケイリン　218
ゲオルク・ハックル　251
ケンブリッジ飛鳥　167、199、301

【こ】
講道館　67、222
河野孝典　184、185、241
ゴールボール　267
古賀稔彦　154、156、292
国際オリンピック・アカデミー（IOA）　51、60
国際女子競技大会（国際女子オリンピック大会）　83
国際女子スポーツ連盟（FSFI）　83
国内オリンピック・アカデミー（NOA）　60
越和宏　250
古代オリンピック　44-45、52、66、70-73、74、77、100、107、126-127、208、214、220
小平奈緒　190、245
小谷実可子　153
小林孝至　153
小林政敏　179、251
木場良平　155
コマネチ（ナディア・コマネチ）　148
ゴルフ　128、230
金野昭次　178、240、309
根本原則　50、54-55

【さ】
サーフィン　236
斎藤仁　151、153、290
齋藤浩哉　187、240、312
坂井義則　107、143
坂本勉　151、218
桜井孝雄　144、208
さくらジャパン　207
笹原正三　140
佐田徳平　200
サッカー　146、157、159、164、204、290、300
サッカー（パラリンピック）　265
佐藤綾乃　193、245
佐藤満　153
ザトペック（エミール・ザトペック）　139、304
里谷多英　187、188、242、312
サマランチ（フアン・アントニオ・サマランチ）　59、61、79、120
澤穂希　164、300

三段跳び　134、135、136、196、198、260、283
JOC（日本オリンピック委員会）　58、60、80、91
ジェーン・トービル　182
ジェシー・オーエンス　136、303
重由美子　157、215
獅子井英子　248
7人制ラグビー　166、226
シッティングバレーボール　267
自転車　127、161、218、229、310
自転車（パラリンピック）　269、272、276-278
篠田正浩　118
篠原信一　159
柴田亜衣　160
清水宏保　186、188、245、311
志水見千子　157
清水礼留飛　191、240
ジム・ソープ　54、79
射撃　127、141、151、155、224、225、253
射撃（パラリンピック）　268、274、279
ジャネット・リン　179
ジャン・クロード・キリー　177、238、318
柔道　66-67、122、143、148、151、153、154-155、156、158、161、162、165、166、222、290、291、292、293、295、305
柔道（パラリンピック）　264
ショートトラック　184、187、248
ショートプログラム　188、191、246
白井健三　211
新体操　151、210-212

【す】
水泳（競泳）　127、130、134、135、136、140、145、159、166、200-201、284、285、286、297、308
水泳（パラリンピック）　261、320、321
水球　200、203
末續慎吾　162、199、298
菅原和彦　173
スキー・ジャンプ　170、171、176、178-179、181、183、185、187、191、240、309、312、314
杉村陽太郎　59、64、67、68
村主章枝　188
スケートボード　237
スケルトン　250
鈴木絵美子　163
鈴木恵一　176、177
鈴木桂治　161
鈴木大雀　117、137
鈴木大地　153、201
鈴木萬之助　143
スティーブ・メーア　182
ストーク・マンデビル　256、257、263
スノーボード　191、192、243

スノーボード（パラリンピック）　273
スパルタ　70、72
スピードスケート　192、244-245、310、311
スピリドン・ルイス　127、197
スペシャルオリンピックス　280
スポーツクライミング　235

【せ】
聖火　104-105、106-107、134、140、142、154、156、178、186
聖火リレー　106-107、136、138、173
セーリング　157、161、215
関一人　215
関ナツエ　218
瀬古利彦　149、151
セバスチャン・コー　149
セルゲイ・ブブカ　152、307

【そ】
宗茂　151
宗猛　151
ソニア・ヘニー　169、170、171
ソフトボール　159、163、233、297
ソンドレ・ノルハイム　173

【た】
体操　127、139、140、141、144、146、147、148、150、151、155、160、163、164、166、210-211、286、287、289、296、300、306
大松博文　209、288
高石勝男　134、200
高石真五郎　59
高木菜那　193、245
高木美帆　193、245
高田裕司　149
高梨沙羅　191、193、240
高野進　155
高橋礼華　167、223、302
高橋大輔　190、247
高橋大斗　188
高橋尚子　158、199、294
高林清高　173
高平慎士　162、199、298
高見沢（長久保）初枝　175、176
高山亜樹　155
瀧本誠　159
田口信教　147
竹内択　191、240
竹内智香　191
竹田恆和　56、58、59
竹田恒徳　59
武田美保　159
竹本正男　139、140、141、210
田島直人　118、136
田島寧子　159
立花美哉　159

田知本遥　166
卓球　165、219、299
卓球（パラリンピック）　277
田中京　153
田中佑典　211
田辺清　141
田辺陽子　154、157
谷（佐藤）真海　322
谷本歩実　161、163
谷（田村）亮子　154、157、158、161、163、293
田畑真紀　190、245
タラ・リピンスキー　186
タルボット主教　130

【ち】
チェアスキー　278、320
チェルピンスキー（ワルデマール・チェルピンスキー）　149
千田健太　221
千葉真子　157
チャスラフスカ（ベラ・チャスラフスカ）　144、211、306
中間オリンピック　77

【つ】
塚田真希　161
塚原直貴　162、199、298
塚原直也　296
辻宏子　211
土田和歌子　321
堤義明　58
綱引き　254
円谷幸吉　144、198、288
鶴田義行　134、135、200
鶴見修治　141、143、211

【て】
テコンドー　231
テコンドー（パラリンピック）　262
デットマール・クラマー　204、290
テニス　122、127、128、132、133、152、205、282
デヴィッド・ジェンキンス　175
デフリンピック　280
デモンストレーション競技　205、209、213、222、223、231、232、242、248、252
デューク・カハナモク　132
寺田登　137
デルフォイ　70、73

【と】
東京オリンピック（映画）　118
登坂絵莉　166
東洋の魔女　144、209、288
ドーピング　51、62、92、98、122、153、161、199、296、307
トーマス・バーク　127

347

徳川家達　59
土性沙羅　166
轟賢二郎　215
トニー・ザイラー　174、238、318
飛び込み　200、202
冨田洋之　160、296
富山英明　151
トライアスロン　229
トライアスロン（パラリンピック）　272
ドランド・ピエトリ　130
トランポリン　210、212
トルライフ・ハウグ　168
ドン・ショランダー　145

【な】
内藤克俊　133、214
永井松三　59
長島圭一郎　190
中田茂男　146
中谷雄英　143
中田英寿　159
永田実　169
中野大輔　296
中村兼三　156
中村俊輔　159
中村多仁子　211
中村真衣　159
中村行成　156
中村佳央　156
中村礼子　163
中山彰規　146
長屋真紀子　180、181
なでしこジャパン　164、204、300
成田真由美　320
南部忠平　135

【に】
西川大輔　155
錦織圭　167
西竹一　135、220、284
西田修平　118、135、136、198、285
西谷岳文　187、248
日本アンチ・ドーピング機構（JADA）　92
日本オリンピック・アカデミー（JOA）　51、60
日本体育協会　58

【ね・の】
ネメア　70、73
ノーマルヒル　187、193、240、241、309
野口みずき　161、199、295
野村忠宏　156、158、161、222、293
ノルディック複合　179、184、185、188、191、193、241、310

【は】
ハーフパイプ　193、242、243
パーボ・ヌルミ　133、303
バイアスロン　175、188、253
バイアスロン（パラリンピック）　274
ハインズ（ジム・ハインズ）　146
萩野公介　167、301
橋爪四郎　139、201
橋本聖子　182、183、184、218、245、310
馬術　135、140、165、220、225、284
馬術（パラリンピック）　268
走り幅跳び　135、136、150、152、156、196、199、260、303、307
バスケットボール　213
八田一朗　214
バッハ（トーマス・バッハ）　59、98
バドミントン　223
バドミントン（パラリンピック）　270
花原勉　143
羽生結弦　191、192、247、315
浜口京子　161、163
葉室鉄夫　137
早川漣　228
早田卓次　143
原大智　193、242
原田早穂　163
原田雅彦　185、187、188、240、312
パラリンピック　88-89、95、109、110、256、257、258、259、260、276、280
バレーボール　144、146、148、165、209、288
パワーリフティング　269
ハンセン（フレッド・ハンセン）　144
ハンドボール　217
ハンニ・ウェンツェル　181
ハンマー投げ　161、165、196、199、296

【ひ】
BMX　218
ピーター・ユベロス　121、150
ビーチバレー　209
ヒートリー（ベイジル・ヒートリー）　144、198
ピクトグラム　95、113
ビケラス（ディミトリオス・ビケラス）　59、77
ビッグエア（スノーボード）　192
人見絹枝　83、134、155、198、283
日の丸飛行隊　119、178、185、240、309
ピュティア　72、73
ビョルン・ダーリ　186、239
平岡卓　191
平野歩夢　191、193、243
平野早矢香　165、219、299

【ふ】
フィギュアスケート　130、132、184、188、189、190、191、192、246-247、311、313、315、319
フィリップ・ベーカー　132
フィリップ・メーア　182
フェアリージャパン　212

フェンシング　221
フォスベリー（ディック・フォスベリー）　199
福原愛　165、219、299
福原美和　176
藤井瑞希　165、223
藤田隆治　117、137
船木和喜　187、188、240、312
フランク・ジャービス　128
フランシナ・ブランカース・クン夫人　138
フランツ・クラマー　180
ブランデージ（アベリー・ブランデージ）　59、76、85
フリースタイル（レスリング）　214
フリースタイルスキー　242
古川高晴　228
古川勝　140
古橋廣之進　58、201、286
フレイザー（ドーン・フレイザー）　145
フレッド・イサム・ワダ（和田勇）　65
フレッド・ローツ　129
フローレンス・ジョイナー　153
ブロナイ（ゴッドフロア・ド・ブロナイ）　59
文化プログラム　36、48、58、89、104、116-117
【へ】
閉会式　76、104-105、149
ヘイズ（ボブ・ヘイズ）　144
ヘイス・アラン・ジェンキンス　174、175
ヘーシンク（アントン・ヘーシンク）　143、222、305
ペギー・フレミング　177
ベルニャエフ　167
ベン・ジョンソン　92、153、199
【ほ】
棒高跳び　135、136、144、152、197、198、285、307
ボート　128、206
ボート（パラリンピック）　270
ボクシング　71、84、144、156、165、170、208、306
法華津寛　165
ホストタウン　37
ホッケー　135、207
ボッチャ　266
穂積雅子　190、245
ボニー・ブレア　245
ボブスレー　168、170、176、250
ボランティア　38
堀井学　185
本田武史　188
【ま】
マーク・スピッツ　147、201
マイケル・ジョンソン　156、158
マイケル・フェルプス　160、162、308

マウンテンバイク　218
前畑秀子　135、136、200、285
正岡子規　232
マススタート　192
松平康隆　209
松友美佐紀　167、223、302
マッチウェンロック　74
マッチ・ニッカネン　183
松永広志　163
松本薫　165
マラソン　197、260、282、288、289、292、294、295、304
マリオン・ジョーンズ　158
マリット・ビョルゲン　239
マリテレーゼ・ナディヒ　179
マルヤ・リーサ・ハマライネン　182
【み】
三ヶ田礼一　184、241
三島弥彦　131
水谷隼　302
水鳥寿思　296
溝口紀子　154
道永宏　228
三栗崇　141、144、211
皆川賢太郎　189
三宅宏実　165、216
三宅義信　141、143、146、216、287
三宅義行　146、216
三宅諒　221
宮崎康二　135
宮原厚次　151
宮部保範　184
宮部行範　184
宮間あや　164、300
【む】
棟朝銀河　212
宗村宗二　146
村瀬諒太　165、208
室伏広治　161、165、199、296
【も】
モーグル　187、188、189、190、193、242、312、314
モーターボート　254
モーリス・グリーン　158
元好三和子　151、203
森岡栄治　146
森下広一　155
森末慎二　151
【や】
八木弘和　181
野球　232
八木祐四郎　58
ヤニツァ・コステリッツ　188

山縣亮太　167、199、301
山﨑浩子　151、212
山下治広　144
山下泰裕　149、151、291
山中毅　140、141
山本博　161、228
山本宏美　185
山室光史　211
ヤルマール・アンデルセン　173
【ゆ】
ユース・オリンピック　56、58、122-123
ユベロス（ピーター・ユベロス）　121、150
【よ】
吉岡隆徳　135
吉川貴久　141
吉田沙保里　161、163、164、167、299
吉田秀彦　155
吉田義勝　143
吉村昌弘　140
ヨハン・オラフ・コス　245、319
米田功　160、296
米満達弘　164
米山弘　200
四大競技祭　70、72
【ら】
ラージヒル　185、187、191、193、240、241
ライフル射撃　224、253

ラグビー　226
ラッセ・ビレン　148
ラトゥール（アンリ・ド・バイエ・ラトゥール）　59、68、84
【り・る】
陸上競技　196-197、254、283、294、295、298、301、304、307、308
陸上競技（パラリンピック）　260、276、321、322
リディア・スコブリコワ　176
リュージュ　251
ルードウィッヒ・グットマン　256、257、263
【れ】
レイ・ユーリー　130
レガシー　51、96-97
レスリング　71、127、133、139、140、143、146、148、151、153、157、161、162、164、166、214、298、299
レニ・リーフェンシュタール　118
【ろ】
ロゲ（ジャック・ロゲ）　59、122
ロジ・ミッターマイヤー　180
【わ】
渡部絵美　181
渡辺長武　143
渡辺和三　155
渡部暁斗　191、241

オリンピック競技大会の開催地一覧

開催年	夏季大会	冬季大会
1896	第1回　アテネ（ギリシャ）	
1900	第2回　パリ（フランス）	
1904	第3回　セントルイス（アメリカ）	
1908	第4回　ロンドン（イギリス）	
1912	第5回　ストックホルム（スウェーデン）	
1916	第6回　（ベルリン）中止	
1920	第7回　アントワープ（ベルギー）	
1924	第8回　パリ（フランス）	第1回　シャモニー・モンブラン（フランス）
1928	第9回　アムステルダム（オランダ）	第2回　サン・モリッツ（スイス）
1932	第10回　ロサンゼルス（アメリカ）	第3回　レークプラシッド（アメリカ）
1936	第11回　ベルリン（ドイツ）	第4回　ガルミッシュ・パルテンキルヘン（ドイツ）
1940	第12回　（東京）返上 （ヘルシンキ）中止	（中止）
1944	第13回　（ロンドン）中止	（中止）
1948	第14回　ロンドン（イギリス）	第5回　サン・モリッツ（スイス）
1952	第15回　ヘルシンキ（フィンランド）	第6回　オスロ（ノルウェー）
1956	第16回　メルボルン（オーストラリア） 馬術のみストックホルム（スウェーデン）	第7回　コルチナ・ダンペッツォ（イタリア）
1960	第17回　ローマ（イタリア）	第8回　スコーバレー（アメリカ）
1964	第18回　東京（日本）	第9回　インスブルック（オーストリア）
1968	第19回　メキシコシティー（メキシコ）	第10回　グルノーブル（フランス）
1972	第20回　ミュンヘン（西ドイツ）	第11回　札幌（日本）
1976	第21回　モントリオール（カナダ）	第12回　インスブルック（オーストリア）
1980	第22回　モスクワ（ソ連）	第13回　レークプラシッド（アメリカ）
1984	第23回　ロサンゼルス（アメリカ）	第14回　サラエボ（ユーゴスラビア）
1988	第24回　ソウル（韓国）	第15回　カルガリー（カナダ）
1992	第25回　バルセロナ（スペイン）	第16回　アルベールビル（フランス）
1994		第17回　リレハンメル（ノルウェー）
1996	第26回　アトランタ（アメリカ）	
1998		第18回　長野（日本）
2000	第27回　シドニー（オーストラリア）	
2002		第19回　ソルトレークシティ（アメリカ）
2004	第28回　アテネ（ギリシャ）	
2006		第20回　トリノ（イタリア）
2008	第29回　北京（中国）	
2010		第21回　バンクーバー（カナダ）
2012	第30回　ロンドン（イギリス）	
2014		第22回　ソチ（ロシア）
2016	第31回　リオデジャネイロ（ブラジル）	
2018		第23回　平昌（韓国）
2020	第32回　東京（日本）	
2022		第24回　北京（中国）
2024	第33回　パリ（フランス）	
2028	第34回　ロサンゼルス（アメリカ）	

執筆者一覧（JOA理事・会員／五十音順）

荒牧亜衣	仙台大学専任講師
石塚創也	日本スポーツ協会研究員
大野益弘	日本スポーツ芸術協会理事
黒須朱莉	びわこ成蹊スポーツ大学専任講師
嵯峨　寿	筑波大学准教授
真田　久	筑波大学教授
佐野慎輔	産経新聞特別記者・論説委員
美甘玲美	スポーツライター
田尻　格	スポーツライター
田原淳子	国士舘大学教授
藤原庸介	日本オリンピック委員会理事
舛本直文	首都大学東京教授
松原茂章	フォート・キシモト
山本尚央子	スポーツライター
結城和香子	読売新聞編集委員
來田享子	中京大学教授
和田浩一	フェリス女学院大学教授

JOA（ジェーオーエー）オリンピック小事典　2020増補改訂版

著者　日本オリンピック・アカデミー
編集　日本オリンピック・アカデミー 編集・出版委員会
　　　佐野慎輔、大野益弘

写真協力　フォート・キシモト
編集協力　株式会社ジャニス、榎本康子
デザイン　株式会社ZAP

2019年3月20日　初版第1刷発行

発行所　株式会社メディアパル
　　　　〒162-8710 東京都新宿区東五軒町6-24
　　　　TEL.03-5261-1171　FAX.03-3235-4645
発行人　小宮秀之
編著者　特定非営利活動法人 日本オリンピック・アカデミー（JOA（ジェーオーエー））
©2019 Japan Olympic Academy

印刷・製本　株式会社堀内印刷所
Printed in Japan
ISBN978-4-8021-1032-7　C0075

※定価はカバーに表示してあります。造本には十分注意しておりますが、万が一、落丁・乱丁などの不備がございましたら、お手数ですが、メディアパルまでお送りください。送料は弊社負担でお取替えいたします。
※本書の無断複写（コピー）は、著作権法上での例外を除き禁じられております。また代行業者などに依頼してスキャンやデジタル化を行うことは、たとえ個人や家庭内での利用を目的とする場合でも著作権法違反となります。ご注意ください。